全国教育科学规划教育部重点课题“青少年研学旅行地方课程研究”(课题批准号:DHA180356)

行走的课堂

——齐鲁研学参考课程

姜家丽 著

山东大学出版社
SHANDONG UNIVERSITY PRESS
·济南·

图书在版编目(CIP)数据

行走的课堂:齐鲁研学参考课程/姜家丽著.—
济南:山东大学出版社,2021.10
ISBN 978-7-5607-7270-7

Ⅰ.①行… Ⅱ.①姜… Ⅲ.①风景区—文化—山东—
教学研究—中小学 Ⅳ.①G633.592

中国版本图书馆 CIP 数据核字(2021)第 241043 号

策划编辑 李孝德
责任编辑 张晓林
文案编辑 孟希亚
封面设计 蓝海文化

出版发行 山东大学出版社
社　　址 山东省济南市山大南路 20 号
邮政编码 250100
发行热线 (0531)88363008
经　　销 新华书店
印　　刷 济南乾丰云印刷科技有限公司
规　　格 787 毫米×1092 毫米 1/16
　　　　 18.75 印张 331 千字
版　　次 2021 年 10 月第 1 版
印　　次 2021 年 10 月第 1 次印刷
定　　价 58.00 元

前　言

读万卷书，行万里路。研学旅行课程是校外综合实践活动的一种重要形式，依托旅游景点等社会资源，可以让学生们发现各地景区文化的璀璨瑰丽。研学旅行不仅是课外教育教学的重要内容，也是研究学习、探索学习和发现式学习的有效途径。最好的时光在路上，最美的自己在远方。开设研学课程，旨在鼓励中小学生带着问题去思考，带着兴趣去研究，带着理想去行走。

2016 年 11 月，教育部等 11 个部门联合印发了《关于推进中小学生研学旅行的意见》，并指出："中小学生研学旅行是由教育部门和学校有计划地组织安排，通过集体旅行、集中食宿方式开展的研究性学习和旅行体验相结合的校外教育活动。"该文件出台以来，受到教育相关部门及社会的广泛关注。因此，精心设计一系列立意高远、目的明确、实用性强的地方课程，对推进"研学旅行"在中小学校的顺利实施具有积极的现实意义。

山东省对研学旅行活动十分重视，按照文旅融合的发展规划，着力发展智慧旅游、乡村旅游、康养旅游等，打造"好客山东"升级版，建设了许多特色文化景区。山东省是我国齐鲁文化的发源地，也是中国古代思想学说发展的源泉。山东省有儒家文化、黄河文化、海疆文化、泰山文化、兵圣文化等丰富的文化资源，以"一山一水一圣人"著称。将山东各地的特色文化作为中小学生研学旅行课程开发内容，拥有得天独厚的自然资源和人文资源优势。

研学旅行活动的开展实现了从理论到实践的过渡，这是研学旅行课程落地生根的一次蜕变，也是校外实践活动课程的又一个新的起点。研学旅行活动的创编实现了从活动计划到活动实施再到活动评价的工作，层层递进，步步循环，让学生既能增加知识素养，又能培养人文情怀。研学旅行为中小学德育的实施提供了得天独厚的条件。我们应该教育青少年爱祖国、爱人民、爱社会主义，率先从爱家乡景物、爱家乡名人、爱家乡文化做起，从小塑造美好的思想品德，将来更好地奉献祖国。

姜家丽

2021年8月8日

目 录

第一章 绪论

第一节 研学旅行发展历程

一、研学旅行概述

研学旅行，即研究式学习与旅行体验相结合的一项实践活动。研学旅行是根据学生不同年龄段相应的心理特点与认知水平、院校所处地域的地方特色以及学科教学特点等，将学校内外的教育相衔接，让学生利用课余时间，踏出校园，去欣赏、观察、了解校外的自然风景和人文风情，并将其与平日里在课堂上的所学知识相结合，使课本上的知识"活"起来。在集体出行与共同食宿的过程中拓宽视野、丰富与巩固知识，并进一步加深对自然和人文的亲近感，深入了解集体生活，加强学生的共情能力，体验社会共同道德，提高学生的自理能力和创新能力。

2013 年 2 月 2 日，国务院办公厅首次通过研学旅行相关文件《国民旅游休闲纲要（2013～2020 年）》（以下简称《纲要》），在《纲要》中，"研学旅行"这一概念被正式提出。在此之前，许多地区已有类似研学旅行的活动出现过，并将其作为国家素质教育相应号召的一个重要行动来开展，但是这些活动并未形成规模也未拥有正式的称呼，及至《纲要》出台，"研学旅行"这一名称与概念方才正式走入大众视野。《纲要》要求，在保证学生假期总长度不变的前提下，合理调剂假期时间，允许春秋假的存在，并逐步推行研学旅行在覆盖面以及质量上的进步，使得中小学生能在玩中学，切实落实寓教于乐的教学理念；同时，学校对于旅游的保险责任制度也应当在此过程中不断完善。

2016年12月2日,《教育部等十一部门关于推进中小学生研学旅行的意见》中明确了研学旅行的内涵。中小学生研学旅行是由教育部门和学校有计划地组织安排,通过集体旅行、集中食宿方式开展的研究性学习和旅行体验相结合的校外教育活动,是学校教育和校外教育衔接的创新形式,是教育教学的重要内容,是综合实践育人的有效途径。该文件提出,要将研学旅行纳入中小学教育教学计划之中。该文件出台以来,受到教育相关部门及社会的广泛关注。

教育部2017年发布的《中小学综合实践活动课程指导纲要》明确说明了综合实践活动课程的基本理念、活动课程目标、活动课程内容与方式、管理与保障等,对学校及相关部门开展综合实践活动课程具有指导作用。综合实践活动的主要方式包括考察探究、社会服务、设计制作和职业体验。考察探究式活动是"学生基于自身兴趣,在教师的指导下,从自然、社会和学生自身生活中选择和确定研究主题,开展研究性学习,在观察、记录和思考中主动获取知识、分析并解决问题的过程,如研学旅行、野外考察、社会调查等"。

研学旅行作为中小学综合实践活动教育的新形态,无论在内容上还是形式上都有很大的创新。从内容上看,由于研学旅行活动与自然环境、社会生活都有对接,研学旅行所包含的范围更加广泛、主题更加多样化。从形式上来讲,研学旅行举办的类型丰富多样,其组织形式也比较灵活,可以根据学校、教师及家长的要求自由选择观光学习地点及时间。因此,研学旅行同时兼具开放性、包容性、创新性等特点,国内外许多学者都对研学旅行这种新的教育形式倍加关注,并对其内容进行多主题的研究。

二、研学旅行的变革历程

我国自古便有"读万卷书,行万里路"以及"致知在格物"的说法,由此可见,研学旅行在我国古代便已经出现。研学旅行的历史可追溯至春秋战国时期,可以说,游学,即古代的研学旅行,贯穿了整个中国古代历史,而当时的游学属于个人功利行为,其中最出名的当属孔子周游列国宣传儒家思想的旅程,除此之外,各个学派也都有过进行传播思想的旅程。

除士人游学之外,古时的游学群体包括但不限于学者、僧侣甚至于贵族子弟,其中又以士人群体为主体,因此,这类活动又被称为"宦游""仙游"以及"玄游"等。而近代以后,游学活动又为救亡图存而开展,1915年,蔡元培在法国创立组织,旨在吸引中国知识分子出国学习先进文化思想与科技。抗战期间则形成了中国第一个少年儿童团体，即“新安旅行团”，他们以修学旅行的特殊途径进行抗日斗争，为抗战胜利做出了巨大贡献。

在我国，无论是古代还是近代，修学旅行都以其独特方式对我国的文化与生产生活做出了巨大贡献，推动了社会的进步与发展。我国自21世纪开始，也在吸纳外国已有的经验下，开始提出有关实施游学旅行的政策：2004年提出的《关于进一步加强和改进未成年人思想道德建设的若干意见》要求利用有关资源开展夏令营旅游，2013年提出的《国民旅游休闲纲要（2013～2020年）》则明确提出了对于研学旅行的具体要求。2013年，河北省等部分地区开始进行关于研学旅游的试点，自此，研学旅行开始了局部试点阶段。

此后研学旅行的风潮开始在我国的土地上迅速展开，相关文件也逐步出台，相关法律也趋于完善，如：2014年8月21日出台的《关于促进旅游业改革发展的若干意见》将研学旅行纳入了中小学生日常教育的范畴之内，这也是我国首次以明确的文件形式给予研学旅行以相应全面素质教育载体的要求，建立了基于符合各种实际情况在内的研学旅行体系；2014年7月14日出台的《中小学学生赴境外研学旅行活动指南（试行）》从教学主题、内容安排、合作机构等方面提出了更为精准的要求，特别是在操作方面进行了规范，为整个研学旅行产业的链接做了更为明确的基本规则与标准。2016年12月2日，由教育部等十一部门印发的《关于推进中小学生研学旅行的意见》，阐述并明确了研学旅行的重要作用。近年来推行的“双减”政策也让研学旅行再度出现在了大众的视野里。

三、研学旅行活动开展情况

（一）研学旅行基地建设情况

近年来，为贯彻教育部等十一部门《关于推进中小学生研学旅行的意见》精神，全国各地众多教育基地及地方中小学开展了多种多样的研学旅行主题实践活动。2018年2月，山东省发布了《关于公布第一批全省中小学生研学实践教育基地名单的通知》，经过评议，山东省山青世界青少年实践活动中心、山东省地质博物馆、山东省科技馆、孙子文化旅游区等65个单位被选拔为第一批“全省中小学生研学实践教育基地”。

这些研学基地不仅展示了各个景点的风景优势，而且代表了其地域文化特色。比如，历史古城台儿庄、曲阜、青州等地。其中，台儿庄古城有台儿庄大战纪念馆、台儿庄大战遗址公园等研学基地；曲阜儒家研学旅行基地以中华优秀传统文化和非物质文化遗产项目体验为主，涵盖孔子所倡六艺——礼、乐、射、御、书、数的相关内容；青州市有青州市博物馆等46处第二批省级中小学生研学基地。再如，沿海城市青岛、烟台等地则体现出海洋魅力。其中，青岛入选的57处研学基地，涵盖场所十分广泛，有青岛贝壳博物馆、青岛啤酒博物馆等特色博物馆，也有青科大研学基地、中国水产科学研究院黄海水产研究所等景区；烟台有蓬莱阁、蓬莱海洋基地世界景区、烟台海昌鲸鲨海洋公园、张裕酒文化博物馆等研学基地。

（二）研学旅行学校活动情况

很多中小学选取了部分家乡中适合学生们观赏、学习的景点，不仅能够观赏家乡美景，而且能够体验其独特的文化魅力。2018年12月，山东省海阳市开发区小学举行了走进海阳市地雷战博物馆研学旅行活动。活动中，小学生们听取博物馆讲解员对抗战时期海阳市人民自制地雷英勇杀敌的英雄事迹，接受了一次生动的红色基因教育，激发了学生们的爱国主义精神。威海市环翠区初中和小学综合实践研学旅行主题成果展评活动分别在威海七中和普陀路小学举行。如威海市新苑中学，以“行华夏山河，悟七彩人生”为题进行了“寻根华夏”七彩体验式研学课程汇报，并以主题课程“华夏味道：五谷丰登话桑拿”中的“《玉米熟了》研学课程”为例，向大家展现了在研学中的“研前三知”“研中三探”“研后三展”的活动开展情况。在小学组展评活动中，24所小学分别通过视频、PPT结合解说等形式对主题成果进行详细介绍。

淄博市高新区第一小学的同学们来到了博山的琉璃小镇——人立琉璃艺术馆，开始了他们的研学之旅。同学们通过接受专业陶艺老师的教授，了解学习琉璃彩绘，然后亲自动手参与琉璃盘的彩绘制作。同学们发挥想象力，在各自的琉璃盘中“挥毫泼墨”，而后将成品带回家中留作纪念。博山陶瓷琉璃艺术中心现有琉璃文化、陶瓷文化、德育文化、美食文化四大主题研学课程及30余项体验项目，让学生从中国琉璃历史起源、发展脉络、艺术成就等方面了解琉璃。潍坊市锦海小学组织学生们去诸城恐龙国家地质公园进行研学之旅。很多小学生都喜欢恐龙，对这些稀有恐龙化石充满好奇，研学之后既了解了暴龙类、角龙类、鸭嘴龙类等多个物种，又进一步了解了亿万年前的“恐龙时代”，同时又萌生了一种震撼感。

第二节　研学旅行国内外论述

一、国内研究现状综述

（一）研学旅行课程资源开发

通过对中国知网、维普中文期刊等电子数据库以及中文核心期刊文献的梳理，可以看出近年来国内学者对研学旅行课程研究愈加重视。国内一些学者提出了基于文化旅游资源进行研学旅行课程的开发。学者李军指出，从研学旅行的主题和路线来看，可以开发自然类、历史类、地理类、人文类、体验类等主题的研学旅行课程。学者丁运超提出，研学旅行以地理学科的研究最为突出，从地理教学设计到地理学科能力的培养均有涉及；利用当地地理资源开发研学旅行课程，通过让学生了解当地地质、水文等情况，培养学生的地质区域认知能力和地理实践能力。

（二）研学旅行课程实施环节

有些学者指出研学旅行课程实施环节通常分为课程开发、课程设计、课程实施及课程评估。学者毕小双提出，研学旅行在课程实施中，无论是品德教育还是学科教育，都强调研学旅行的实践性与体验性，并逐步为课程设计、课程实施到课程评估这三个环节设定明确的标准与规范。学者余发碧指出，研学旅行课程在实施中表现为知识讲授、参观体验、探究活动等多种形式，是涉及多个学科的综合课程，相比于传统的课程形态，在形式上更加多元，内容上更加综合。因此，在对研学旅行课程进行分类判断时，往往需要综合考虑多种因素。研学旅行课程可以根据其内容和形式进行课程开发与设计，有针对性地制定目标。

（三）研学旅行课程建设的保障体系

部分学者主张构建研学旅行课程实施的保障体系。学者陈春光提出，研学旅行是中小学因地制宜开设的特色必修课程，需要有完备的基础设施以及各方面的资源协调，学校应统筹各方资源，优化组合人、财、物、学等资源，制定详实可行的活动方案。学者钟林凤提出，研学旅行课程是为学生的终身发展打基础的重要手段和保证，需要从经费保障、组织保障、制度保障等方面构建研学旅行课程的保障体系。学者李小芳指出，充分发挥政府、社会组织、家庭、学校等多方面力量，构建有效的管理保障机制，能够为研学旅行提供必要的政策支持、人力支持、资源支持和资金支持等，从而最大化地为研学旅行提供外在保证，让这一教育活动更好地推进下去。

二、国外研究现状述评

在重视校外实践活动课程的背景下，研学旅行课程研究在国外也得到广泛关注。研学旅行在美国、英国以及日本、韩国等发达国家发展已久，是青少年综合实践活动的重要形式。从国外研学旅行的相关研究来看，主要将研学旅行作为课外教学的一部分，让学生直接体验自然与社会，学习自然研学旅行文化知识，提高人文文化理解能力，由此普遍认为研学旅行是一项以团队形式外出学习实践的旅游项目。

(一)美国研学旅行中对自然资源的发掘

从一些学者的文献内容中可以看出，美国倡导建设以自然资源为素材的研学旅行课程。美国学者约瑟夫·莱恩(Joseph M.Lane)指出，美国每年有上百万的人参与研学旅行项目，而美国国家公园、密歇根湖等是著名的历史游学基地，为研学旅行自然地理教育课程提供了很好的资源。研学旅行活动者可以游览灯塔、海滩边、码头、小城镇等地，并找出它们的地理特色。大卫·安德森(David Anderson)提出，研学旅行活动可以很好地利用大气、地质等资源学习自然地理知识。在开展研学旅行活动前，要制定好游览线路并准备好充足的学习资源，让游览者在旅行的同时也能接受教育，既可以观赏有趣的标志性建筑物、岛屿等，又能了解该地的故事、历史事件等文化内容及其他信息。

(二)英国研学旅行倡导人文文化

英国在2006年发布了《中小学生参加研学旅行(Educational Tourism)》的文件。据调查，英国超过220所中小学开展研学旅行，并且得到地方政府部门及相关管理部门的大力支持。一些国外学者肯定了研学旅行的人文价值。英国学者詹尼弗·迪威特(Jennifer DeWitt)指出，研学旅行是一项开放式学习的社会文化活动。调查结果显示，在伦敦博物馆的活动课程可以增加学生与他人交流的机会，让学生更加积极主动地分享自己的观点，有利于增强学生的自信感。里奇·布伦特(Brent W.Ritchie)提出，开设研学旅行活动，可以带动地方经济的发展，但更重要的是可以增进学生与他们父母、朋友之间的感情，其教育经历带来的价值远远超过经济利益。

(三)日本研学旅行被纳入课程体系

日本倡导进行研学旅行活动，并将其纳入学校课程建设体系。在日本，1887年发行的《大日本教育杂志》上最早提出“修学旅行”一词，引起教育人士的注意并广泛使用，其定义是：修学旅行可以提高专业知识学习效果、扩展视野，它是以学校和班级为单位组织学生到其他国家或地区进行参观的活动。其主要活动包括传统文化知识学习、国家文化名胜体验、国家公园参观，另外还涉及职业选择、自然体验、先进企业考察甚至体验商人活动等，涵盖了政治、经济、文化等多个领域。

第三节　研学旅行面临的问题与挑战

一、研学旅行活动的必要性

（一）研学“第二课堂”的出现

现实生活中，教育“内卷”现象愈发严重，学生学业压力大，有些学生与家长不免感到焦虑。在高度焦虑的氛围中，学生可能会徒增学业负担与厌学情绪，其结果自然可想而知，在浪费了人力、物力、财力和大量精力的情况下，在家庭层面上并未达到“望子成龙”与“望女成凤”的效果，甚至会加剧父母与子女之间的矛盾。从教育事业发展的层面上讲，这对我国的教育文化事业是个不小的阻力，如若不及时化解，在未来有可能成为阻挠我国文化进步的一大瓶颈。当今社会倡导的素质教育得以全面展开，走出课堂去面向大自然与人文景观这一“第二课堂”已成为大势所趋。古往今来的经验告诉我们，仅靠学习书本中的知识是远远不够的，我们应该将认识从书本走向真实的生活，从黑板世界走向实际世界，将理论与实践相结合，达到知行合一的目的。

（二）研学活动的教育理念

研学旅行与传统教学形式不同，研学旅行活动中并不提倡直接教授具体知识，而在于对视野的开阔、对情感的升华，进行的是潜移默化的教育，间接对课堂中的学习知识进行印证复习，在进行情感价值教育之后才会对书本知识的学习产生辅助教育作用。也许自短期来看，研学旅行的价值并不大，但从长远看来，只有这样“迈出第一步”，才能从根本上对我国的教育理念进行革新。

广大中小学生在研学旅行中可以感受祖国大好河山，感受中华传统美德，进一步感受改革开放40多年的伟大成就。研学旅行对学生的身心发展有促进帮助作用，单纯围着操场奔跑也许可以强身健体，但其作用远不如带领学生们在山林中穿行。也许，只有亲眼看一看浩瀚大漠，才可以体会“落日圆”与“孤烟直”的豪情；只有亲自聆听黄河的咆哮，方知其民族生命力之旺盛；只有亲自摸一摸长城石、踏一踏长城路，才能理解前人的智慧与红色精神。值得深思的是：部分学生对红色精神、传统文化等的体会愈发薄弱，长此以往，民族凝聚力与创造力难以得到保障，而研学旅行将会成为解决这些问题的一大出路之一。

二、研学旅行的问题反思

（一）重研轻学

我国研学旅行发展起步较晚，但上升速度快、上升空间高，预计未来五年可达千亿元规模，但其问题等也逐渐暴露，如：存在“只旅不学”和“只学不旅”的情况，各类保障措施难以落实，校方组织形式单一，家长对研学旅行存在顾虑，支持率较低，甚至与旅行机构合作时产生摩擦等。这些问题都在等待着更为精准合理的政策去解决、去落实。

从市场化的研学旅行来看，有很多是旅行社制定的研学线路，难免存在重游轻学倾向。一些研学活动重视参观的线路地点是否有名、景色是否宜人、食物是否美味，但却忽略了研学景点的教育目的和活动形式。一些地方只重视研学活动的学习内容，却忽略了选取适合学生年龄阶段的景点来旅游。因此，要防止重游轻学，就应当以学校为主导，将研学旅行作为教学内容来设计，认真研究好线路和教学内容，使之真正成为学校课堂的有效补充。游为手段，学为目的。虽然形式轻松，但课程内容设置却要严格。这样，学生们才能有所收获。否则，跟普通旅游又有什么区别呢？比如，学生们去到罗浮山，会发现很多韩愈、苏轼等名家都在这里留下了大量的诗文，不妨来实地讲解诵读；再如，游韶关丹霞山，则可以增加学生对于地理知识的了解，这就是一种体验式的学习，只是将课堂搬到了大自然。

（二）缺少健全的管理体系

除此之外，一些研学旅行活动的开展缺少专业的计划人员和管理人员，管理体系不完整。研学旅行应在基于各类现实条件的情况下，充分发挥一些优势以进行自我完善。第一，建立研学旅行的安全保障体系，综合多方力量，解决来自家长、学校以及旅游机构对于研学旅行的担忧，如此，研学旅行才能真正得以实施。第二，进一步探索和完善学校与旅游机构的合作机制以及政策体系，统筹旅游资源和教育资源，将二者相结合，达到“一加一大于二”的效果；同时，也要推动研学旅行标准化发展，让研学旅行正式成为教育工作中的一个关键环节。第三，以“双减”为契机，利用这一优势，吸引旅游机构主动与学校合作，共同讨论如何开展研学旅行的实施。第四，坚持研学旅行的初心，杜绝强制旅行等情况出现，防止研学旅行偏离原本的教育目的，成为学生与家长的另一焦虑源头。

三、研学旅行的实施方案

（一）研学旅行活动策略

面对研学旅行中出现的“重研轻学”“活动内容设计重专业轻思政”“管理体系不完善”等问题，应该进一步探索研学旅行课程建设。因此，开发一套有活动计划、活动目标、活动环节、活动评价的完整的研学方案势在必行。齐鲁旅游地文化资源丰富，有历史文化、自然文化、人文文化、民俗文化、航空科技文化等，可以按照这些不同种类的文化进行不同活动体系的设计与开发。红色文化、历史文化、家风文化等方面蕴含了大量的思政教育内容，可以由此探寻历史遗迹、内化爱国情怀、挖掘优秀传统文化、传承非遗文化等，是对青少年进行道德教化的重要文化资源。地理文化则可以帮助青少年认识地理地貌、动物演化过程、植物及农作物的种类及生长规律等，可以帮助中小学生对自然环境、社会环境有进一步的了解。科技文化可以开展航空系列、科技馆系列研学活动，科学技术是第一生产力，同样是培养青少年创新能力、动手能力及思考能力的重要手段。开展中小学航空系列研学活动，可以让中小学生从小对科学感兴趣，并能激发好奇心，从而将来能更好地去认识客观世界、探索未知领域、改造世界环境。

（二）研学旅行的价值与意义

中小学研学旅行工作自试点设立以来成果显著，其价值和意义都得到了充分的认可，良好的工作机制也已初具规模。从目前的情况来看，组织进行研学旅行的中小学通常会制定较为详尽的活动方案，尽量将每项工作组织到位，并安排专人负责各个项目。考察主题也较为明确，有的学校还会设计任务清单以及记录手册等，进一步指导研学旅行的活动，并尽量确保研学旅行的质量与安全。

在研学旅行的组织方式方面也需要注意保证学生的自主性。学生是研学旅行的主体，所以在设计研学旅行课程时，应格外注意学生的自主性，尽可能多地向学生提供自主发展空间。在设计方案阶段，学校与教师及相关人员都应根据学生的实际情况，如年龄和能力等，通过引导的方式让他们参与方案设计。在活动过程中，也需要引导他们自主探索，教师只需要保障其安全并提供其所需要的支持和协助即可。

第二章　红色传承研学之旅

第一节　革命传统文化

一、研学背景

中国人对红色的热爱与生俱来，红色被誉为我们祖国的“国色”，它象征着整个民族的血液，流淌在每一个中国人的心中，遗传在每一个中国人的基因中。红色是历史的主题，是漫长历史长河的主基调。看到红色，我们应心存敬畏之情。如今的繁华是靠祖辈们抛头颅、洒热血换来的，而红色文化遗产是中华民族宝贵的精神财富之一。中国这个生动活泼的有机体，就是在我们优秀的革命传统文化中诞生、延续和发展的。

优秀革命传统文化是我们中国人的精神血脉，是几千年来一脉相传、延续至今的中华民族的根。在那个血雨腥风、风云叱咤的年代，涌现出不知多少革命志士，他们不怕牺牲、奋勇拼搏，在革命战场上留下他们英勇无畏的身影。在那片残酷的战场和远离文化的年代，那群人、那场战争、那种精神共同组成了留于青史的革命传统文化。革命传统文化的表现形式多样，有的是促进民族融合、促进国家发展壮大，有的是英勇抵御外族入侵、保卫国家安全，有的是反抗外来侵略、维护国家统一。

在中华民族的长期发展中，先辈们的革命精神不断鞭策我们前进。当前的我们所享受的这片安静祥和的盛世，正是先辈们在革命战场上抛头颅、洒热血换来的，我们岂有不珍惜的道理？无论世界和社会如何发展，先辈们给我们留下来的革命传统文化是我们“取之不尽，用之不竭”的精神财富和力量源泉。站在今天的高度去展望未来，我们的道路依旧艰辛，但有红色革命文化为我们保驾护航，中华民族的伟大复兴指日可待！

二、研学目标

表 2-1　“革命传统文化”研学目标

年段	认知目标	能力目标	情感目标
小学年段	了解台儿庄大战的基本过程，增加对历史和红色文化的认知，形成最初的爱国意识。	在活动过程中形成团队合作意识，可以简单叙述出台儿庄战争故事的基本经过。	铭记台儿庄战役，牢记历史，培养学生的爱国情怀，引导学生树立远大的理想。
初中年段	了解甲午战争中的英雄人物和基本过程，感受丁汝昌、邓世昌等人的爱国主义精神。	反思甲午战争惨败的经验，以史为鉴，面向未来，并落实到自己的实际行动中。	厚植红色文化基因，感悟革命先烈不怕牺牲、勇于奉献的精神，继承发扬革命传统文化，增加学生的文化自豪感。
高中年段	了解第一次世界大战期间发生在亚洲的唯一一场海战——日德海战，了解历史上的胶州湾是一个怎样的存在，提高对第一次世界大战的认识水平。	通过让学生了解此次研学活动的水下调查工作，培养学生吃苦耐劳的精神。	让学生牢记历史、不忘使命、热爱祖国，增强学生的文化自信，为国家民族的伟大复兴不断奋斗。

三、参考活动设计

(一)小学篇：红领巾寻红色记忆——台儿庄大战纪念馆

适用年段：小学 3～6 年级　　建议时长：90 分钟

1.景点文化介绍

位于苏鲁交界的台儿庄古城绿柳成荫，洋溢着和平的气息，谁也不会想到这里曾发生过一场残酷的战争。我们现在的和平生活来之不易，这是一条由血和泪凝聚而成的道路，其中的心酸苦楚让人难以忘怀。人们为了纪念台儿庄战役，修建了一所纪念馆，它就是台儿庄大战纪念馆。纪念馆修建的地理位置经过了多方位的讨论，最后选择了有许多标志性建筑的地区。台儿庄大战纪念馆坐落在山东省枣庄市风景如画的古运河畔的台儿庄城西南郊，与大战时的火车站隔河相望。

台儿庄大战纪念馆建于 1992 年 10 月，馆内资料丰富。台儿庄大战纪念馆内有李宗仁史料馆、布景画馆和众多台儿庄战役的遗址，走在其中犹如回到当年的战场，震人心魄。台儿庄大战纪念馆内文化气息十分浓厚，比如，台儿庄大战纪念馆的馆名由著名书法家启功先生题写，台儿庄大战纪念碑的碑名由张爱萍将军题写，碑文的书写则由程思远先生撰文、权希军先生书写。无论是馆名还是碑文都使得整个台儿庄大战纪念馆蕴含着无比丰富的文化底蕴。台儿庄大战纪念馆的每一个设计都有着深刻的含义：台儿庄大战纪念馆前有 38 级台阶，这意味着台儿庄大战是在 1938 年发生的；24 根银柱象征着我们中华民族不屈不挠，抵御外来侵略；台儿庄大战纪念馆外有一座巨大的十字架，这是为了让我们永远铭记为国牺牲的英烈们，每当我们靠近十字架都会在心中涌起浓浓的敬畏之情和对祖国的无限热爱。

为了弘扬伟大的爱国主义精神，赞扬为台儿庄大战胜利做出重大贡献的战士和当地人民，在山东省人民政府的大力支持下，建造了台儿庄大战纪念馆。经过几十年的发展，台儿庄大战纪念馆已经成为各大高校宣扬爱国主义的教育平台。

图 2-1　台儿庄大战纪念馆实景

2.活动目标

台儿庄大战纪念馆设有临时展厅、全景画馆等场地，通过对历史文物、图片及资料的查阅，可以了解台儿庄大战的经过。台儿庄大战纪念馆，可以让学生了解那段峥嵘的历史，抚今追昔，珍惜当下的和平盛世；可以使学生铭记历史的教训，不忘初心，牢记使命，培养学生的爱国情怀，将这份深沉的爱国之心转化为实际的报国行动。

(1)准备材料

笔记本、笔、相机、活动小卡片、活动总结表、悼念所需的鲜花等。

(2)指导建议

①教师提前与纪念馆内的人员协商好,保证此次活动顺利进行。

②要求学生遵守工作人员的安排,保护公共环境卫生,不得破坏馆内秩序,不得大声喧哗。

③此次活动采取分组的方式,教师提前分好小组,5~6 人为一个小组,并在每个小组内选出小组长,如果条件允许的话每个小组可配备一名馆内工作人员跟随。

3.活动实施

导入:在从学校出发前往纪念馆的路途中,教师可以先让学生说一下自己对“天下第一庄”——台儿庄的认识和感受;学生分享完成后,教师可以引导学生了解台儿庄战争时期的那段岁月,进而引出活动主题。

(1)活动任务一:游馆亲身体验

纪念馆的整体设计都是为了凸显台儿庄大战的教育意义。台儿庄大战纪念馆的室内设计逻辑鲜明,特色也十分突出,让人叹为观止。学生以小组为单位,带着小卡片,在小组的带领下自由参观纪念馆,记录下给你留下印象最深刻的馆藏,并简要说明原因。教师要求学生注意遵守馆内秩序,不得随意触碰馆内文物,在规定的时间和区域内完成。

表 2-2　活动记录小卡片

<table>
<tr><td>时　间</td><td></td><td>地　点</td><td></td></tr>
<tr><td>姓　名</td><td></td><td>小组成员</td><td></td></tr>
<tr><td colspan="4">给我印象最深的馆藏:</td></tr>
<tr><td colspan="4">原　因:</td></tr>
<tr><td colspan="4">我的感受:</td></tr>
</table>

学生陆续回来后，教师要求学生按小组围坐一圈，让学生自由发言分享使自己触动最深的馆藏。看哪个小组的表现最突出，看哪个学生分享得最生动，看哪个学生在交流分享后记住的馆藏最多。

(2)活动任务二：豪气壮千秋——追远故事会

规则：学生以小组为单位，了解台儿庄大战的来龙去脉，围绕战争的典型事迹展开故事会，要求小组全员参加，时间控制在10分钟以内，完成活动记录表。

实施：故事会开始前，教师可以给学生5分钟的准备时间，活动顺序为小组长抽签顺序。内容真实、完整，表述绘声绘色的额外加分；活动结束后，得分最高的小组获胜。

表2-3　活动记录表

时　间		地　点	
小组成员			
故事会开始前的记录			
人员分工			
主要内容			
故事会结束后的记录			
存在问题			
改进计划			
反思感悟			

(3)活动任务三：红歌代代传——台儿庄小唱，颂爱国壮举

台儿庄大战纪念馆不仅文化气息浓厚，而且它的艺术气息也十分浓厚，我们可从各个角度剖析还原历史，弘扬革命精神。

台儿庄大战纪念馆并不是只能参观遗址，我们还可以在影视展馆中观看影片《台儿庄战役》和《血战台儿庄》。可以欣赏学习《台儿庄小唱》，通过让学生们一起学习演唱这首歌曲，再次聆听战争的故事，歌颂英雄的人生。

(4)活动任务四：新生嫩芽的力量——纪念碑前庄严宣誓

教师组织学生在纪念碑前进行庄严宣誓，表达振兴中华的信心。台儿庄大战是中国抗日史上的一座里程碑，这场战争的胜利激励全国人民重新树立抗日救亡的信心。台儿庄大战纪念馆由千千万万中华儿女的热血铸成，值得我们用一生铭记，我们应铭记这段历史，珍惜现在的和平时光。通过在纪念碑前宣读

我们的誓言，表达出为中华民族伟大复兴而不懈努力的决心和意愿。

4.评价总结

活动结束后，教师肯定各小组的表现，并带领学生一起进行总结和反思。

(1)小组长带领本组成员根据活动总结表的要求，进行组内总结和汇报，达成统一意见，选一位成员进行汇报。

(2)各组汇报结束后，教师肯定学生的成绩，并趁机引导学生产生勿忘国耻、振兴中华的伟大抱负。

表 2-4　活动总结表

时　间		地　点	
汇报人		小组成员	
小组在寻找文物活动中的表现			
小组在交流分享活动中的表现			
小组在活动中的合作程度			
小组表现突出的地方：			
小组对于以后活动的想法：			

(二)初中篇：传承红色信仰基因——刘公岛甲午战争博物馆

适用年段：初中 7～9 年级　　建议时长：120 分钟

1.景点文化介绍

甲午战争博物馆建于 1985 年 3 月，位于山东省威海市环翠区丁公路，占地面积达 10000 多平方米。该博物馆以甲午战争为主题，是著名的纪念遗址性博物馆，也是全国著名的爱国主义教育示范基地。

刘公岛后山的缓坡上，绿色的梯田延伸到山腰的一半。在山脚下，岛上有一个美丽的街边市场，诱人的红色墙壁和绿色瓷砖暴露在浓密的阴影下，具有浓厚的航海魅力。海边有优雅的凉亭和建筑物，而中心的经典建筑群是北洋水师提督署,也被称为“水师衙门”。它面对山脉和大海,美丽而雄伟。建馆以来,这里被先后评为“全国优秀社会教育基地”“全国青少年爱国主义教育基地”“百个爱国主义教育示范基地”。

中国甲午战争博物馆是甲午战争纪念地专门的管理、保护机构,所辖甲午战争的历史遗迹28处,藏有甲午战争与北洋海军文物资料200余件、历史照片1000多幅。民族英雄邓世昌的雕像矗立在纪念门楼上,他身披战袍,俯视着如今平静的海面,目光平静而肃穆。透过他的眼神,我们仿佛回到了百年前硝烟弥漫的战场上。这一组建筑构思奇特,独步一时,被建筑界誉为“史诗般的建筑”,被游人称作“永不沉没的战舰”,现已成为威海市标志性建筑。甲午战争的惨败是我们中国人内心永远的伤痛,甲午遗恨,英雄千古。

丁公府是一座古朴的房舍,坐落于北洋水师提督署的西北方向,沿山坡而建,那就是水师提督丁汝昌的府邸,也就是人们常说的“丁公府”。府门前是一个清幽寂静的小院,层峦叠翠中矗立着丁汝昌的雕像,雕像生动自然地描绘了丁汝昌大义凛然的神态,令人敬佩不已。

图 2-2　中国甲午战争博物馆

2.活动目标

通过游览甲午战争博物馆,学生了解甲午战争中的英雄人物,感受丁汝昌、邓世昌等人的爱国主义精神,反思甲午战争惨败的经验,以史为鉴,面向未来。了解优秀传统文化,感悟爱国主义精神,懂得珍惜生活、珍爱生命,牢记革命先烈精神和优良传统,增强责任感和使命感,树立正确的“三观”。

(1)材料准备

笔、笔记本、相机、活动记录表、“甲午英雄”表演记录表、总结表等。

(2)指导建议

①刘公岛四面环海,光照较为强烈,且岛上地形较为复杂,多山地丘陵,夏

季出游时应做好防晒避暑的准备，避免因天气原因导致部分同学身体不适，且要选择合适的路线，尽量选择较为平缓的路线，确保学生安全。

②教师要提前确定好出游方式，提前与景区负责人联系，确保路途顺利与安全。学生要遵守工作人员安排，保护公共环境卫生，不得破坏馆内秩序，不得大声喧哗。

③刘公岛景区景点多以静态为主，而同学们的文化基础有限，所以可以找导游进行讲解。教师提前与刘公岛甲午战争纪念馆人员协议好，保证此次活动顺利进行。

④此次活动采取分组活动的方式，教师提前分好小组，5～6 人为一个小组，并在每个小组内选出小组长，如果有条件的话每个小组可配备一名教师带领。

3.活动实施

导入：学生们来到刘公岛，通过参观刘公岛旗顶山炮台、刘公岛甲午战争博物馆等地，让同学们的精神得到了一次洗礼。出发前往刘公岛甲午战争博物馆的路途中，教师讲述邓世昌的英雄故事，引出此次活动的主题。

图 2-3　甲午战争史实展

(1)活动任务一：追随先人足迹，讲述英雄人物

规则：各组在教师指定活动区域内参观遗迹，寻找甲午战争中涌现的英雄人物以及光荣事迹，感悟他们的爱国主义精神。

实施：首先由老师介绍战争概况。甲午战争中，北洋水师无畏艰险、英勇作战，尤其是邓世昌指挥的“致远舰”官兵表现出誓与军舰共存亡的悲壮气节，他们在中华民族反抗外敌侵略的史册中写下了可歌可泣的光辉篇章。接下来，开展小组成员轮流讲故事活动。

组长到教师处抽签作为排序方式，每个小组依序讲述英雄邓世昌的故事，猜测弹尽粮绝之时邓世昌及战士们可能发生的场景活动。轮到的小组若没有答上来，则该小组计分，教师根据活动时间来控制比赛的轮数，最后统计得分最高的小组要为全班同学表演一个节目。

表 2-5　英雄人物记录表

时　间		地　点	
姓　名		所在小组	
著名人物			
重要事件			
我的感悟			

(2)活动任务二:英雄永不忘

任务背景:危急关头,在日军装备精良、有所准备之下,北洋水师明显处于下风,邓世昌所在的致远舰弹尽粮绝,且遭受创伤,就在此时,邓世昌面前出现了敌舰吉野舰,此时此刻,邓世昌心里是怎么想的呢?如果你是邓世昌,这一瞬间,你在想些什么呢?

主要规则:以小组为单位,以邓世昌撞击吉野舰为背景,模拟邓世昌最后下决断时的场景,感悟他们热爱祖国、甘愿为国牺牲的伟大精神。

实施:小组内自行选择角色扮演,达成一致。每个小组轮流表演,选出最佳表演小组。表演之前教师给学生一定的时间进行准备,随后组长抽签决定表演顺序,并完成"英雄永不忘"表演记录表。

表 2-6　"英雄永不忘"表演记录表

表演前的计划			
小组成员		记录时间	
表演主题			
大概情节			
人员分工			
表演后的记录			
存在问题			
改进计划			
反思感悟			

表演结束后,表现最佳的小组为同学们表演一个节目,教师做出客观点评。

(3)活动任务三:邓世昌,我想对你说

游览完刘公岛且完成前几个活动任务后,学生对邓世昌的生平事迹有了一定的了解,现在就让学生给邓世昌写封信,自由表达对邓世昌的赞美、批评或者说说对他的疑问。

4.评价总结

完成所有的活动任务后,教师集合所有学生,每个小组选出一位代表对今天的游览活动做一下小结。启发学生思考:自己对甲午战争有了哪些新的认识?感受到了邓世昌的哪些魅力?自己在小组活动中的表现如何?所看到的其他小组的表现如何并给予客观评价等。各组汇报结束后,最后教师对学生的表现做出肯定与鼓励,并启发学生进一步了解甲午战争的相关资料,真正实现传承爱国主义精神、用心铸魂的目的。

(三)高中篇:追红色荣誉之战争——胶州湾遗迹

适用年段:高中年段　　建议时长:180分钟

1.景点文化介绍

胶州湾位于山东半岛的东南方向,古时又被称为“少海”“小海”。清代时在《中德胶澳租界条约》签订后被称为“胶湾”,“胶州湾”的名称则是从近代后才得名。据《胶澳志》记载,胶州湾北部可以遮蔽登莱地区,南部又可控制江浙地区,是一个天然的优良港口,是“形胜必争之地”,在历史上发挥着重要的作用。古往今来,由于其优越的地理环境,胶州湾孕育了丰厚的海洋文化遗产。水下考古调查队于2020年在胶州湾海域发现了一处第一次世界大战时期的大型沉舰遗址。以最先的物理探测疑点为出发点,青岛胶州湾海域水下考古调查工作正式开始。经过50多天的水下调查工作,最终发现了该大型沉舰遗址,还采集到许多武器弹药、钢铁舰材等上百多件文物,这些都为遗址的性质判断提供了重要的依据。此外,调查队还在胶州湾海域发现了三处水下文化遗产疑点。这些发现都对研究第一次世界大战期间发生在亚洲的战争提供了重要的依据。调查工作者对沉舰的进一步探索,不仅能够丰富我国水下文化遗产的沉舰类型,而且还将对当时的军事文化发展水平和世界历史发展过程产生重大的影响。

2.活动目标

通过青岛胶州湾遗址的研学活动,了解历史上的胶州湾是一个怎样的存在,可以让学生进一步了解沉舰船体的建造工艺及相关军事物品的用途,从而提高海洋文化遗产方面的认识水平。通过此次研学活动,能够培养学生们吃苦耐劳的精神及其对考古调查工作及海洋军事文化的探究兴趣。

(1)准备材料

相机、笔记本、笔、活动记录表、活动总结表等。

(2)指导建议

①教师提前联系好工作人员,邀请若干位参与活动(每个小组一位工作人员跟随),为学生答疑解惑;同时,教师提前联系好车辆。

②教师提醒学生要有秩序地上下车,同时提醒学生要注意安全。

③出发前学生进行分组,每组4～6人,选出小组长,确定小组名称,在小组长的带领下开展活动。

④胶州湾遗址为海边研学活动,教师要提醒学生在活动的同时要保证自身安全,不可到近海区域。

⑤由于此次活动的特殊性,教师可要求学生提前查阅有关胶州湾遗址的材料,便于活动顺利开展。

3.活动实施

导入:在从学校出发前往胶州湾遗址的路途中,教师可以让学生交流自己所了解的海洋军事用品有哪些,简单介绍其名称及用途,然后通过图片展示引出活动主题。

(1)活动任务一:历史上的胶州湾是一个怎样的存在

规则:此次活动以小组为单位,根据学生在活动开始前查阅的有关资料为基础,教师引导学生按小组围坐一圈,每组选出一位代表发言。分享最具体、最生动的小组获胜。

实施:教师在活动正式开始前给学生5分钟左右的时间,让学生在小组内自由交流,选派代表进行发言。教师询问学生对活动规则、要求是否了解清楚,鼓励学生提出自己的疑惑并给予解答。学生分享交流后,教师可做简要补充,并随机抽取一名学生进行简单的总结。

(2)活动任务二:我是小小讲解员

规则:教师邀请相关工作人员为学生讲解已发现的水下考古文物,学生结合自己在课堂中所学的有关知识,以小组为单位做小小讲解员,深入了解并讲解关于沉睡的海底宝藏的有关知识。讲解方式不限,要求主题明确、全员参与。

实施:教师询问学生对任务规则及注意事项是否清楚,身体不适的学生不安排参加此次活动。所有学生都清楚任务和规则后,开始分组准备,并填写活动记录表。

表 2-7　活动记录表

时　间		地　点	
小组组长		小组成员	
活动前的准备			
讲解主题			
讲解方式			
人员分工			
表演后的记录			
存在问题			
改进计划			
反思感悟			

讲解顺序由组长抽签决定，每个小组讲解完毕后由教师号召其他小组对本小组讲解进行点评，点评完毕后请下一个小组进行讲解，直到所有小组表演完毕。

(3)活动任务三：亲历战争遗存，珍惜和平生活

规则：如今，美丽宁静的青岛城市风光，远离战火，远离硝烟。有条件的可以组织学生游览战争遗存的大型沉舰，让学生感悟沉舰背后如今宁静的生活，珍惜现在的和平。

实施：教师在保证学生安全的情况下即可实施活动，活动结束后让学生交流分享自己的感受。

4.评价总结

活动结束后，教师肯定各小组的表现，并带领学生一起总结与反思。要求学生以小组为单位填写活动总结表，并趁机引导学生善于发现问题和勤于思考，激发学生的爱国热情。

表 2-8　活动总结表

时　间		地　点	
小组名称		记录人	
组内自我评价			
有待提高的地方			

第二节　爱国主义文化

一、研学背景

孙中山先生曾说:“做人最大的事情,就是要知道怎样爱国。”我们的祖国有着优秀的传统文化,应当增强人民的文化认识,培养浓厚的爱国情怀。爱国主义文化是人民的情感根基,也是民族前进的内在驱动力。爱国不是一句口号,而是一种情感和担当。社会主义现代化建设少不了爱国主义文化的支撑。中华民族有“修身齐家治国平天下”的胸怀和格局,中华民族有很多古老的智慧,其价值追求奠定了深厚的爱国基础,构筑起中华民族富有代表性的精神家园。无论是我们所强调的人格或是气节,爱国主义始终是排在首位的。无论是文天祥的“人生自古谁无死,留取丹心照汗青”,还是岳飞的精忠报国;无论是辛弃疾的“会挽雕弓如满月,西北望,射天狼”,还是华罗庚的毅然回国;无论是周恩来总理的“为中华之崛起而读书”,还是杨靖宇的献身抗日,都是爱国的具体表现。在时间的长河中,不知多少爱国之士前赴后继地为捍卫祖国的尊严和利益而牺牲自己。为国尽忠、杀身成仁、舍生取义,这些精神共同组成了中华民族最激昂的主旋律——爱国。无数的先辈们用他们伟岸的身躯、坚挺的脊梁和不屈的意志为我们后辈树立了优秀的榜样。正是这种爱国情怀深深地烙印在我们一代又一代的血脉中,才使得我们华夏儿女不断为祖国的繁荣富强添砖加瓦,使其屹立在世界之巅,成为不朽的传奇。爱国主义熏陶了一代又一代的中国人,成为中华民族最宝贵的精神财富之一。

翻开五千年的历史,祖国的生命长河里记载了多少沧桑,却依然表现得如此顽强而有力量。如今观望中国,满溢底气,足够硬气,敢与日月同光,与山川相谬。两甲子时光中孕育而生的希望和担当,正引领着华夏步步向前。“青年是民族未来的希望,是国家前途的希望。”近年来,全国各地中小学不断组织党史进校园活动,开展丰富多彩的校园文化活动,如唱爱国主义歌曲、讲红色教育故事、开展红色教育基地“云参观”以及各种党史知识竞赛活动等,帮助青少年汲取红色营养。自从党史教育进校园活动开展以来,全国各地大中小学生紧扣立德树人的根本任务,紧紧围绕党史内容,不仅弘扬了爱国主义精神,而且还引导了广大青少年知史爱党、知史爱国。

"中国变法,流血牺牲,自我辈始。"古有岳飞精忠报国、文天祥视死如归、戚家军所向无敌;如今,黄旭华以国家之强大为己任,日夜辛勤工作,制造了中国核潜艇;冯炼将青春献给红军烈士墓,传承"愚公精神",情怀不变,信念犹在。为了国家的安全,有无数奋斗者不畏生死、迎难而上,正是因为有这样为祖国赴汤蹈火的民族脊梁,我们的国家才得以在苦难中涅槃重生。而我们作为华夏炎黄子孙,享受着先辈们为我们打下的太平盛世之时,必然要肩负起华夏使命,续中华民族之魂。吾有所爱,其名华夏,若国家有令,我辈当应之;若国家逢难,我辈当援之;若国欲雄起,我辈当兴之。正所谓"羡子年少正得路,有如扶桑初日升!"

二、研学目标

表 2-9　"爱国主义文化"研学目标

年段	认知目标	能力目标	情感目标
小学年段	通过让学生参观泉上红色文化教育基地,让学生了解泉上的红色文化,清楚红色文化的基本内涵。	引导将小小的爱国心在现实生活中转化为报国志和报国行。	厚植学生的爱国情怀,把爱国心从小植入到学生内心的最深处,在学生心中播种红色文化的种子。
初中年段	通过参观灵山乡村记忆馆,让学生对红色文化有一个更深层次的认识,了解记忆馆内文物的来龙去脉。	通过听红色故事、找红色故事、悟红色故事,让学生铭记乡村精神,记住乡愁、记住精神家园。	激发对乡村记忆情感上的共鸣,让学生找回对家乡的认同感和归属感。
高中年段	提高学生学习历史的兴趣和热情,进行情感价值观的培养。	通过教师引导,让学生做到人人知道红色故事,人人可讲红色故事,做红色文化的追随者、传承者、播种者。	重温红色记忆,传承红色文脉。以奋进之声,传爱国之音,承赤子之心,扬爱国精神,传承红色基因。

三、参考活动设计

(一)小学篇:播种红色的种子——泉上红色教育基地

适用年段:小学 3～6 年级　　建议时长:90 分钟

1.景点文化介绍

泉上红色教育基地位于山东省青岛市即墨市灵山镇西南方向两公里处。根据野史记载,明朝洪武时期,邹姓人家和于姓人家从云南迁徙到此,并建立村落。由于此地位于岭上,又临近泉水,所以把此村落取名为"泉上"。泉上村空气清新、山清水秀、物产丰富，附近有许多的著名旅游景点，泉上红色教育基地便是其中之一。泉上红色教育基地不仅是一处旅游景点，而且还是一处研学旅行的好去处。泉上红色教育基地具有底蕴丰厚的红色文化。此外，泉上村还结合当地的红色文化项目，将文化融入当地发展过程中，使红色文化焕发出更耀眼的光辉。泉上村以“传承红色基因，发扬红色文化”为目标，进一步推进红色文化的挖掘、保护和传承，还将进一步加大宣传力度，打造具有鲜明红色文化的特色村庄。泉上村强调，下一步要将传统的红色古建筑和红色遗址的保护、开发和乡村振兴战略结合起来，打造红色爱国主义教育基地这么一张亮丽的名片。

图 2-4　泉上红色教育基地研学活动留影

千年兴衰荣辱，积淀中华文明。百年凄风苦雨，凝练红色基因。中华文明不老，红色基因不灭。红色基因由先辈忘身报国，舍生取义中得来，先辈们的鲜血与汗水滋养着后代中华儿女的心灵，涤荡着他们的灵魂，使得一代又一代人愿意为祖国赴汤蹈火，万死不辞。尽管百年奋斗的历史已在我们每个人心中扎下了红色基因的根，但红色基因仍需要不断地发展和传承，它在不同的时代有不同的表现。在抗战时代，中华儿女“济时敢爱死”，在艰苦的战争中燃烧着生命。在和平建设时期，无数个像程开甲、钱学森一样的科学家“白眼观天下，丹心报国家”，投身于中国的尖端科技领域。如今站在历史洪流转弯处的我们，在实现中华民族伟大复兴的关键时期，更应该激活内心的红色基因，接过时代的接力棒，奋力奔跑。通过泉上红色教育基地，了解先辈们筚路蓝缕的奋斗历程，体会他们的碧血丹心、报国热忱。“吾心自有光明月，千古团圆永无缺”，这红色基因便是我们心中的明月。追随心中明月而行，将会不悔此生！

2.活动目标

通过让学生参观泉上红色文化教育基地，让学生了解泉上村的红色文化，清楚红色文化的基本内涵；厚植学生的爱国情怀，把爱国心从小植入到学生内心的最深处，在学生心中播种红色文化的种子，并将这一颗小小的爱国心转化为报国志和报国行。

（1）准备材料

相机、笔记本、笔、活动记录表、活动总结表等。

（2）指导建议

①教师提前联系好红色教育基地的工作人员，邀请若干名参与活动（每个小组一位工作人员跟随），为学生答疑解惑；同时，教师提前联系好车辆或确定好出行方式。

②教师提醒学生要遵守红色教育基地的相关要求，遵守秩序，同时提醒学生要注意安全。

③出发前学生进行分组，每组 4～6 人，确定小组名称并选出小组长，在小组长的带领下开展活动。

④泉上红色教育基地居于乡村，可能基础设施条件不够完善，教师可建议学生注意着装，尽量选择运动服和运动鞋。

（3）活动准备

①出发前，教师向学生讲述活动的规则。

②活动前进行分组，按照学生的自愿原则进行组队，在规定的时间内完成小组分工。

③活动过程中，学生要有秩序有礼貌，要服从教师和小组长的领导，在指定的范围内活动。

④活动结束后要进行总结和反思，各小组根据活动总结表的要求，在小组长的带领下开展总结和反思活动。

3.活动实施

导入：下车后，教师带领学生有序地进入红色教育基地，在事先确定的地点进行活动分工。

过程：引入活动主题后，教师布置任务：学生以小组为单位，在小组长的带领下参观教育基地，寻找红色文化，重温红色文化，了解红色文化背后的故事，并完成活动记录表。

表 2-10　活动记录表

时　间		地　点	
小组名称		记录人	
参观的地方			
找到的红色文化			
了解的红色小故事			

(1)活动任务一:寻找红色

规则:学生以小组为单位,在小组长的带领下寻找红色。学生出发之前,教师邀请工作人员入场,每个小组至少一位工作人员跟随。

实施:学生了解活动要求后,开始分组。在小组长的带领下开展活动,在寻找过程中注意进行记录。教师提醒学生要遵守基地规则,保持基地秩序,不得随意喧哗、乱扔垃圾。

(2)活动任务二:传承红色文脉

规则:学生在寻找完红色文化后,教师组织学生按照小组围坐起来,让学生交流分享自己在寻找红色文化活动中的发现和所思所想,鼓励学生提出自己的疑问并给予解答。

实施:学生按照小组进行交流分享,小组之间可以相互进行补充,提出自己的疑问,由同学自由解答。学生交流分享后教师进行总结,引导学生传承红色文脉,并趁机引出下一个活动。

(3)活动任务三:缅怀先烈

规则:教师组织学生在教育基地统一进行缅怀先烈活动,让学生感受肃穆的气氛,铭记先烈。

实施:教师带领学生统一、有序地进入基地进行缅怀活动。在烈士墓前,师生排列整齐,高唱国歌,向烈士墓行鞠躬礼,有序瞻仰烈士墓,缅怀先烈英魂。

缅怀先烈活动可以在庄严肃穆的气氛中激发学生爱党爱国的情怀,汲取英雄力量,在学生心中播下红色基因的种子,让学生自觉传承红色基因。

活动结束后,教师带领学生对参与活动的工作人员表示感谢。

4.评价总结

活动结束后,教师肯定各小组的表现,并带领学生一起进行总结和反思。

(1)小组长带领本组成员根据活动总结表的要求,进行组内总结和汇报,达成统一意见,选一位成员进行汇报。

(2)各小组汇报结束后,教师肯定学生的成绩,鼓励有兴趣的同学写一篇游记,记录下自己的所观所感,并趁机引导学生树立勿忘国耻、振兴中华的伟大抱负。

表 2-11　活动总结表

时　间		地　点	
汇报人		小组成员	
小组在寻找红色文化活动中的表现			
小组在传承红色文脉活动中的表现			
小组在活动中的合作程度			
小组表现突出的地方:			
小组对于以后活动的想法:			

(二)初中篇:少年强则国强——灵山乡村记忆馆

适用年段:初中 7～9 年级　　建议时长:120 分钟

1.景点文化介绍

灵山坐落于钟灵毓秀的山东省青岛市即墨市,因"仙山圣母"而远近闻名。近年来,灵山更加注重红色文化的发展,其独特的"红色精神"更是人皆知晓,必将成为一段佳话。灵山由于处于重要的战略地理位置,自古以来此地就成了兵家必争之地,浸染了无数英雄的鲜血,见证了一段段红色故事,成为一座名副其实的"红色之山""英雄之山"。灵山街道不断重视红色教育,以红色文化为中心建造了泉上红色教育基地和灵山乡村记忆馆等,以此来展示灵山的革命史和红色文化史,用红色文化精神引领一代又一代的灵山人。

灵山乡村记忆馆位于圣母河畔的孟沙河支流的灵山镇河南二村，“灵山乡村记忆馆”的匾额位于记忆馆正中间，两边各有一串大红灯笼悬挂其左右，简约大气但又不失高挑古朴。灵山乡村记忆馆于 2019 年开始建造，共占地 1000 平方米，分为 4 个展厅，共有 5000 多件展陈品。灵山乡村记忆馆建造面积虽然不大，但却颇具“麻雀虽小，五脏俱全”之态，里面的展品一应俱全，小到针线，大到机械，都在展列范围之内。这些展品多是中华人民共和国成立前后不同时期的一些生产生活用品，成为展示即墨地区劳动人民在不同历史时期的生产生活画卷，成为即墨地区人民的集体记忆。灵山乡村记忆馆并不是简单地陈列几个历史上的老物件，而是更加注重对文物的神韵传承，在展览文物的同时讲好乡村故事，成为一座鲜活的记忆馆。

图 2-5　灵山乡村记忆馆红色研学活动

2.活动目标

通过参观灵山乡村记忆馆，让学生对红色文化有一个更深层次的认识，了解记忆馆内文物的来龙去脉，做到人人知道红色故事、人人可讲红色故事；通过听红色故事、找红色故事、悟红色故事，让学生铭记乡村精神，记住乡愁、记住精神家园；激发学生对乡村记忆情感上的共鸣，让学生找回对家乡的认同感和归属感。

(1)准备材料

笔记本、笔、相机、活动记录表、活动总结表等。

(2)指导建议

①教师提前与馆内工作人员协商好并提前联系好车辆，保证此次活动顺利进行。

②要求学生遵守工作人员的安排，保护公共环境卫生，不得破坏馆内秩序，不得大声喧哗。

③此次活动采取分组活动的方式，教师提前分好小组，5～6 人为一个小组，并在每个小组内选出小组长，确定小组名称。

3.活动实施

导入：在从学校出发前往记忆馆的途中，教师可询问学生自己记忆中最深刻的事情是什么，从而引出活动主题。

(1)活动任务一：重现乡土记忆

规则：在记忆馆一楼的展区内陈列着一幅灵山的老地图，该地图着重标出了北窖、张家村、黄石圈三个村落，记忆馆的展品也主要是围绕这三个村落的生产生活及民风民俗展开的。学生以小组为单位在教师规定的区域内自由参观记忆馆，寻找展品中蕴含的乡土记忆，并完成活动记录表。

表 2-12　活动记录表

时　间		地　点	
小组名称		记录人	
参观的文物			
找到的记忆			
我们的感受			

学生陆续回来后，教师要求学生按照小组围坐起来，及时进行活动交流分享与总结反思。每个小组派一名代表(该代表不能为活动记录的同学)分享自己小组在任务一活动中的收获。教师肯定学生的表现并给予客观评价。

(2)活动任务二：铭记乡村精神

规则：在乡村记忆馆的影像文件资料区，有大量详细记录 20 世纪生产生活情况的账单、账本等，还有一面展现三个村落历史荣誉的墙。这些资料是灵山全体村民共同努力的成果，渗透着灵山全体村民的乡村精神。教师让学生以小组为单位，重点参观几个展区，让学生体会其中的乡村精神，记住乡愁、记住精神家园。

实施：教师询问学生对活动任务及规则是否清楚，学生清楚活动任务、规则后即可开始活动。活动时间截止后，教师集合所有学生，随机抽取学生分享自己感受到的乡村精神，教师趁机引出任务三活动。

图 2-6　灵山乡村记忆馆红色研学活动

(3)活动任务三:唤起情感共鸣

规则:与其说乡村记忆馆是一座馆,不如说是一条路,是一条回望来时的路。教师通过各种方式让学生了解记忆馆的建成初衷,引导学生产生对乡村记忆情感上的共鸣,让学生找回对家乡的认同感和归属感。

实施:教师可邀请工作人员帮助,以便活动开展与实施。

4.评价总结

活动结束后,教师集合所有学生围坐起来,随机抽取学生分享通过灵山乡村记忆馆的活动:对红色文化有了哪些新的认识?对红色文化有了哪些新的了解?感受到了红色文化的哪些魅力?在此次研学活动过程中最大的收获是什么?自己在小组活动里的表现如何?其他小组的表现如何并给予客观评价,等等。教师先让学生畅所欲言,最后对学生的表现做出肯定与鼓励,并启发学生进一步了解灵山记忆馆文化和红色文化,感受红色文化的独特魅力。

(三)高中篇:厚植爱国情怀——齐鲁文化展

适用年段:高中年段　　建议时长:180 分钟

1.景点文化介绍

山东是中华文明的重要发祥地之一,历史悠久,文化优美。早在四五十万年前的远古时代,这片土地就生活着与“北京人”同时代的“沂源人”。山东的新石器时代文物遗存非常丰富。以后李文化—北辛文化—大汶口文化—龙山文化—岳石文化为代表的新石器时代文化发展谱系脉络十分清晰,说明它也是中国古代文明的重要起源之一。从古老的荒野到精细的农业,从粗糙的石器工具到美丽的玉器,从简单的粗陶到美丽的蛋壳黑陶,从不同的角度映照出这里人们当时的生存状况和山东辉煌的史前文明。

夏商时期，东夷人建立起山东地区，从而推动了中华文明的最终形成。通过西周、春秋战国时期的发展，以齐鲁为核心的山东在政治、经济、文化、军事等各个方面逐渐走上了时代的前列。齐桓公通过“尊王攘夷”而成为春秋时期第一个霸主，鲁国则以忠诚捍卫礼乐制度闻名于诸国，稷下学宫的繁荣发展以及儒学研究的产生和传播，对数千人产生了深远的影响，影响了几千年来中国的传统思想文化。

秦始皇吞并了六国，建立了大一统国家，齐鲁之邦也被正式纳入秦帝国的版图。两汉时期，山东是中国最发达的地区之一，农业发达，手工业强大，特别是炼铁和纺织工业居全国首位。在西汉建立的50名铁官中山东有12处，山东的临淄、定陶和亢父（今济宁）在汉代被称为“三大纺织中心”。

魏晋南北朝时期匈奴、鲜卑等游牧民族陆续进入山东并与当地的居民相互融合，推动了山东的发展。隋唐以后，山东是最繁荣的经济区之一。人民的物质文化生活相对丰富，与海外的经贸往来十分活跃。此外，举世闻名的京杭大运河直通山东西部，使山东中西部的经济发展空前繁荣。

2.活动目标

博物馆里面有大量的历史资料，包括历史照片、史实资料及真实的历史文物。学生通过阅读历史资料，可以了解历史渊源故事；通过鉴赏文物，可以掌握文物知识，增加学习历史的热情和兴趣；通过观看历史视频资料，可以感受历史情景故事，培养爱国情感。

（1）准备材料

相机、笔记本、笔、体验耕种工具活动记录表、特制汉服、水杯等。

（2）指导建议

①山东齐鲁文化展展区文物多以静态为主，考古挖掘的古文物居多，如果没有很好的文化基础可能会感到“不知所游”，所以可以找名导游进行讲解。

②教师要提前确定好出游方式，提前与景区负责人联系，确保路途顺利与安全。

③文物是一个遥远的历史，其时代背景离学生的生活太过于遥远。在解释了场景之后，学生们可能会提出很多问题，所以可以留出足够的时间，让学生们自由地提问。孩子们的想法不同，提出的问题往往千奇百怪，这就要求教师要有足够的知识和经验来应对学生的提问，从而使情绪活跃起来、增加出游的乐趣，在欢乐的气氛中完成知识的学习。

3.活动实施

导入:汉代的画像石砖非常有名,这些石砖上的图画记录了当时的人物故事和生活习俗,可以称为“砖石上的史诗”。在此基础上,向学生们发问“这些画像的寓意是什么”“通过这些画像,我们可以从中得出什么样的结论”,从而引发学生的思考。

(1)活动任务一:探究齐鲁文化的发生及发展历程

规则:教师带领学生参观齐鲁文化展,有条件的话可以邀请一名导游为学生进行讲解,教师如果对齐鲁文化了解较多也可以自己为学生讲解,亦可邀请学生讲解自己了解的文化。在参观过程中要求学生通过展品了解齐鲁文化的发生及发展历史,在笔记本上做好记录。

实施:教师带领学生有序参观,在活动结束后可随机抽取学生在参观过程中了解到的东西,让历史知识在实践参观中活起来,激发学生对历史的热情,厚植学生的爱国情怀。

(2)活动任务二:体验古代耕种工具

规则:学生分组进行亲身体验推石磨等古代耕种工具,通过操作耕种工具来感受劳动人民耕种的辛苦。

注意事项:学生在体验古代耕种工具过程中,注意保持展馆内秩序,不得喧哗,不得打闹,不得影响其他游客的参观,要有序进行活动。

实施:学生以小组为单位,6～7 人为一组,选出小组长,在小组长的带领下体验古代耕种工具。要求每个小组的成员在体验过程中通过各种方式,如小组内交流、询问馆内工作人员等,了解所体验耕种工具的名称、用途、用法以及在使用中应注意的问题等,并完成活动记录表。教师询问学生对活动要求及注意事项是否清楚,鼓励学生提出自己的疑问,所有学生在清楚活动要求及内容后,即可开始活动。

让学生们亲自推石磨,轮流用石磨磨出各种谷物杂粮,如豆子、高粱、玉米、大米、小米等。让学生们认识并学会正确使用耕种工具,如镰刀、铲子、锄头、耧、手犁等,以此来感受农民的耕种生活。

表 2-13　体验耕种工具活动记录表

时　间		地　点	
小组组长		小组成员	
我们体验的耕种工具			

续表

描述所体验的耕种工具	
所体验的耕种工具的用途	
所体验的耕种工具的用法	
耕种工具在使用过程中应注意的问题	

活动结束后，教师集合所有学生，让学生以小组为单位交流分享自己在体验活动过程中所体验的工具以及其用法、用途等，小组之间以及小组内部可以相互补充。教师肯定学生的表现并做出总结。

(3)活动任务三：现场剧角色表演

规则：以小组为单位，以“县令、农民与商人的一天”为背景，让学生们穿上古代服装，现场饰演官场里的不同角色，模拟古代官民商的关系，进行审案体验。学生们通过角色扮演可以感受到不平等的官民关系，了解到古代等级森严的制度。

实施：在内乡县衙博物馆有知县审案等现场剧表演，小组内自行选择角色扮演，达成一致。每个小组轮流表演，选出最佳表演小组。表演之前教师给学生一定的时间进行准备，随后组长抽签决定表演顺序，并完成表演记录表。

表 2-14　“县令、农民、商人的一天”表演记录表

表演前的计划			
小组成员		记录时间	
表演主题			
大概情节			
饰演角色			
表演后的记录			
存在问题			
改进计划			
反思感悟			

(4)活动任务四:走进齐鲁文化

规则:齐鲁自古以来就是中国文化的重要发源地之一,以《诗》《书》《礼》《乐》《易》《春秋》为代表的齐鲁文化犹如源远流长的历史长河,滋养着一代又一代的齐鲁儿女,孕育出一批又一批优秀的作家和作品。学生在教师的带领下,换上教师提前准备好的特制汉服,诵读齐鲁文化,爱上齐鲁历史,增强学生的民族自豪感和文化自信心。

实施:"道不完我对齐鲁的歌颂。菏泽的牡丹,济南的荷花,淄博的月季,青岛的耐冬。幸福美丽光荣的鲜花,开遍齐鲁大地。"教师选出一位学生带领其他所有同学诵读,在诵读中了解传统文化的博大精深,做优秀传统文化的传承者和弘扬者。

4.评价总结

教师集合学生,随机抽取学生分享自己游览山东历史文化展的收获:对古代文化有了哪些新的认识?对齐鲁历史文化有了哪些新的了解?这和你平日里认识的齐鲁文化又有什么不同之处?你在此次研学过程中最大的收获是什么?你在此次小组里的表现如何?你认为此次小组展示里最出色的小组是哪些并说说自己的客观评价。

最后,教师对学生的表现做出肯定与鼓励,并启发学生进一步了解齐鲁文化的相关资料,感受故乡的情怀。

第三节　青少年思想道德教育文化

一、研学背景

梁启超曾说:"少年强则国强,少年智则国智,少年富则国富。"青少年作为祖国的未来和民族的希望,是中国特色社会主义的建设者和接班人,不仅要积极学习科学文化知识,而且要提高自身文化素养。青少年的思想道德建设势在必行,应该培养学生的爱国主义精神,使其自立自强,引导学生形成正确的世界观、人生观、价值观。另外还需要敬重先贤,发扬吃苦耐劳、敢于拼搏、脚踏实地的精神,继承和发展红色精神。

作为思想道德建设的一个重要内容,各地高度重视加强和改进青少年思想道德建设的工作,其活动形式丰富多彩。开展具有深度、广度的青少年思想道德教育，深入到青少年思想教育的纵深地带，具有十分重要的意义。在王富和秦政齐编写的《青少年思想道德教育读本：英雄年少》中，我们可以看到许多内蒙古青少年英模的真实故事，“草原英雄小姐妹”和英杰的模范故事给无数青少年留下了深刻印象。让学生通过参观红色景区，切身感受党员模范人物及劳动人民们“勤勤恳恳，任劳任怨，全心全意为人民服务”的人生宗旨。

学校是青少年健康成长的摇篮，是孕育希望的园地，加强青少年的思想道德教育是每一个教育工作者责无旁贷的义务。引导学生参观的目的是利用红色资源，牢记初心使命，传承和弘扬红色景区所特有的奋斗精神、英雄精神，使英雄模范成为青少年努力进取的强大动力。

二、研学目标

表 2-15　“青少年思想道德教育文化”研学目标

年段	认知目标	能力目标	情感目标
小学年段	通过瞻仰革命遗址、参观红色革命纪念馆，了解英雄人物故事。	在活动过程中提高动手能力和协作能力，能够就地取材，参观孟良崮山区的过程中制作树叶标本德育卡。	铭记孟良崮战役，牢记历史，培养青少年爱国情怀，引导学生树立正确的人生观。
初中年段	让学生了解红色刘集旅游区的红色故事，能够把红色文化讲出来。	将课程内容与课外实践相结合，帮助学生了解与共产党员相关的文化知识。	通过共同学习《共产党宣言》，深植党的信念，鼓励学生为加入中国共产党而努力奋斗。
高中年段	了解战舰经历的光辉岁月，探寻中国海军的发展历程。	提高动手操作能力及军事训练能力。模拟海军每天的工作内容及情景，模拟中国海军一天的生活。	树立对海军的敬佩之情，学习海军模范的不畏困难、勇往直前的精神。

三、参考活动设计

(一)小学篇:红色精神伴成长——孟良崮

适用年段:小学3～6年级　　建议时长:90分钟

1.景点文化介绍

孟良崮位于孙祖镇西部,属孟良崮林场。传说北宋孟良曾在此操练兵马,因此得名。孟良崮海拔536米,面积1.5平方公里。植被以马尾松、刺槐居多。1947年闻名中外的孟良崮战役在这里发生。为了纪念这场战争,后期修建了孟良崮战役纪念馆。该纪念馆位于孟良崮旅游区内孟良崮山顶,是著名的红色旅游景区。

孟良崮战役纪念馆内存有图片、文字材料、文物等。其中,多媒体厅的声光电设施可以再现当时战役场景,情景逼真。通过历史图片、文献资料、战争实物的展示与讲解,游览者能深入了解孟良崮战役过程,真切感受沂蒙人民踊跃支前、无私奉献的感人事迹,深刻领悟"兵民是胜利之本"的真理,从而加深对群众路线的认识。人民群众是胜利的根本保障,在孟良崮战役纪念馆,保存有许多当初沂蒙人民群众支援前线的老照片,在当年,沂蒙群众的前线口号是:"最后一口饭做军粮,最后一尺布做军装,最后一个儿子送战场……"孟良崮战役期间,男人们都上前线了,妇女们成为支前的主力军。"沂蒙六姐妹"组织村中妇女积极支前,她们为战争胜利提供了可靠的后勤保障。在整个孟良崮战役期间,妇女们带领全村人烙煎饼、筹集军粮、洗军衣、做军鞋,像"沂蒙六姐妹"那样的例子有很多。

孟良崮战役烈士陵园始建于1952年,占地面积6万多平方米。它是第二批国家烈士纪念保护单位,也是省内外著名的革命传统和爱国主义和民族教育基地。烈士陵园位于孟良崮山脚,距离孟良崮战役纪念碑7.8公里。它朝南,雄伟壮观。公园中间有大型的陈毅的白玉雕像,雕像栩栩如生。孟良崮战役纪念馆位于山东省临沂市蒙阴县垛庄镇,为了纪念孟良崮战役而建于1984年,是全国重点革命烈士纪念建筑物保护单位。纪念馆分为5个展厅,分别是门厅、战斗厅、前厅、英雄厅和双重支撑大厅。纪念馆的高度为19.47米,象征着孟良崮战役发生于1947年。纪念馆的形状是两个红色的三角形战旗,在孟良崮顶部形成了一座山的形状。红色代表红色革命和红色旅游。在这里标志性的纪念建筑是一座纪念碑,纪念碑高30米。它由三块形状像刺刀的灰色花岗岩制成,象征着野战军、地方军和民兵。底座是一个规则的三棱柱,其边长为20米,高度为1.6米,形成一个枪托,象征着枪管的力量;枪的底部被红色的墙壁包围,象征着山底的树冠。纪念碑的上下部分形成一个整体,象征着军民统一的胜利和人民战争的胜利。

2.活动目标

学生在孟良崮感受红色文化，通过参观孟良崮战役纪念碑、纪念馆、战场遗址和孟良崮革命烈园，领悟革命英雄的风采，感悟现在美好的生活来之不易；追寻前辈战斗足迹的过程中，激发学生爱党爱国情怀；让学生在旅行中开阔视野、增长知识，在研学中体验沂蒙精神的真正内涵，感悟沂蒙精神的真谛。

(1)准备材料

活动记录表、相机、笔记本、笔等物品。

(2)指导建议

①提前对学生进行分组，分组的方式可以多样化，可以选择随机分组，也可以让学生自由组合，每组4～6人，确定小组长及小组名称。

②教师主要做引导和总结的任务。在活动实施中教师要给学生充分的准备时间，可以让学生参观景点后自由讨论。

③教师要提前确定好出游方式，提前与景区负责人联系，确保路途顺利与安全。

④孟良崮地形以山地丘陵为主，地形崎岖不平，教师要随时关注学生的身体情况，若有学生身体不适，及时安排学生就地休息，以学生的安全为首位。

3.活动实施

导入：在乘车前往孟良崮的路途上，向学生们讲述孟良崮战役的相关故事，引导学生思考：为什么我们可以在孟良崮战役中取得胜利？你认为孟良崮战役取得胜利的最关键因素是什么？教师提出任务，并提出相关规则。

(1)活动任务一：游览孟良崮战役纪念馆

实施：教师询问学生对任务规则及注意事项是否清楚，鼓励学生提出自己的疑惑并给予解答。所有学生都清楚任务和规则后，开始分组活动，观察孟良崮战役纪念馆。填写孟良崮战役纪念馆参观记录表，分组谈谈自己的感受。

表2-16 孟良崮战役纪念馆参观记录表

时　间		地　点	
姓　名		所在小组	
著名人物			
重要事件			
我的感悟			

(2)活动任务二:小组展示,谈谈对孟良崮战役的了解

规则:组长到教师处抽签作为排序方式,每个小组依序讲述孟良崮战役中的故事。组长到教师处抽签,每个小组依序讲述自己在参观过程以及之前了解的故事。轮到的小组若没有答上来,则该小组得分。教师根据活动时间来控制比赛的轮数,最后统计得分最高的小组要为全班同学表演一个节目。

注意事项:轮到A小组展示时,A小组成员要及时进行补充。得分最高的小组在表演节目时,要以“红色精神”为主题,表演时间不得超过3分钟。

实施:学生弄清任务与规则后,教师给出1分钟的准备时间,随后组长抽签决定顺序,然后根据顺序进行展示,教师统计小组得分情况。展示结束后,得分最高的一组表演节目,教师作出客观点评。

(3)活动任务三:参观孟良崮山区,制作树叶标本德育卡

导入:精美的石头会唱歌,神奇的根艺会说话。带领学生前往沂蒙山区的路上,向学生们展示孟良崮学生们自己所制作的“雄鹰展翅”“黄河象”等许许多多形态万千的根艺作品,激发学生们的学习兴趣,为接下来制作树叶标本德育卡做好准备。

指导建议:鼓励学生分小组进行制作,小组成员之间互相补充、互相协作。利用在自然课程中学到的知识,运用在自然课程中学到的学习技术,收集各种动植物标本,根据学生自己独特的审美标准,将美丽的图案结合在一起,并创造数千种栩栩如生的富有红色生命气息的作品。

表2-17 DIY标本树叶卡片展示

制作前的计划		
小组成员		记录时间
制作主题		
成员分工		
大概布局		
制作后的记录		
存在问题		
改进计划		
反思感悟		

按照上一轮任务的抽签顺序,在展示过程中,每个小组指派一名队员表演,表

演完毕之后号召其他小组对本小组的制作展示进行评价。每小组推举一名小组成员作为报幕员，表演前简要介绍本小组的表演主题，其他小组进行点评，可以用手配合声音的方式(例如，竖起大拇指说“棒！”竖起两个大拇指说“很棒！”站起来说“超级棒！”)，点评完毕之后请出下一小组。直到所有小组表演完毕。

4.评价总结

在本次实践活动中，可引导学生围绕以下问题进行总结反思：通过参观孟良崮景区，阅读了有关孟良崮战役的相关资料后，你对孟良崮战役和红色文化有了哪些新的认识？你在活动过程中遇到了哪些困难？你是怎样克服这些困难的？通过此次研学课程探究你产生了哪些想法？对今后的生活会有什么样的影响？

教师集合所有学生，然后随机抽取学生分享此次游览孟良崮的体验：对孟良崮战役有了哪些新的认识？感受到了孟良崮的哪些魅力？你在小组活动中的表现如何？其他小组的表现如何并给予客观评价，等等。最后教师对学生的表现做出肯定与鼓励，并启发学生进一步了解更多孟良崮战役的相关资料，真正实现传承红色基因、用心铸魂的目的。

(二)初中篇：用心学党史——红色刘集

适用年段：初中 7～9 年级　　建议时长：120 分钟

1.景点文化介绍

刘集红色旅游区位于山东省东营市广饶县大王镇刘集村，因其是中共刘集支部诞生地而得名。刘集红色旅游区保留了原有的支部旧址一处，另设一处支部简史陈列展。旧址按照当时的生活环境进行了复原，在很大程度上保留了当时的模样，再现了当年艰苦卓绝的斗争环境以及革命先烈不屈不挠的革命精神；简史陈列展馆则采用仿古的建筑风格，顶部飞檐，外设走廊。展厅内分图画文字展和文物展两部分，形象地介绍了刘子久、刘良才等革命先驱的英雄事迹和刘集党支部在那个年代的革命启蒙作用。红色刘集是一块红色的土地，孕育了富有革命传统的刘集人民。我国现存首版中文译本《共产党宣言》就是在这里发现的。大王镇旅游资源丰富，除了建设景区外，还建有采摘、垂钓等各种特色项目，是一处集教育、旅游、娱乐为一体的旅游度假胜地，让游客在体验当地休闲观光绿色风情的同时，还能接受红色教育。如今，在乡村振兴大潮中，刘集大力发扬红色精神，使这里的红色资源及绿色生态产业相融合，形成了“红绿交织”的乡村旅游产业，红色刘集也由此成为国家 4A 级景区。

2.活动目标

通过红色刘集地区的研学旅行活动，让学生了解红色刘集旅游区的红色故事,能够把红色文化讲出来;将课程内容与课外实践相结合,帮助学生更加了解文化知识;通过共同学习《共产党宣言》,深植党的信念,鼓励学生为加入中国共产党而努力奋斗。

(1)准备材料

笔记本、笔、相机、活动总结表、运动鞋、手表、活动记录表、水杯等。

(2)指导建议

①教师提醒学生要有秩序地参与活动,同时提醒学生要注意安全。

②本次教学活动以小组为单位,实行组长负责制。教师可提前分好小组,建议4~6人一组,并选出小组长。

③活动后及时交流与总结,各小组根据活动总结表的要求,在小组长的带领下开展活动。

④学生在参加活动的过程中要遵守秩序,不能打扰其他游客正常的活动,在安静场合不得大声喧哗,听从工作人员的指挥和安排。

3.活动实施

导入:在从学校出发前往刘集的路途中,教师可以先让学生说一下自己对当今刘集的感受,学生分享完成后再引导学生了解刘集革命战争时期的那段岁月,进而引出活动主题。在进入刘集之前,教师可以对学生提问有关活动的知识内容。

(1)活动任务一:游红色刘集,讲红色故事

规则:本次教学活动以小组为单位,实行组长负责制。在小组长的带领下自由参观刘集,记录下给你留下印象最深刻的地点,并简要说明原因。教师注意要求学生遵守秩序,对村民有礼貌,不要打扰他人正常工作,在规定的时间和区域内完成。教师要提醒学生有秩序地参与活动,同时提醒学生要注意安全。

表2-18 活动记录小卡片

时间		地点	
姓名		小组成员	
给我印象最深的刘集地点:			
原因:			
我的感受:			

在参观完后,学生在小组长的带领下,在指定地方与教师进行汇合。出发

前小组长清点组内人数，防止有部分学生脱离队伍的现象发生。如果在参观途中产生了垃圾，参观结束后带走，并进行打扫，保护生态。学生陆续回来后，教师要求学生按小组围坐一圈，让学生自由发言，分享对自己触动最深的地点或场所。看哪个小组表现最突出，看哪个学生分享的最生动，看哪个学生在交流分享后记住的最多。

(2)活动任务二：学《共产党宣言》，发扬党的精神

规则：刘集支部在早期的革命斗争中，利用和保存了我国首版中文译本《共产党宣言》。教师带领学生共同学习《共产党宣言》，宣扬党的精神和发扬党的意志，让学生了解加入中国共产党最基本的知识。将中国共产党的故事讲给学生听，让学生心中坚信中国共产党的信念。

(3)活动任务三：红色旗帜永飘扬

规则：今日之责任，不在他人，而全在我少年。红日初升，其道大光；河出伏流，一泻汪洋。完成任务一和任务二后，教师在馆前集合所有学生，由教师带领歌唱《我和我的祖国》，用洪亮的歌声和真挚的感情表达对祖国浓烈的爱。合唱完成后，教师带领学生在队旗前进行宣誓，以实际行动表达对中国共产党员的追念与敬仰。

实施：教师在研学旅行出发之前可以在学校提前训练学生合唱《我和我的祖国》，以减少在实际活动中浪费的时间，达到预期的效果。通过合唱以及宣誓活动让学生在内心深处体会党一步步的发展历程，帮助学生坚持理想信念。

4.评价总结

活动结束后，教师肯定各小组的表现，并带领学生一起进行总结和反思。

(1)小组长带领本组成员根据活动总结表的要求，进行组内总结和汇报，达成统一意见，选一位成员进行汇报。

(2)各组汇报结束后，教师肯定学生的成绩，并趁机引导学生产生心中有党、振兴中华的伟大抱负。

表 2-19　活动总结表

时　间		地　点	
汇报人		小组成员	
小组在讲红色故事活动中的表现			

续表

小组在传承红色文脉活动中的表现			
小组在活动中的合作程度			
小组表现突出的地方：			
小组对于以后活动的想法：			

(三)高中篇:共筑中国梦——中国海军博物馆

适用年段:高中年段　　建议时长:180 分钟

1.景点文化介绍

中国海军博物馆位于青岛市莱阳路,因其地处青岛,故又被称为“青岛海军博物馆”,是一座集旅游景区与红色景区为一体,同时又融合了爱国主义教育的一座综合性博物馆。顾名思义,中国海军博物馆是由中国海军组织创建的、以军事题材为主题的博物馆,是迄今为止唯一一座全面反映中国海军发展的博物馆。其占地面积之大,馆藏之多,装备之齐全,阵容之壮大,让许多游客不禁为之感慨。中国海军博物馆占地 4 万多平方米,现有室内展厅、海战史展室、武器装备展区、海上展舰区等展厅。馆内展示的数千件文物,均从不同侧面反映了中国人民海军从无到有、不断壮大的历程。据悉,中国海军博物馆意在继续扩建,将其打造成中国最大、亚洲一流、世界著名的海军博物馆。馆内林立着色彩斑斓的高大飞机和坦克等藏品,彰显了中国海军辉煌的历史。登上“鞍山号”和“鹰潭号”,自己仿佛就是一名英姿飒爽的海军,正在守护祖国的海疆,内心坚信祖国会走向繁荣昌盛!

浩浩长江黄河之水哺育了一方人民,绵绵长城撑起了中国的奇迹,巍峨的五岳支起了中国的天地,无数的神话塑造了我们心中的那片净土——中国!中国充满了干劲与坚毅。综观千年,我们曾跌倒过,内部斗争、匈奴入侵、洋人压欺,但我们还是走了过来,跌倒后又努力站了起来。这就是中国永不服输的精神。14 亿中国人的梦想凝聚在一起就是一个大的梦想,名字叫作中国梦!它总是那么富有活力,激情四射。中国梦是复兴梦,是亿万人心中的强国梦!如果奇迹有颜色,那一定是中国红!“国之盛世辉煌起,心之所付少年矣”,中国梦是少年的星光、少年的梦想,更是少年的归属。国家强盛、民族复兴、人民幸福恰如中国梦为星河一般流入少年的心中，这才是我们的归属。中国海军博物馆里共筑中国梦！

2.活动目标

通过参观中国海军博物馆，让学生了解中国海军的发展历程，亲身经历海军的感觉，感受当一名中国海军的光荣与奉献；激发学生对海军的热情；感受着祖国强大，同时也感受到强烈的历史责任感和使命感。这次参观将爱国主义潜移默化地播种到孩子们的心间，也坚定了同学们尚美进取、砥砺前行的理想信念。

(1)材料准备

笔记本、笔、相机、“走进海军博物馆”活动记录表、“我是中国小海军”模拟记录表、水杯等。

(2)指导建议

①教师提前与博物馆内的工作人员协议好，保证此次活动顺利进行。

②学生要遵守工作人员安排，保护公共环境卫生，不得破坏馆内秩序，大声喧哗。

③此次活动采取分组活动的方式，教师提前分好小组，5～6 人为一个小组，并在每个小组内选出小组长，如果有条件的话每个小组可配备一名教师带领。

3.活动实施

导入：出发前往中国海军博物馆的路途中，教师讲述中国海军的发展现状，引出此次活动的主题。教师还可以寻问学生们对海军的了解程度，或者让学生发表自己的观点，讲述自己所知道的有关海军的故事。这既可以让学生更多地了解海军，也可以增加学生们的知识量，从而更好地实施本次研学旅行活动。

(1)活动任务一：走进海军博物馆，探寻海军发展历程

规则：教师询问工作人员，在得到工作人员的许可后，带领学生到指定区域进行活动参观。教师带领学生有序进行等待，不得干扰其他游客正常的活动安排。各组在教师指定活动区域内参观博物馆，不得大声喧哗、嬉戏打闹，保持安静，活动结束后完成活动记录表。

在馆内工作人员的许可下，教师可以让学生登上停泊在港湾的几艘退役军舰，了解战舰经历的光辉岁月，探寻中国海军的发展历程。

表 2-20 “走进海军博物馆”活动记录表

时　间		地　点	
小组组长		记录人	
我参观的展品			
登上军舰的感受：			
我了解的海军发展历程：			
我的感受：			

在学生参观完成陆续回来后，教师集中所有学生，让每个小组派一名代表分享自己参观博物馆的感受，交流一下自己了解到的中国海军发展历程，最后由教师做补充，对学生的表现做出肯定。

(2)活动任务二：了解海军装备，制作手工物品

规则：活动开始前，学生在教师规定的区域内以小组为单位自由参观中国海军博物馆，了解中国海军装备，掌握其装备名称、大致模样，尽可能多地了解装备种类。参观完成后，教师集合所有学生交流分享自己了解到的海军装备，教师做简要补充，而后，学生就可以开始制作手工 DIY。要求所制作的手工必须是海军装备题材，最后依据小组制作的数量和质量进行评比。

实施：在制作手工 DIY 之前，教师给学生 10 分钟的时间进行准备，完成组内分工，确定制作模型名称、形状等。学生可以根据自己在参观准备活动中所看到的装备进行制作，也可以展开联想的翅膀去想象自己希望制作出的海军装备。最后，评分作品要求必须质量完好，符合题材要求，否则不予参加评比。

注意事项：在活动过程中，学生要有规则意识，严格按照老师要求进行活动。在手工制作过程中。教师提醒学生要注意安全，以防伤害到自己或他人。

活动结束后，教师选出表现最好的一个小组给予奖励。该小组选出一名代表分享经验，教师做最后总结。

(3)活动任务三：我是“中国”小海军

规则：学生以小组为单位，分小组进行情景模拟，感受做一名中国海军的光荣与奉献。学生自由尽情想象中国海军应尽的职责、每天的工作内容及情景、每天会遇到的问题等，模拟中国海军一天的生活，看哪个小组思考得最全面、模拟得最真实。每个小组的模拟时间控制在 15 分钟以内，上场顺序由小组组长抽签决定。

活动开始前,教师给学生5分钟的时间进行准备,完成组内分工和模拟记录表。

表 2-21 “我是小海军”模拟记录表

模拟前的记录			
小组成员		记录时间	
大概情节			
人员分工			
模拟后的记录			
存在问题			
改进计划			
反思感悟			

(4)活动任务四:享受历史文化盛宴,弘扬爱国主义精神

规则:教师组织学生交流分享自己对中国海军的认识。在教师的带领下,学生探索中国海军背后的爱国情怀与作为海军的责任感和使命感,小组内交流自己的想法。最后,每个小组派出一位代表整合、交流本小组的认识。所有活动结束后,教师与学生共同合影,留下最美的瞬间。

4.评价总结

活动结束后,教师集合所有学生,随机抽取学生分享通过参观中国海军博物馆:你对中国海军有了哪些新的认识?对中国海军有了哪些新的了解?感受到了中国海军的哪些魅力?在此次研学活动过程中最大的收获是什么?你在小组活动里的表现如何?其他小组的表现如何并给予客观评价,等等。

最后,教师对学生的表现做出肯定与鼓励,并启发学生进一步了解中国海军,激发学生对海军的热情,所谓“强国志,报国行”。

第三章　历史寻根研学之旅

第一节　历史名人文化

一、研学背景

那些卓尔不群的背影，在时光的流逝中，悄然逝去，渐行渐远。“唯大英雄能本色，是真名士自风流。”那些伟大的杰出人物通常都是一些能够本色出演的人，不矫揉、不造作，不阿谀、不奉承，敢于做最真实的自己。正像文化发展有其自身的独立性，每个时代都有杰出的代表人物。历史的发展犹如那滔滔不绝的江水，不断向前涌进。历史的洪流中，往往诞生出许多杰出的英雄人物，他们虽不能改变历史发展的基本方向，但却在无形中推动着历史不断向前发展。任何历史人物的出现，特别是伟大的历史名人的诞生，都是必然性和偶然性相结合的产物。虽说时势造英雄，每位历史名人的诞生都离不开社会和历史的发展，但那些历史名人的诞生更离不开他们自身所具备的普通人不具备的特点。这些特点如星空中的颗颗璀璨明星，熠熠生辉，照耀在中华大地上，指引着后世一代又一代人不断前行。

中华民族有着5000多年的历史，其深厚的历史文化底蕴，酿造了许多名震天下的历史名人，横贯社会发展的各个方面，纵穿古今。文学方面，诞生了李白、杜甫、白居易等诗词名人，罗贯中、曹雪芹等小说名人，徐志摩、郭沫若等诗歌名人；哲学方面，有孔子、孟子等儒家学派，孙武、孙膑等军事学派；数学方面，祖冲之的研究有重大贡献；地理方面，郦道元创作了《水经注》。学生们通过参观历史名人纪念馆，可以感受古人的智慧。

二、研学目标

表 3-1　“历史名人文化”研学目标

年段	认知目标	能力目标	情感目标
小学年段	通过参观鲁班纪念馆活动，让学生对土木建筑始祖——鲁班，形成最基本的全面认识。	在研学过程中，通过教师引导培养学生的实际动手能力，提高学生的综合素质水平。	培养学生对“百工圣祖”鲁班的尊敬之情，激发学生产生对建筑艺术的兴趣。
初中年段	走进景区，通过一步步深入游览进一步了解兵法知识，了解兵法蕴含的兵家思想。	幻想穿越时空，带着最初想了解任务，通过直接感知、深入观察、亲身体验、主动探究，深入了解孙武思想文化知识。	通过老师的讲解，让学生对孙武的思想内涵和编写起因有最初的理解和感悟，感受博大精深的孙武思想文化。
高中年段	形成对诸葛亮整体、全面的认识，感悟以诸葛亮为代表的名人品质的认识。	“学而不思则罔，思而不学则殆”，通过此次研学活动，通过对诸葛亮智慧的认识，培养学生勤于动脑的能力。	感悟中国历史名人文化的深厚感，提高学生的民族自豪感和自信心，主动宣扬中华优秀传统文化。

三、参考活动设计

(一)小学篇：访土木建筑始祖——鲁班纪念馆

适用年段：小学 3～6 年级　　建议时长：90 分钟

1.景点文化介绍

季羡林先生曾称赞我国古代一位伟人道：“墨子鲁班，善国双圣。”这位伟人便是鲁班。鲁班，春秋时期鲁国人，字依智，姬姓，公输氏，名班，人们又称为“鲁盘”或“鲁般”。如今鲁班的名字已经成为中国古代劳动人民智慧的象征，成语“班门弄斧”就缘自鲁班。

古滕大地，文明厚重。鲁班纪念馆位于山东省滕州市的龙泉广场，总建设面积为 1 万多平方米。鲁班纪念馆秉承继承与发展的设计理念，突出鲁班“百工圣祖”的特点，建筑材料以土木建筑为主，建筑结构采用鲁班发明的榫卯结构，整体建筑风格呈现仿古与现代相结合的特点，美轮美奂、飞檐画栋，精巧典雅又不失活泼灵动。鲁班纪念馆设有多个展厅，如圣祖堂、祭拜大厅、木器厅、石器馆、航天厅、鲁班庙会等，每个展区围绕鲁班的“百工圣祖”展开，从不同方面让游客了解鲁班、认识鲁班。纪念馆内的展品结合鲁班的生平事迹以及神话传说故事，使用现代多媒体技术和3D技术为支撑，围绕一条路、一条河、一位巨人、一首颂歌展开，将鲁班文化推上一个新的历史高度。鲁班纪念馆打造集“科技发明展示中心、爱国主义教育中心、鲁班文化传承中心和旅游休闲体验中心”为一体的综合展览大厅。迄今为止，鲁班纪念馆是我国建筑体积最大、功能最全的专门用来纪念鲁班的场馆。

2.活动目标

通过参观鲁班纪念馆活动，让学生对土木建筑始祖——鲁班，形成最基本的全面认识。在活动实施过程中，引导学生形成动手能力和团队合作能力，激发学生产生对建筑艺术的兴趣。

(1)准备材料

笔记本、笔、相机、小卡片、活动记录表、活动总结表等。

(2)指导建议

①教师提前联系好纪念馆内的工作人员，邀请若干名参与活动(每个小组一位工作人员跟随)，为学生答疑解惑；同时，教师提前联系好车辆。

②教师提醒学生要有秩序地上下车，同时提醒学生要注意安全。

③出发前对学生进行分组，每组4～6人，选出小组长，在小组长的带领下开展活动。

3.活动实施

导入：在从学校出发前往鲁班纪念馆的路途中，教师可询问学生做过哪些小手工，是怎么制作完成的，以此引出此次活动主题。

(1)活动任务一：寻鲁班，赏鲁班

规则：学生在小组长的带领下，在教师规定的区域内自由参观鲁班纪念馆，寻找、欣赏鲁班的发明创造，并完成活动记录表。

表3-2　活动记录表

时　间		地　点	
小组名称		记录人	
找到的鲁班发明			
欣赏的鲁班发明			
我的感受			

学生陆续回来后，教师集合所有学生，随机抽取学生交流分享自己在任务一中的收获，教师肯定学生的表现并做出客观评价，引出任务二。

(2)活动任务二：我是小鲁班

规则：学生以小组为单位，在教师规定时间内共同制作一个手工品，内容及形状不限，要求小组成员全体参与。活动结束后，教师选出制作最好的一个小组进行表扬，并送给每个小组组员一份精美的手工品留作纪念。

实施：活动开始前，教师给学生 5 分钟的准备时间。学生完成小组分工，在小组内达成一致意见。

(3)活动任务三：鲁班，我想对你说

规则：鲁班对人类的贡献非常大，是中国当之无愧的“科技发明之父”。教师向学生发放小卡片，让学生在小卡片上写下想要对鲁班说的话。

实施：学生在清楚活动规则和任务后，教师即可组织学生开始实施活动。

4.评价总结

活动结束后，教师肯定各小组的表现，并带领学生一起进行总结与反思。

(1)小组长带领本组成员根据活动总结表的要求，进行组内总结和汇总，达成一致意见，选一位成员进行汇报。

(2)各组汇报结束后，教师肯定学生的成绩，并趁机引导学生产生探索的兴趣、形成动手的能力。

表 3-3　活动总结表

时　间		地　点	
小组名称		汇报人	
小组在寻鲁班活动中的表现			
小组在我是小鲁班活动中的表现			
小组在活动中的合作程度			
小组表现突出的地方：			
小组对于以后研学活动的想法：			

(二)初中篇:兵学的奇思妙想——孙子故园

适用年段:初中 7～9 年级　　建议时长:120 分钟

1.景点文化介绍

孙子故园,又名“孙子兵法城”,它坐落于山东省惠民县城文化区内,是为纪念中国古代伟大军事家、“兵学鼻祖”孙武而在原孙氏宗祠旧址上扩建而成的一处园林式仿古建筑群。孙子故园总占地 4.3 万平方米,除具有一般性园林特点外,还具有历史文物的性质和纪念园林的性质,主要建筑有孙子书院、孙子塑像等。以孙子故园为龙头的孙子文化系列开发项目,已经引起社会的广泛注目。孙子故园已成为山东省重点旅游景点,2001 年又被列为全省八大重点旅游景区之一。孙子故园被命名为“国防大学教学基地”,每年都有部队官兵前来考察学习。孙子故园还被命名为“山东省国防教育基地”“山东省爱国主义教育基地”“滨州市德育教育基地”。

图 3-1　中国孙子兵法城

2.活动目标

孙子故园是山东省“一山一水两圣人”旅游体系的重要组成部分。孙子故园也是我国三大庭院式人文景观之一,其他两大庭院分别是北京故宫和曲阜孔庙。通过对孙子故园的观光探索,体会古香古韵的建筑风情,感受古人的思想智慧,寻觅这位伟大的军事家、思想家,体会《孙子兵法》中蕴含的思辨思维。激励学生的爱国情怀和实现中国梦的伟大理想。

(1)准备材料

笔、笔记本、相机、运动鞋、背包、太阳伞、活动记录表、总结表等。

(2)指导建议

①研学旅行出发前,教师可要求学生搜集与《孙子兵法》有关的资料,初步

了解学生在课堂学习中很少接触的军事文化领域，以便活动实施与开展。

②教师提前确定出游方式，提前与公园负责人联系，确保路途顺利与安全。

③孙子故园景区较大，教师可以提前分好小组，带领学生参观不同经典的景区，也可以划分区域，每个小组在工作人员的带领下参观不同景点，最后集合总结分享各小组参观的景区。

3.活动准备

出发前，教师向学生讲述活动规则。

(1)本次活动前期以集体活动为主，后期以小组为单位，在小组长的带领下开展活动。本次活动任务是游览孙子故园著名景点，观察建造结构特点，了解基本的兵家思想文化，并完成活动记录表。

(2)活动前进行分组，选出小组长，在规定时间内完成小组分工。

(3)活动过程中，学生要有秩序有礼貌，不得大声喧哗，小组长合理安排任务，小组组员服从组长安排，在指定范围内活动，并且不得破坏景区藏品和环境卫生。

(4)活动后及时反思与总结，各小组根据活动总结表的要求，在小组长的带领下开展活动。

4.活动实施

导入：在从学校出发前往景区的路途中，教师向学生提出战国时有关"百家争鸣"的知识和人物，引出兵家思想文化及其代表人物——孙武和他的代表作《孙子兵法》，由此引出此次观光的古人孙武的事迹，让学生对兵法之祖孙武有简单的了解。

(1)活动任务一：识兵器

规则：教师带领学生参观古代兵器馆，在讲解人员的带领下，认识了解古代冷兵器、火器、战车、战船等战争用具之大成，展示白刃类、远射类、火器类、战车类、战舰类、防护类等用具，增加对孙子文化与滨州历史的了解，选择自己最喜欢的几件兵器，着重了解，丰富兵学知识。

注意事项：学生要有秩序地在教师指定范围内活动，在活动过程中一定要注意安全，不随便碰触藏品。

实施：教师询问学生对任务规则及注意事项是否清楚，鼓励学生提出自己的疑惑并予以解答，不安排身体不适的学生参加此次任务活动。所有学生清楚任务和规则后，开始分组活动，走进古代兵器馆，了解兵学知识。

表 3-4 活动记录表

时 间		地 点	
小组成员			
我了解到的冷兵器文化			
我从中学到的兵学知识			
我的感悟			

(2)活动任务二:亲临古战场

规则:学生参观武圣府,浏览《孙子兵法》在各个时期的战例、实物和一幅幅生动鲜活的战争史画卷,在科技的帮助下体会古代战场的血雨厮杀,在老师的引导下探讨当今的国际形势,培养忧患意识,形成居安思危的观念,提高自己的军事思维和爱国情怀。

注意事项:在教师规定的范围内活动,认真听导游的讲解,思考战争的意义,并填写活动记录表。教师提出古代战争和现代战争的利弊,引发学生进行思考和讨论。

实施:教师在讲述完任务二的规则后,以各小组为单位,以"战争在历史中的作用"为主题进行讨论,选出一个人为代表参与集体讨论,并填写活动记录表。

表 3-5 活动记录表

时 间		地 点	
我支持的观点		所在小组	
我对战争的看法理解			
我了解到的国际形势			
面对现代化战争,我该怎么做			

注意事项:教师集结所有学生,学生以班级为单位分享每个小组对战争的

观点。分享结束后，教师对学生的观点给予鼓励的评价。根据学生的分享，教师顺其自然地引出任务三。

(3)活动任务三：戏湖水，思孙子

规则：本次活动以班级为单位，在工作人员的带领下前往乐安湖中心的乐安亭，通过三条曲桥参观东区的孙子塑像、南区的孙子阁、西区的植荷，也可以组织学生坐船欣赏湖面美景，从不同角度观赏古典建筑，体验古典建筑与文化的融合，静心养性。

注意事项：教师再次强调安全问题，学生要严格听从工作人员指导，不得嬉戏打闹、乱扔垃圾，要维护湖面环境卫生。

实施：教师询问学生是否听懂了规则，陪同学生在导游的讲解下认真浏览每一个场景，在湖面上思考自己学到的兵学知识，将其整理归纳总结，并填写活动记录表。教师鼓励学生提出自己的疑惑并予以解答，不安排身体不适的学生参加此次活动。

表 3-6　活动记录表

时　间		地　点	
小组成员			
我印象最深的景点			
记录人			
我在孙子故园悟出的道理			
我心中的孙子			

(4)活动任务四：拉弓初体验

规则：教师带领学生前往弓箭场地，集合同学仔细听导游的讲解、学习拉弓技巧。学生在熟悉弓箭的基本技巧之后，亲自动手体验，感受来自冷兵器的魅力，体会古人打造兵器的智慧。

注意事项：学生在教师指定范围内活动，在活动过程中一定要注意安全，不得将弓箭对准同学和身边的人。

实施：在景区工作人员的指导下，每个同学按照顺序依次体验拉弓射箭，体验完的小组讨论弓箭在战场上的作用。最后由教师组织一场比赛，每个小组为一队，射在靶子上加一分。教师根据比赛时间控制轮数，比赛完成后，分数高的小组获胜。学生在活动后填写活动记录表。

表 3-7 活动记录表

时 间		地 点	
姓 名		所在小组	
我的得分			
弓箭在战场上的作用			
对弓箭由来的了解			

(5)活动任务五：巧用“三十六计”，赢得战争胜利

规则：教师带领学生前往真人 CS 的战场，让学生体会战场厮杀的紧张感。首先，要求学生听景区工作人员讲述实战技巧和记号枪的使用方法；其次，在游戏开始前，将全体学生分成两组，运用“三十六计”中的谋略讨论形成自己的作战方针，体验古代两军对垒的智慧。

注意事项：学生在教师指定范围内活动，在活动过程中一定要注意安全。

实施：在工作人员的指导下，学生穿好防护服、拿好武器后进入战场，根据战情实时调整作战方案，最后战场上存活人数最多的队伍获胜。

5.评价总结

活动结束后，教师肯定各小组的表现，并带领学生一起进行总结与反思。

(1)小组长带领本组成员根据活动总结表的要求，进行组内总结与汇总，达成一致意见，选出小组代表进行汇报。

(2)各组汇报结束后，教师点评学生的结果。

(三)高中篇：一代贤相——诸葛亮纪念馆

适用年段：高中年段　　建议时长：180 分钟

1.景点文化介绍

诸葛亮故居纪念馆位于临沂市沂南县黄疃村，曾是一代贤相诸葛亮的诞生地，也是诸葛亮年少的居住地，总占地面积为 2700 平方米。1992 年，诸葛亮故里纪念馆在隋唐年代的诸葛亮庙遗址的基础上建造而成。一期工程总占地 6 亩，二期工程总占地 30 亩。馆内有诸葛亮祠、千年古银杏树、汉画像石群、清乾隆皇帝御碑、出土文物展室、碑林等景点。馆内幽静冷僻，绿树成荫，鸟语花香，

古意悠悠。

纪念馆占地面积2700平方米。大殿坐北朝南,青砖灰瓦、古朴壮观。正门上悬挂李子超题写的“诸葛亮故里纪念馆”匾额。东侧立有临沂地区诸葛亮研究会理事长、临沂师专王汝涛教授撰题、姜东舒书写的“望海潮”石碑。西侧立有四面画像碑以及“耕战图”“出征图”等数块画像石。左侧竖立着三块诸葛亮故里出土的汉代遗物——穿孔汉画像石碑,古雅庄重,令人肃然起敬。在大殿正门的两边,有雕梁画栋,也有明柱花窗,规模恢宏。大殿门上方悬有著名书法家姜东舒题写的“地灵人杰”四字金匾。大殿正中放着诸葛亮塑像,上悬有“一代贤相”“名垂宇宙”两块金字匾额。四周是全面反映诸葛亮一生壮丽辉煌业绩的14幅壁画。

2.活动目标

千年来,诸葛亮本人作为智慧的化身,深深影响着中国传统文化,成为中国传统文化里不可或缺的一部分,其神机妙算、忠诚、清正廉洁的形象,受到了万世的推崇。在研学过程中,学生通过参观诸葛亮故居、游览诸葛亮公园、聆听诸葛亮的智慧故事,感受诸葛亮对国家的赤诚之心,探寻家国情怀。

(1)准备材料

相机、纸、笔、活动记录表等。

(2)指导建议

①教师提前与纪念馆内的工作人员协议好,保证此次活动顺利进行。

②学生要遵守工作人员安排,保护公共环境卫生,不得破坏馆内秩序,不得大声喧哗。

③此次活动采取分组活动的方式,教师提前分好小组,5～6人为一组,并在每个小组内选出小组长。如果有条件的话,每个小组可配备一名教师带领。

3.活动实施

导入:陆游曾写诗赞叹一个人“出师一表真名世,千载谁堪伯仲间”,他一生为了蜀汉鞠躬尽瘁、死而后已,一生璀璨如流星,最后在五丈原轰然病逝,这个人便是诸葛亮。今天我们要去的地方便是诸葛亮纪念馆,在这里感受诸葛亮的智慧和忠诚。

(1)活动任务一:游诸葛亮纪念馆,了解诸葛亮生平

规则:学生游览诸葛亮纪念馆,填写生平记录表,分组谈谈自己的感受。

表 3-8　诸葛亮生平记录表

时　间		地　点	
姓　名		所在小组	
人　物			
生　平			
我的感悟			

实施:教师询问学生对任务规则及注意事项是否清楚,鼓励学生提出自己的疑惑并给予解答,不安排身体不适的学生参加本次任务活动。所有学生都清楚任务和规则后,开始分组活动,观察诸葛亮纪念馆,教师观察学生的动态,注意学生是否遵守规则与注意事项,并提醒学生注意安全。

(2)活动任务二:小组展示,谈谈你对诸葛亮的了解和认识。

规则:小组组长到教师处抽签,每个小组依序讲述自己在参观过程以及之前了解的关于诸葛亮的故事,轮到的小组若没有答上来,则该小组得分。教师根据活动时间来控制比赛的轮数,最后统计得分最高的小组要为全班同学表演一个节目。

(3)活动任务三:诸葛亮,我想对你说

规则:游览完诸葛亮纪念馆、完成前几个活动任务后,学生对诸葛亮的生平事迹有了一定的了解,现在就让学生给诸葛亮写封信,自由表达对诸葛亮的赞美、批评或者对他的疑问。

4.评价总结

完成所有的活动任务后,教师集合所有学生,从每个小组中选出一位代表对当天的游览活动做一个小结。启发学生思考:你对诸葛亮有了哪些新的认识?感受到了诸葛亮的哪些魅力?实际的诸葛亮与《三国演义》中的诸葛亮有哪些不同?你在小组活动中的表现如何?其他小组的表现如何并给予客观评价等。各组汇报结束后,最后教师对学生的表现做出肯定与鼓励,并启发学生进一步了解诸葛亮的相关资料,真正实现传承家国情怀、用心铸魂的目的。

第二节　儒墨思想文化

一、研学背景

行千里路，解世上苦，育三千儒雅高徒；承单车，入列国，祥云西去，夫子本丘。据《史记》记载："孔子布衣，传十余世，学者宗之。自天子王侯，中国言《六艺》者折中于夫子，可谓至圣矣。"由此可见儒家文化在历代中国的影响是十分巨大的。儒家思想是春秋时期孔子创作的先秦诸子百家学说之一，其核心主张为"仁"和"礼"，具有古典的人道主义性质。随着朝代的不断变迁，儒家文化的历史地位也随之发生或大或小的改变。早在邦国林立的夏商时期，就可略瞥见儒家文化的剪影。直到战国秦汉时期，诸子峰起，儒分为八，儒家文化在黄老之学中脱颖而出，受到统治者的青睐。西汉末年，董仲舒提出"罢黜百家，独尊儒术"的思想主张，儒家文化迎来巅峰时期，成为统治者的正统思想。汉代以后，东西方文化交流不断增加，西方思想逐渐深入中国，儒家思想的正统地位虽有所撼动，但仍一直为人所倡导。儒家文化以儒家学说作为指导思想，被历代统治者推崇和效仿。儒家学说随着历史的演变不断发展，历史也不断赋予儒家学说新的时代内涵，儒家文化于变革中不断创新，对中国文化乃至世界的发展起着举足轻重的作用。

墨家文化由战国初期的墨翟创建，以"兼相爱，交相利"为核心主张。谈到墨家文化，首先出现在我们脑海中的印象便是中国古代的科技成就，如小孔成像、圆规等一系列发明创造。不仅如此，墨家文化的思想成就卓有成效。根据《汉书·艺文志》中的记载，我们也可以看出墨家的思想主张，即非攻、尚贤、尚同、非乐、非命、节葬、节用等思想。墨子以儒家学说为基点，进行了批判改造和再创造，从而独树旗帜，成为与儒家学说相抗衡的"显学"。后来由于董仲舒主张"罢黜百家、独尊儒术"，墨学逐渐由显学变为绝学。

二、研学目标

表 3-9 “儒墨思想文化”研学目标

年段	认知目标	能力目标	情感目标
小学年段	了解儒家文化的起源发展史,了解“三孔”的建筑风格,学习儒家传统文化,知晓礼仪规范。	掌握基本文化礼仪,能够较为熟练准确地介绍儒家文化。	浸润儒家文化,培养道德意识,提升道德品质与思想修为,形成道德规范。
初中年段	通过参观孔子博物馆,让学生感受传统文化“嵌”入现代科技的无限魅力,触摸千年沉淀下的传统文化。	能够较为熟练地运用现代科学技术手段来欣赏中华优秀传统文化,并将传统文化传承下去。	博物馆是弘扬传统文化的重要载体,通过此次活动让学生建立弘扬传统文化的思想觉悟,将传统文化的种子悄然植入学生心中。
高中年段	了解墨子的生平事迹及湿地公园的主要景点;了解墨子对古代科技的突出贡献及卓越的军事才能。	通过寻找湿地公园与墨子有关的景点,解锁景点背后与墨子有关的小故事,能够主动了解墨子及墨家文化,主动探索科学奥秘背后的原理。	通过湿地公园的活动,产生探索事物表象背后更为深刻的故事与内涵,感受墨家文化的思想情怀。

三、参考活动设计

(一)小学篇:儒风建筑艺术——“三孔”

适用年段:小学 3～6 年级　　建议课时:90 分钟

1.景点文化介绍

孔府、孔庙、孔林作为“三孔两庙一陵”中的“三孔”,可谓是儒家文化的代表景点。孔府,也叫“衍圣公府”。孔子是春秋时期封建没落贵族的代表,其学说也代表着没落贵族的利益。孔府设有厅、堂、楼、房近五百间,有“天下第一人家”之称。孔府采用传统的建筑风格和九进三路的布局,从封建王朝的六部格局得到灵感而设六厅,基本上是明、清两代的建筑风格。孔府是孔子嫡系居住的地方,也是中国封建社会官宅合一的典型建筑。

孔庙，也叫“至圣庙”，是祭祀孔子及其夫人和七十二贤才的地方。曲阜孔庙是中国的三大古建筑群之一，它与北京故宫、承德避暑山庄并称于世。在中国的古建筑群中，孔庙是建筑时间最长、规模最宏大、留存最完好、建筑特色最具代表性的建筑群。孔林，也称“至圣林”，位于曲阜城北门外，是孔子的家族墓地。林内柏桧夹道，高木林立，也体现了孔林的肃穆性。孔子生活年代之久远决定了孔林的历史长度。孔林是世界上历史最深远的家族墓地，其保存的完整性也令人唏嘘，为世所罕见。孔林内有 10 万多座墓地，专门安葬孔子及其后裔。孔子墓位于孔林中部，封土高 6 米，呈偃斧状。孔子墓前根据墓中人的爵位品级设有石人、石兽等雕塑。孔子墓之东是孔子的子孙孔鲤和孔伋的坟墓。

孔府正门采用中国古代普遍的建筑格局——坐北朝南式。孔府大门正上方悬挂着一块蓝底金字的“圣府”匾额，门前雕有一对石狮和明柱，柱上悬挂一副歌颂孔子的对联：“与国咸休安富贵尊荣公府第，同天并老文章道德圣人家”。

重光门又叫作“塞门”。重光门作为独立的一个建筑，把前院和后院分离开来，另辟蹊径，故又称作“塞门”。据说塞门只有公爵的“邦君”才能建立，一般官级是不具备建筑资格的，正如《论语·八佾》中的记载：“邦君树塞门。”重光门的建筑格局依旧是孔府仿照封建王朝的“六部”而设立六厅。

孔府大堂是接见官员、审理案件、举办重大节目和仪式的地方。大堂之中共有 5 间厅堂，灰瓦红墙，赫然悬于山顶。大堂正中悬挂着一个“统摄宗姓”的匾，匾额上刻着清世祖的谕旨，要求衍圣公“统摄宗姓，督率训励，申饬教规，使各凛守礼度，无玷圣门”，规定了衍圣公在孔氏家族中的种种特权。整个大堂呈现明代的建筑风格。

孔府花园位于孔府九进大院的最后部分，占地 50 余亩。孔府花园初建于明朝弘治十六年（1503 年），后来又经历几次重修，达到如今的规模。花园内有山水鸟林、亭台坊榭、曲桥喷泉、水中石岛、花厅石坛、赏月凉台以及焚香读书的屋坛。

大成殿是赞扬孔子思想集古圣贤之大成的一个场所，体现了《孟子》中的“孔子之谓集大成”思想。大成殿作为孔庙的主殿，是祭祀孔子的最中心的场所。孔庙的大成殿与北京故宫的“太和殿”和泰山岱庙的“天贶殿”并称为“东方三大殿”，其世界影响力也由此可见一斑。大成殿整体设计具有古典之美，殿下建有双层台基，殿内建有一个大露台，高约两米，是祭祀孔子时歌舞奏乐的地方。大殿南面刻有浮雕龙壁画，大殿四周用双层石栏围绕，整体设计感十足。每年的 9 月 26 日和 28 日，都会在大成殿的大露台举办盛大的国际孔子文化节和孔子诞辰纪念仪式。

图 3-2　大成殿外部实景

“万仞宫墙”，原名“仰圣门”，是曲阜明朝时期的正南门。门额所题“万仞宫墙”，语出子贡“夫子之墙数仞，不得其门而入，不见宗庙之美，百官之富”。万仞宫墙与孔子弟子子贡有着很大的联系。子贡曾语，人的学问好似一堵墙，他的这道墙只有一仞高，而孔子的学问之墙有数仞高。后人为了形容孔子学术高深，从百仞、千仞之说到明代皇帝封孔子为“天下文官主，历代帝王师”，赞扬孔子的学问有“万仞”之高，也喻指此墙矗立坚固。这四个字原为明钦差所写，乾隆为表示对孔子的重视，亲书“万仞宫墙”。

金声玉振坊，语出宋代诗人王柏《畴依》“金声玉振，始终条理”。古乐是以敲钟开始，钟起“始条理也”，击磬告终，“玉振”为磬落的声音，称“终条理也”，赞扬孔子的学问集大成而成，所以称为“金声而玉振也”。“金声”指钟的声音，为开始；“玉振”指磬的声音，为终。“二柏担一孔。”过玉振坊这个单孔的石拱桥，东西各有一棵古柏，所以人称“二柏担一孔”。石拱桥名曰“泮水桥”，因和行宫旁的泮水池之水相通连，故又演变为“盼水”，做官的盼望高升，做生意的盼望发财，过日子的盼望兴旺。

孔子墓位于整个孔林的中部偏南地段，墓前两个石碑相连。前面的墓碑刻有“大成至圣文宣王墓”，后面的碑文刻有“宣圣墓”字样。石碑前有石供案、石砌拜台和砖砌花棂围墙等，专为祭祀孔子所设。孔子墓的东面是孔子的儿子孔鲤之墓，南面是孔子的孙子孔伋之墓，祖孙三代人的这种墓碑格局暗指为抱子携孙。

万古长春坊位于孔林的林间小道上，通体采用石质结构，坊中刻有的“万古长春”四字。此坊在清朝雍正年间又重新修缮。石坊上雕有各式精美图案，盘龙舞凤、骏马奔腾、祥云成团等栩栩如生，气势宏伟，造型优美。

洙水桥，立于洙水之上。洙水原本为西周鲁国北墙外的护城河，后来成为泗水河的分支河流，在曲阜北部洙水、泗水二水合一，形成统一的渠流。孔子曾经在洙水泗水间讲学，因此后来洙泗成为儒家的代称。孔林内有三座洙水桥对称而设，中间的一座桥拱起如虹，桥前有一座名为“洙水桥”的石坊，相传此三字为严嵩所书。

图 3-3　大成殿内部实景

2.活动目标

知道孔府、孔庙、孔林是山东著名的风景区，知道“三孔”的主要景点及标志性建筑；学生在游览“三孔”的旅程中，初步感知古代建筑的特点，了解其重檐结构，领略儒家文化建筑的恢宏大气；了解“三孔”建筑背后的文化内涵及历史意义。

(1)准备材料

相机、笔记本、笔、游览总结表等。

(2)指导建议

①“三孔”景区景点多以静态为主，恢宏的古建筑居多，如果没有很好的文化基础可能会感到“不知所游”，而同学们的文化基础有限，所以可以找名导游进行讲解。

②曲阜居于内陆，天气较为炎热，夏季出游时应做好防晒避暑的准备，避免因天气原因导致部分同学们身体不适。

③教师要提前确定好出游方式，提前与景区负责人联系，确保路途顺利与安全。

④“三孔”景区较大，游览景区的每个角落难度系数较大，因此可以组织学生集中游览“三孔”较有代表性的景点，也可划分区域，实行组长负责制，每个小

组游览参观景区的不同景点，最后再集中分享讨论。

⑤参观“三孔”的时间可选在9月27日，对孔子有了一定的了解后可接着参加9月28日的曲阜孔子文化节，为此次活动留下一次深刻的印象。

3.活动准备

(1)讲述活动规则

出发前，教师向学生讲述活动规则。

①本次活动前期以集体活动为主，后期以小组为单位，在小组长的带领下开展活动。本次活动的任务是游览“三孔”著名景点，观察建造结构特点，了解基本儒家习俗。

②活动前进行分组，选出小组长，在规定时间内完成小组分工。

③活动过程中，学生要有秩序有礼貌，不得大声喧哗，小组长合理安排任务，小组组员服从组长安排，在指定范围内活动。

④学生要爱护公物，不得恶意损坏。保持卫生干净整洁。听从工作人员的指挥安排。

⑤活动后及时反思与总结，各小组根据活动总结表的要求，在小组长的带领下开展活动。

(2)分组

出发前，学生以自愿的原则进行分组，4～6人为一组，选出小组长，确定小组名称。

4.活动实施

导入：在从学校出发前往景区的路途中，教师可以出示“三孔”部分景点图片，引导学生观察其建筑特点。教师也可以先引导学生说出自己家乡房屋的建造特点，亦可由皇宫建造特点抛出“三孔”建造特点的问题。

(1)活动任务一：寻“三孔”建筑特点

①布置任务。引入活动主题后，教师布置任务：学生以小组为单位，带着小卡片，在小组长的带领下游览并观察“三孔”中建筑的特点，在小卡片上记录下观察到的结果。

②寻重檐，观重檐。活动开始前，教师向学生出示重檐结构建筑物的图片，并讲授重檐结构的特点及其他特征；随后，让学生分组寻找有重檐结构特点的建筑物景点。

③建筑接龙。学生陆续回来之后，在工作人员或导游的协助下，教师检验学生的活动成果，选出任务完成最出色的小组，并请该小组成员介绍经验。随后，老师和学生进行“建筑接龙”游戏。

游戏规则：教师拿出提前准备好的图片，让同学们轮流说出这是哪个建筑的重檐结构。

④游戏结束后，教师带领学生向参与活动的导游及工作人员表示感谢。各组汇报结束后，教师点评学生的结果，引导学生产生探索更多建筑物的兴趣。

表 3-10　游"三孔"活动总结表

时　间		地　点	
小组名称		汇报人	
小组在观察记录活动中的表现			
小组在建筑接龙游戏中的表现			
小组成员在活动中的合作程度			
小组表现突出的地方：			
小组内部的反思与总结：			

(2)活动任务二：汉服大巡游，品文化滋味

规则：各小组成员在教师安排下进行活动。在观赏巡演的过程中遵守秩序和规则，站好队，以免发生踩踏事件，确保自身的安全。小组每个成员至少能够在小组内说出一个有关汉服文化的知识，并将参观及感悟记录下来。

注意事项：认真遵守交通秩序和规则，在指定区域内进行活动。不得擅自违反规定，不能妨碍演员的正常巡演，小组长严格负起责任。

实施：教师有序带领学生到指定场所内观赏巡演，保障学生的安全。教师鼓励学生提出自己的简介，给予学生鼓励，必要时对学生的困惑加以解答。对于身体不适的学生，不安排参加此次活动。所有学生都清楚任务和规则后，开始分组活动，进行汉服巡游的观赏。

表 3-11　汉服大巡演活动观赏记录表

时　间		地　点	
姓　名		所在小组	
了解到的汉服文化			
对巡演历史背景的了解			
我的感受：			

5.评价总结

活动结束后,教师肯定各小组的表现,并带领学生一起进行总结与反思。小组长带领本组成员根据活动总结表的要求,进行组内总结与汇总,达成一致意见,选出代表进行汇报。第一,讨论交流三孔景区的建筑特色,说说自己的观察感悟。第二,巡演观赏结束后,同学们交流观赏感受,并说出自己对汉服文化的了解和认知。同时,学生提出自己的困惑,教师做出客观点评并加以解答。在新时代快速发展的背景下,中华民族传统优秀文化与当今现代生活完美结合相当重要,通过观赏汉服巡演活动,可以增加学生对汉服文化的了解,促进中华民族优秀传统文化知识的传播。

(二)初中篇:历久弥新的儒学——孔子博物馆

适用年段:初中7~9年级　　建议时长:120分钟

1.景点文化介绍

40年前,吴良镛先生提出了"十字花瓣"曲阜城市模式的设想。40年后,一座基于儒家美学思想,将建筑与人、自然和谐共处、天然合一的孔子博物馆在曲阜新城的"十字花瓣"中央建成,与世界文化遗产"三孔"相呼应,实现了"七星辉映"的城市格局。孔子博物馆2013年初开始动工兴建,于2019年9月6日(曲阜)国际孔子文化节开幕之际正式开馆迎客,建筑面积5.5万平方米,馆藏文物70多万件。清华大学建筑学院的吴良镛教授担任孔子博物馆的总体建筑设计,美术学院张烈副教授担任整体的展览陈列设计。孔子博物馆以"景仰、对话、洗礼"六字作为设计理念。整个博物馆由"孔子的时代、孔子的一生、孔子的智慧、孔子与中华文明、孔子与世界文明、永远的孔子"六大部分构成。整体的展览格局以孔子文化为核心,以文物为基本载体,以高科技为手段,以服务孔子博物馆大众为目标,突出互动体验与感悟,堪称一座"亲切、温暖且有故事"的博物馆。

孔子博物馆里面有很多主要的馆藏文物,清黄珐琅五供是其中一件有珍藏价值的文物。历代帝王都对孔子有着崇高的敬意,对于孔子的祭祀延续2000多年从未断连。清朝雍正皇帝尊孔崇儒,颁赐大量的礼器放置在孔庙内,雍正十年(1732年)时又颁赐五件御制珐琅礼器于孔庙内。据《曲阜县志》记载,雍正十年时制造珐琅供器铜香鼎一、香盒一、烛台二、花瓶二,黄色瓷质铜胎,细绘五彩牡丹等器件,其中"香炉一、尊二、烛台二"被孔子博物馆收藏,成为镇馆之宝。另外还有明蓝纱织暗花妆花蟒衣,为明代万历皇帝赐予六十四代衍圣公孔尚贤官服之一。此件衣物以黄色、白色和绿色为主要色调,色彩绚烂,做工精致。衣料采用亮地纱质,领口采用交领的方式,袖子为常见的阔袖,后腰处左右两侧衬摆式袍，还有编织上的暗花四合如意连云纹图案。

序厅“大哉孔子”是体现博物馆整体气质的第一个展厅，采用亚克力书模把星空穹顶、孔子和山的形象，通过声、光、影的多媒体方式呈现在乳白色的环幕书墙上，并通过背后的光效配合，摆出了高山起伏中树立孔子像的造型，呈现登泰山而小天下之感；顶棚设计了可发光和多媒体星空两种视觉效果，通过多种艺术方式和高科技把序厅塑造成一个庄重、肃穆的空间。

金属论语屏风位于孔子圣迹图大型互动厅内。互动厅采用智慧单元的形式，较为集中地表现了“对话”的建馆理念体验感。在此，观众可以通过和孔子对话的方式来聆听孔子的故事、感悟孔子的智慧，并产生亲切感。真实与虚拟结合的表达方式阐释和衍生了更多有意思的信息。“村童上学”是一个展览区，此展览以“君子之道”为主题，是一个游客与孔子双向互动的演绎空间。“村童上学”以影视剧场的形式呈现给观众，让观众思考如何做一个合格乃至优秀的人，从而达到教育和洗礼的目的。

2.活动目标

孔子博物馆的建成运行，让很多“藏”在档案馆中的文物得以重见天日。通过声、光、电技术的应用，立体化、动态化地呈现各类文物，真正实现了传统与现代的水乳交融。通过参观孔子博物馆，让学生感受传统文化“嵌”入现代科技的无限魅力，触摸千年沉淀下的传统文化；博物馆是弘扬传统文化的重要载体，通过此次活动让学生建立弘扬传统文化的思想觉悟，将传统文化的种子悄然植入学生心中。

(1)准备材料

笔、笔记本、相机、参观感悟表等。

(2)指导建议

①孔子博物馆现代科技感十足，可充分吸引学生的兴趣，教师应提醒学生要遵守博物馆的游览要求，自觉遵守参观秩序，服从工作人员管理。

②虽然孔子博物馆注重互动与体验，但教师仍要提醒同学们自觉爱护公共设施，不要触摸展厅内的展品、展柜等设施。馆内不得使用闪光灯或三脚架拍照，所以学生在拍照前应提前关闭闪光灯。

③本次活动为小组活动，教师可提前分好小组，并选出小组长，活动过程中由小组长带领完成。

3.活动实施

导入：在从学校出发前往景区的路途中，教师可以讲几个与孔子有关的小故事，比如“智慧圆融”和“神武不杀”；也可以播放电影《孔子》的主题曲《幽兰操》。而后，学生分享自己对孔子的认识，教师也可讲授孔子生平。

(1)活动任务一：研学孔子博物馆，追忆孔子生平

规则：各小组在教师指定的区域内参观博物馆，在互动区和体验区用手触摸儒家文化，追忆孔子生平。每个成员小组至少能说出一个触摸儒家文化、与孔子互动的感受，并将参观及感悟记录下来。

注意事项：只许在教师指定范围内活动，只许触摸可触摸的文物，不得擅自违反馆内规定。小组长要负起责任。

实施：教师询问学生对任务规则及注意事项是否清楚，鼓励学生提出自己的疑惑并予以解答，不安排身体不适的学生参加此次活动。所有学生都清楚任务和规则后，开始分组活动，参观博物馆，追忆孔子生平。

教师观察学生的动态，注意学生是否注意遵守规则与注意事项。

表 3-12　孔子博物馆参观体验表

时　间		地　点	
姓　名		所在小组	
触摸到的儒家文化			
对孔子生平的了解			
我的感受：			

(2)活动任务二：“穿竹简，知勤勉——竹简 DIY”

规则：以小组为单位，每个小组领取一套竹简 DIY 材料，自行设计 DIY 作品(作品要求围绕竹简展开，颜色、形式由每个小组自行决定，达成一致意见)。

注意事项：同学们在使用针线制作竹简时要注意安全，避免伤到自己及他人。

实施：两根绳，数片竹，穿针引线成古书。教师首先向学生讲解竹简的由来及“韦编三绝”的故事，让同学们对所做工艺品的背景有所了解，以更好地激发创新思维。教师讲授完毕后，向学生示范竹简做法，再让学生制作。

竹简 DIY 最好能发挥同学们的创造性思维，做到“同而不和，和而不同”，激发同学们的发散性思维。每个小组制作完毕后，选出最具创意性的竹简作品，予以展示。

4.评价总结

活动结束后，每个小组选出代表分享此次参观游览活动的体验与感悟，通

过自评、互评、教师评价等方式总结评价此次活动。各组汇报评价结束后，教师肯定学生的成绩，并趁机引导学生弘扬中华优秀传统文化，将传统文化的种子悄然植入学生心中，促进中华优秀传统文化创新性发展、创造性转变。

（三）高中篇：寻景点，解墨“事”——墨子湿地公园

适用年段：高中年段　课时建议：180 分钟

1.景点文化介绍

翻看中国古代社会的各类史料，墨家在诸子百家中似乎只是个简单的名字。但如果详细查阅这些记载，便会发现战国时代绝大多数的大事件，似乎都与墨家有着剪不断的联系。而更令人惊叹的是，墨家的宝典《墨经》，在 2000 年前就记载了“小孔成像”“重力运动”“杠杆原理”等科学原理，堪称领先当时一个时代。后世中国古代科技史上，多少划时代的发明与经典工程都能从《墨经》中找到源头。作为墨家创始人的墨子，可以说是中国最早的“侠”，它以人之能事行公道正义。即使墨子很清楚这并不能拯救一切，但他仍然选择了这样一条道路，“侠”的梦想也从未放弃过。对墨子来说，每一次的努力正是在一点点地改变世界。特别是他大声疾呼“兼爱”“非攻”，表明他是一个伟大的和平主义者，其思想光芒超越了他所处的时代，闪耀至今，正符合当今和平发展的时代主题。为了纪念墨子的重大贡献，并顺应木石镇市政府的规划理念，木石镇创造了绿水青山与文化兼具的墨子湿地公园。

墨家湿地公园位于枣庄市高科技化工园区中南部，紧邻墨子森林公园，东面紧邻抱犊崮，西面濒临微山湖，南面接近薛国遗址，北面接连孔孟名胜地济宁。墨子湿地公园湿地占地 4 平方公里，以环保水处理为主题，兼具生态景观、环境教育、人文传承、科普宣传、休闲娱乐功能。湿地公园以传承墨子的思想文化作为主线，公园的大多建造物都有历史依托，如秦风城门依据“止楚攻宋”的典故建造而成。墨子湖建成大面积的金石银滩，又有环湖绿道、汀步石路和水上运动中心等作为辅助设施，形成了一幅蓝天、绿草、清水、游人乐的宜人画卷，能让人感受到“山水木石墨子湖”的无穷魅力。墨子湿地公园将墨子文化元素和现代工业元素融入园内的人文景观中，建成我国目前最大的一座湿地公园。兼爱湖内建有“百工造船”船舫、亲水平台、环湖绿道、水墨山水等设施，种植有芦苇、菖蒲、鸢尾等水生植物，常年有栖息野鸭 200 余只。

2.活动目标

游览墨子湿地公园，欣赏湿地美景，感受“绿之城、水之乡、文之邦”；游玩于山水之间，感悟山水间渗透的墨家文化；参观湿地公园秦风城门、“百工造船”船坊等建筑以及大取山瀑布、科圣彩虹桥等景点，了解建筑背后的墨家故事，解读墨家文化。

(1)准备材料

笔、笔记本、相机、活动记录小卡片、活动总结表、雨伞(太阳伞)等。

(2)指导建议

①游览时间可以选择在一个雨天或者雨后，游览体验感会更佳。

②教师提醒学生要保护湿地公园的环境卫生，不可随手乱扔垃圾，要维护湿地公园绿色的良好环境。

③本次活动可采取小组活动方式，出发前学生分好组，4～6人为一组，选出小组长，在小组长的带领下开展活动。

3.活动准备

(1)讲述活动规则

出发前，教师向学生讲述活动规则。

①本次活动以小组为单位，在小组长的带领下开展活动。本次活动的任务是游览墨子湿地公园，寻找出与墨子有关的建筑设施或风景，通过教师或工作人员的帮助尝试讲述出建筑或风景后的墨家小故事，并在活动记录小卡片上记录下来。

②活动前要进行分组，选出小组长，在规定的时间内完成小组分工。

③活动的过程中，学生要有秩序有礼貌，要服从教师和小组长的领导，在指定的范围内活动，爱护湿地公园中的植物。

(2)分组

出发前，学生以自愿的方式进行分组，4～6人为一组，选出小组长，组长合理安排组员任务，组员服从小组长的安排，在规定时间内完成活动任务。

4.活动实施

导入：从学校前往景区的路途中教师可举出几个国家湿地公园，最好是离枣庄滕州较近的湿地公园，比如济宁的微山湖国家湿地公园、金乡县金水湖国家级湿地公园等，让同学们说一说对湿地公园的印象，以此引出此次活动。

(1)活动任务一：寻景解事

规则：引入活动主题后，教师布置任务，学生以小组为单位，带着小卡片，在小组长的带领下游览景区，找出与墨家有关的建筑或风景，在教师或工作人员的帮助下探寻这些景点背后的小故事，并在小卡片上记下探寻到的结果。小组之间进行比赛，看哪个小组找到的景点最多，记录的资料最齐全。

实施：学生以小组为单位，在小组长的带领下开始寻找景点。学生出发之前，教师邀请园内的工作人员入场，每个小组至少有一名工作人员跟随，一来可以看护学生的安全，二来可以为同学们讲解景点背后的故事。

表 3-13 活动记录小卡片

时 间		地 点	
姓 名		所在小组	
寻找到的景点：			
景点背后的故事：			

学生陆续回来后，在工作人员的协助下，教师检验学生的活动成果，选出任务完成最出色的小组，并请该小组成员介绍经验。

(2)活动任务二："你说我讲"

游戏规则：本次游戏还是以小组为单位，每个小组说出一个景点，其他小组进行讲解这个景点背后的故事(讲解小组先站先得，即第一个站起来的小组进行讲解)，每讲解一个景点背后的故事记一分，要求讲解正确，故事内容大体讲述清楚。游戏结束后累计分数最高的小组可获得一份奖励(奖励内容教师自定)。

实施：学生了解活动规则和要求后，即可开展活动。教师强调学生在活动过程中尽量讲解详细。

(3)活动任务三：止楚攻宋

教师提出任务三，并强调活动规则。

规则：学生进入展馆内参观墨子在军事领域的突出贡献。参观完毕后，以"止楚攻宋"典故作为游戏背景、以小组为单位进行守城游戏。守城或攻城、上场顺序及"战场对手"则由小组长抽签决定。

实施：教师给学生几分钟的准备时间，小组内自行确定分工合作的任务，并完成表演记录表。

注意事项：游戏过程中要注意安全，不得伤害自己及他人。

表 3-14 “止楚攻宋”表演记录表

表演前的计划			
小组成员		记录时间	
表演主题			
大概情节			
人员分工			
表演后的记录			
存在问题			
改进计划			
反思感悟			

表演结束后，表现最佳的小组为同学们表演一个节目，教师做出客观点评。活动任务结束后，教师带领学生对参与活动的工作人员表示感谢。

5.评价总结

活动结束后，教师肯定各小组的表现，并带领学生一起进行总结与反思。

(1)小组长带领本组成员根据活动总结表的要求，进行组内总结与汇报，达成一致意见，选一位成员进行汇报。

(2)小组汇报结束后，教师肯定学生的成绩，并趁机引导学生产生对其他湿地公园景点背后故事的探索。

表 3-15 活动总结表

时　间		地　点	
小组成员		汇报人	
小组在寻找记录活动中的表现			
小组在你说我讲活动中的表现			
小组成员在活动中的合作程度			
小组对此次活动的反思与总结			

第三节 民俗文化

一、研学背景

中国历史绵延千年，文化之河灿如星海，各地区的文化之间也存在着或大或小的差异，因此在漫长的历史长河中，中华民族也积累了大量丰富的民俗文化。学好中国文化是学好汉语的基础，而要想学好中国文化，必须对各地的民俗文化有一定的了解。民俗文化是中国文化之基，是汉语文化之本。中国民俗文化又称为“传统文化”，狭义层面上，是指民间大众百姓的风俗或生活文化；广义层面上，则是指一个国家民族的民众所创造、共享、传承的生活习惯，是在普通人民群众中所形成的一系列非物质文化。中国民俗是中国各族人民群众世代沿袭的一种生活模式。其内容主要包括民间的风俗习惯、民间信仰和民间文艺三大类。这些内容一代代传承下来，又不断随着生活的延续和社会的发展而变迁、丰富。

物质文明的快速发展带动了人民群众对精神文明需求的发展。新常态背景下，人民对于精神文化的追求呈现出多元化和个性化的趋势。在文化资源的大力开发过程中，民俗文化已经具有了重要的经济属性，对推进旅游商业具有重要意义，这也是文化资源有效推进经济发展的重要体现。对民俗文化进行项目开发，注重次生经济的发展意义，对民俗文化进行科学宣传，构建文化视野下民俗文化的发展平台，对于提升旅游经济具有不可替代的重要作用。

随着当今社会的发展，人们的生活水平不断提高。在过去，物质生活并不发达的时代，包括古代社会，人们大多数都是通过手工制作来完成人们的衣食住行。如今随着科技的发展，人们的生活水平不断提高。与过去相比发生了天翻地覆的变化。当今的青少年们很难接触到过去人们日出而作、日落而息，艰苦付出、勤勤恳恳的生活。青少年通过民俗文化研学活动的体验和交流，可以感受不同民俗艺术的魅力。学生参加此次活动，既满足了学生们的欣赏欲望，又能挽救非遗传统项目面临消失的困境，激发学生对传统艺术的喜爱、保护与传承。

二、研学目标

表 3-16 “民俗文化”研学目标

年段	认知目标	能力目标	情感目标
小学年段	了解平度草编的发展历史、制作原料、制作过程及注意事项等，了解当地的草编民俗文化。	掌握简单的制作方法，可以独立完成精美的草编手工艺品。在草编制作过程中让学生体会主体意识和团队协作意识，激励学生的动手创造能力。	传承优秀草编工艺，将“草编精神”发扬光大，促进草编手工艺的发展，激发学生对民俗文化的保护与传承。
初中年段	通过参观惠民泥塑，让学生增加对泥塑和非物质文化遗产的认识和保护意识。	培养学生的动手实践能力，加深对中华传统文化的理解与认知。	提升学生的人文素养和艺术素养，从而达到提升学生自理能力、创新精神和实践能力的目标。
高中年段	通过研学活动，自主捕捉黄河古村民俗文化元素，增加对黄河古村民俗文化的认识。	培养学生的动手能力，提高学生的实践水平，将理论知识应用于实际生活中。	鼓励学生自觉主动探索黄河古村情，传承优秀黄河古村文化，讲好新时代的“黄河故事”，让黄河古村的民俗文化走出去，增加中华民族文化的种类。

三、参考活动设计

(一)小学篇：穿梭于指尖的文化——平度草编

适用年段：小学 3～6 年级　　建议时长：90 分钟

1.景点文化介绍

平度市位于山东省青岛市胶东半岛的西部，是山东省面积最大的县级市，被誉为青岛的“后花园”。平度市地形大体呈伞形向各个方向扩展、倾斜，呈现北高南低的趋势。蜿蜒起伏，绵亘数米，平原与丘陵交相辉映。作为一个有着数百年历史的传统手工艺，草编让每一个平度人感到无比自豪。平度草编工艺有着 150 年的悠久历史，是平度市乃至山东省的传统手工技艺。《平度州乡土志・商务》中记载(1905 年)：“草帽辫，每年出售四千包，售于本境者半，售于掖商者半。”由此我们可以看出，早在封建时代商业发展尚不完善的时期，草编就作为一种商品进行售卖，体现出其商品价值。“民国时期”，平度市西乡新河附近，又有设庄倡织台湾草帽者。其原料“草”，正是由江河船舶运来，在各个村落分布，让妇女学习编织。中华人民共和国成立后，草编更加凸显其商业价值，平度市的很多工艺品都由草编制作而成。不仅如此，平度草编不仅具有强大的商业价值，还成为一种深受国内外百姓青睐的精美手工艺品。草编作为一种穿梭于指尖的传统手工艺，是平度乃至胶东半岛民俗文化的一种象征。其浓郁的地方特色、精湛的艺术水平、精美的草编成品，让每一位游客叹为观止、跃跃欲试。

2.活动目标

了解平度草编的发展历史、制作原料、制作过程及注意事项等，了解当地的草编民俗文化，掌握简单的制作方法，可以自己独立完成一个精美的草编手工艺品。在草编制作过程中让学生体会自己的主体意识和团队协作意识，激励学生的动手创造能力。传承优秀草编工艺，将“草编精神”发扬光大，促进草编手工艺的发展，提高其商业价值、艺术价值和审美价值。

(1)准备材料

相机、笔记本、笔、活动记录表、总结表等。

(2)指导建议

①教师提前确定好出行方式和出行路线，联系好草编工作者，邀请若干位参与活动(每个小组至少一位工作人员跟随)，为学生答疑解惑；同时，教师提前联系好车辆。

②平度地区多丘陵，地势高低起伏，教师提醒学生在活动过程中注意安全，选择适当的衣物和鞋子，建议穿运动装和运动鞋。

③活动分组：出发前，学生按照自愿原则进行分组，建议5～7人为一组，并选出小组长，在小组长的带领下活动，实行小组长负责制。

3.活动实施

导入：在从学校出发前往平度的路程中，教师向学生展示完整的草编手工艺品，可以是实物，也可以是电子图片，让学生提前整体感知草编的精美，初步形成对草编的认识。

(1)活动任务一：游览草编圣地，了解草编历史

规则：学生以小组为单位，实行“组长负责制”，在小组长的带领下对平度草编圣地进行游览，采取多种形式增加对平度草编的了解和认识，可以询问随行的工作人员，也可以询问当地草编人员等。通过游览草编手工艺品，了解草编

发展的历史和制作方法，将了解到的草编文化记录下来。

实施：教师向学生讲述完活动任务和活动规则后，确保每位同学都已清楚，该活动任务则可实施。

教师观察学生的动态，注意学生是否遵守规则与注意事项，并提醒学生注意安全。组长要切实负责。

表 3-17　活动记录表

时　间		地　点	
组　长		组　员	
观赏的草编作品			
了解到的发展历史			
对草编的初步认识			

学生陆续回来后，教师集合所有学生，从每个小组中选出一位代表交流分享本小组所游览的地点、观赏的草编作品、了解到的草编历史以及本小组对草编的初步认识。

(2)活动任务二：巧手制草编

规则：本次活动任务依旧以小组为单位，根据活动任务一中的所得所学，在规定时间内，以小组为单位制作草编作品。活动结束后，看哪个小组制作的草编手工艺品最完整、最精美、最具创新性。

活动建议：教师在活动开始前，给小组 5 分钟的准备时间，进行小组分工、确定制作草编的形状等其他事宜。

实施：学生了解活动规则和要求后，活动即可实施。学生可向工作人员求助，但应注意发挥学生的主体意识和团队意识。

活动结束后，教师以民主投票的方式选出表现最好的小组，并奖励每个小组组员一个精美的草编手工作品当作纪念。获胜组选出一位代表讲解本小组在草编制作过程中是如何分工、如何确定作品类型的，供其他小组学习借鉴。教师对每个小组的表现进行总结，给予肯定，激励学生的动手创造能力。

(3)活动任务三：草编变“草根”，草编活起来

活动规则：在任务一、二的基础上，学生对草编文化已有了一定的了解与认

识。在此基础上,教师向学生讲解草编手工艺作品中蕴含的平度地区的民俗文化,让草编文化扎根学生心中,将草编变身为“草根”,植入学生心中最深的地方并生根发芽,让草编民俗文化在人民心中活起来,促进草编民俗文化的进一步发展与传播,更大限度地发挥其商业价值、审美价值和文艺价值。

实施:学生以小组为单位,集思广益,为草编文化的发展建言献策,提出可行性的建议,并展望自己在今后的生活中会怎样以实际行动促进草编民俗文化的发展与传播,完成活动记录表。

表 3-18　活动记录表

时　间		活动主题	
记录人		小组组员	
“我”想到的方法			
“我”今后的行动			

4.评价总结

活动结束后,教师肯定各小组的表现,并带领学生一起进行总结与反思。

(1)小组长带领本组成员根据活动总结表的要求,进行组内总结与汇报,达成一致意见,选一位成员代表进行汇报。

(2)小组汇报结束后,教师肯定学生的成绩,并趁机引导学生探索其他地区民俗文化的兴趣,激发学生对民俗文化的保护与传承。

表 3-19　活动总结表

时　间		地　点	
小组成员		汇报人	
小组在任务一中的表现			
小组在任务二中的表现			
小组在任务三中的表现			
小组成员在活动中的合作程度			
小组对此次活动的反思与总结			

(二)初中篇:观非遗民间艺术——惠民泥塑

适用年段:初中7～9年级　　课时建议:120分钟

1.景点文化介绍

大风泱泱,大潮滂滂。中华文化,源远流长,多彩非遗,魅力文化。泥塑,又称“彩塑”,是中国民间传统的用黏土制作成各种形象的古老的一种民间艺术,它发祥于宝鸡市凤翔县,现今流行于陕西、天津、山东等地。泥塑以泥土为原料,由手工捏造成型,以人物、动物为主,或彩或素。

惠民泥塑在2006年被申报为国家级民间艺术类文化遗产。惠民泥塑造型古朴,种类繁多,有牛郎织女、白蛇传、武松打虎等戏剧类故事,也有狮子、鱼、鸡、桃树等动植物,有坐在莲花上的桃杏,也有会发出各种声音的“响孩”。惠民泥塑一般指河南张泥塑,在当地也被称为“娃娃张”。泥塑作为一种民间艺术,是旧时辽远的钟声于今日之回响,诉说着亘古的缠绵。沧海干涸作桑田,白云幻化为苍狗,非遗文化的血脉于茫茫长史中簇起火光,将隔阂融作温热,让你我再度相拥。非遗文化如香茗,只需浅尝,便有无穷之韵味。千年沉淀,大国底蕴,让人敬从心生。愿我们都能拣尽文化遗落的寒枝,歌尽非遗的灼灼桃花,让非遗在我们心中生根发芽,莫让非遗做那无根的浮萍。

流行元素充斥着这个年代,文化中举足轻重的非遗的道路显得愈加狭窄。非遗如何冲破黎明前的黑暗,在中华民族的血脉中传承下去,是一个当代人必须要思考的问题。诚然,时代的车轮辗转前进,民众的审美早已不同于以往,流行元素的多样性纵横发展。在时代的发展中,仍需要非遗注入那一股活力之拳。从尘封的历史中争喧而来的非遗,在我们的耳边奏响,一曲又一曲的爱国赤子乐章。千千万万个传承者,用自己的爱心与奉献,拼搏汇聚起国家奔腾向前的历史潮流,构成了一个民族的非遗精神丰碑。对非遗文化的新表达、新诠释,很好地呈现了非遗蕴含的文化,推动非遗融入当代中国人的生活。惠民泥塑作为一项非遗文化产品,不仅为公众空间拓宽了文化内涵,而且还对非遗背后的传统文化进行了具有当代意识的阐释,让人们在泱泱华夏寻见星光莹莹。

古语有云:“慎终追远,民德归厚矣。”作为文化的重要载体,非遗是中华民族最为深厚的历史情感,张灯做戏调翻新,顾囊徘徊知逼真;陶瓷是清水和泥土的凝合,是釉彩与烈火的升华。这些丰富的历史文化遗产,赋予中华民族巨大的魅力,并以潜移默化的方式将个体的生命与国家和民族的生命融会在一起。然而非遗的内涵却一度被人淡忘,甚至有人违背本真性原则去篡改与戏仿非遗。“国家宝藏”作为一档传承文化遗产的节目,将中国古典韵味与现代舞台技术结合，真正让文物活了起来。非遗是熠熠生辉的曙光，亦是历史的温存。

图 3-4　惠民泥塑

图 3-5　泥塑娃娃

2.活动目标

“白玉金边素成胎，雕龙描凤巧安排”，根据初中青少年的年龄特点，通过丰富多彩的活动让学生在轻松愉快的环境中感受和体验泥塑文化，了解惠民泥塑的民俗，更好地传承非遗文化，提高学生的艺术素养和人文素养，从而达到提升学生自理能力、创新精神和实践能力的目标。

(1)准备材料

相机、笔记本、笔、泥塑原料、活动记录表、活动总结表等。

(2)指导建议

①教师提前联系好景区的工作人员，邀请若干位参与活动(每个小组至少一位工作人员跟随)，为学生答疑解惑；同时，教师提前联系好车辆。

②活动分组：出发前，学生按照自愿原则进行分组，建议 4～6 人为一组，并选出小组长，在小组长的带领下活动，实行小组长负责制。

3.活动实施

导入：从学校出发前往景区的路程中，教师可询问学生做过哪些手工品、是如何完成的等；也可以通过朗读艾青的《我爱这片土地》，让学生交流分享自己对泥土的认识。

(1)活动任务一：亲临惠民泥塑

规则：教师带领学生统一参观惠民泥塑，在参观过程中注意观察，并完成活动记录表。

表 3-20　活动记录表

时　间		姓　名	
泥塑形状			
泥塑色彩			
泥塑造型			
我的感受			

参观结束后，教师集合所有学生，随机抽取学生根据活动记录表交流分享自己在任务一中的收获与感悟，教师对学生的表现做出肯定，并引出活动任务二。

(2)活动任务二：创意泥塑体验

规则：学生以小组为单位，随心随意“玩”泥巴，体会大自然泥巴的神奇魅力。

实施：学生在小组长的带领下，进行创意泥塑体验，活动时间为 30 分钟。活动实施过程中，教师可以做出示范，并协助有需要的同学完成。

活动结束后，教师可以让学生交流分享自己做的创意泥塑是什么形状，对优秀的泥塑作品给予展示并提出奖励。

(3)活动任务三：“命题”泥塑

规则：学生以小组为单位进行 PK，教师提出一些较有难度的泥塑造型，给学生 15 分钟的时间进行创作，小组内自行确定分工事宜。此项活动意在提高学生的动手和想象能力。

实施：学生清楚活动任务和规则后即可开展活动，教师鼓励学生提出自己的疑惑，并给予解答。

在规定时间内制作作品最好的小组获胜，教师给该小组组员一个泥塑作品作为奖励和留念。

(4)活动任务四：陶艺梦工厂

规则：学生以小组为单位，教师提出大体架构，让学生利用现有材料自主创作，时间为 30 分钟。此项活动意在引导培养学生的自主创新、创作能力。

实施：在活动正式开始前，教师可以给学生 5 分钟的准备时间，使其完成小组分工，在小组内达成一致意见。

活动结束后，师生共同选出最优秀的作品，并让该小组选出一位代表进行经验总结。

(5)活动任务五:我是手工艺人

规则:以小组为活动单位,教师指定小组长,通过抽签的方式,决定每个小组前往的体验地点。小组长带领各自的组员到相对应的活动地进行活动体验,有能力的同学通过路标指示到达自己的任务地。如果能力不足,需要老师或工作人员的帮助,则举手示意。活动过程中,由小组长带领学生到不同的地点进行活动后,需要清点人数以防止人员丢失情况的发生。小组长合理安排任务,小组组员服从组长安排,在指定范围内活动,不可单独脱离队伍。

注意事项:学生不能单独行动,不得大声喧哗,听从小组长的指挥安排,完成各自的任务。对专业人员要有礼貌,认真制作,虚心请教。

实施:小组由每个小组的组长带领各自组员到达通过抽签决定的地点。组长合理安排,小组内部达成一致,合理分工,默契配合。由于每个小组所参加的活动不同,则每个小组前往的地方有所不同。教师选定的地点包括纸艺作坊、手工扎染作坊、泥塑作坊、传统木艺作坊。同学们感受不同的民俗文化魅力,体验古人的智慧。有能力的同学亲自动手实践,丰富人生经历,所有活动完成后,各小组成员完成活动体验表。

表 3-21 “我是手工艺人”活动总结体验表

时　间		地　点	
组　员		汇报人	
小组在纸艺活动中的表现(选填)			
小组在手工扎染活动中的表现(选填)			
小组在泥塑活动中的表现(选填)			
小组在传统木艺中的表现(选填)			
感受与总结			

同学们完成“我是手工人活动”后,由小组长带领队员回到教师指定的场所等待。最后由教师清点人数,在确保人员齐全的状况下带领学生返回。活动结

束后,教师可以让不同小组的学生交流和总结自己所在的小组参加的活动。

4.评价总结

活动结束后,教师肯定各小组的表现,并带领学生一起进行总结与反思。

(1)小组长带领本组成员根据活动总结表的要求,进行组内总结与汇总,达成一致意见,选出代表进行汇报。

(2)各组汇报结束后,教师对学生的汇报进行点评,引导学生产生对泥塑的兴趣。

表 3-22 活动总结表

时 间		地 点	
小组成员		汇报人	
小组在参观游览中的表现			
小组成员在活动中的合作程度			
小组表现突出的地方:			
小组有待提高的地方:			

(三)高中篇:黄河古村情——醉美西纸坊

适用年段:高中年段　　建议时长:180 分钟

1.景点文化介绍

在新时代的背景下,许多古村落通过建立旅游景区,进行完美蜕变。既保护了优秀传统文化的传承,同时也促进了人们对传统文化的了解。黄河西纸坊古村抓住国家重大发展战略的机遇,充分发挥自身的优势,形成了具有鲜明时代特色的旅游度假景区。游客可以通过专业人员的讲解,亲自体验传统文化,感受古时人们生活的智慧,赞叹传统文化的魅力。

黄河西纸坊村落位于山东省滨州市。该村落位于黄河下游,傍水而生。黄河途经滨州市六地,由于数千年历史发展,形成一条得天独厚的“黄河风情带”。首期开发面积 4050 亩,总投资 5.8 亿元,以田园、湿地等水系田园为基础,集特色柴烧古窑和高台民宿为一体,展现浓郁的鲁北乡村的朴素魅力以及黄河古渡的悠久历史。村落内同时建有传统工坊、亲子乐园、花田和黄河绿道，是一处既碧波环绕、风景优美，同时又深具黄河文化及德邦文化底蕴的特色旅游度假宝地。

黄河西纸坊村落文化属于齐鲁文化的一部分。西纸坊是具有黄河风情的代表性村落，紧邻黄河滩涂，具有悠久的历史和文化。随着时代的发展、社会的进步，古村落也与时俱进，与当今时代的科技发展相融合，既保留黄河古风情的鲜明特色，同时也融会贯通现代风格。黄河西纸坊古村落度假村是乡村旅游的重要景点，它凸显了黄河古村风情带的独有特色，在彰显黄河文明、凸显黄河生态文化方面发挥了重要作用。它的建立扩大了黄河文明的影响，同时也扩大了滨州地区的影响力，并在一定程度上提高了滨州地区的知名度。

黄河西纸坊古村地处黄河北岸河滩内，紧邻黄河不足数米。西纸坊度假区内院落主题鲜明、富有特色，民宿风格迥异且与周围的万木葱茏、鸟语花香融为一体。古村内景点众多，游客既可以在空中的木栈道上观赏油菜花田和七彩花海，又能漫步在黄河风情景观绿道，享受悠然自得的休闲生活。

在这里，人们可以放下工作，享受大自然的宁静，远离城市的喧嚣繁闹，暂别都市的灯红酒绿，颇有一番“结庐在人境，而无车马喧”的滋味。在黄河西纸坊村落内体验最纯朴的风土人情，领略黄河古村的人文乡情。村里村外林木丛立，层层环绕，羊肠小路遍布各处，弯弯转转，有着典型的黄河古村风情。游客还可以尝试绿色环保的骑行，饱吸一口新鲜的空气，远眺观赏郁郁葱葱的绿色，感受民风的淳朴，用另一种方式感受春色。黄河西纸坊是一处集传统手工作坊、古法柴烧古窑、鲁北风情民宿、冒险乐园、民俗文化馆、千亩林下花田集于一身的古村落。春暖花开，古村芳华，片片芳菲。桃花流水窅然去，别有天地非人间。古香古色的泥墙，若隐若现的青瓦石子路，在低矮成群的土坯墙上还裸露着麦秸秆，似乎还散发着幽幽的麦收的气息。原汁原味的北方四合院围绕成一个小天地，在黄河边野蛮生长。

中国的陶器和瓷器以及由此产生的古窑文化在我国历史上影响深远，源远流长，在世界各民族文化中独树一帜。陶器和瓷器是我国历史由来已久的两种器物。早在石器时代，陶器就已经出现。随着社会的进步和生产力的发展，瓷器也成为我国所特有的稀有器物，受到多个国家的喜爱。无论是在新航路开辟前还是在新航路开辟后，不少国家和地区对瓷器心之所向。黄河西纸坊古村落度假区内，保留着 7 座古法千年柴烧古窑。每座古窑都有自己的故事，记载了岁月的变迁，历史的变幻，包括馒头窑、葫芦窑、龙窑、倒焰窑、景德镇窑、昇窑和太平窑，各自诉说着古代鲁北文化的历史兴衰。

2.活动目标

通过体验黄河西纸坊村落度假区内的亲子乐园，更好地了解黄河西纸坊村落文化，如景区内香油花生油坊、石磨面粉坊、石磨豆浆等。通过在度假区内参观民俗文化馆、学习茶道、体验吕剧等文化活动，进一步感受鲁北地区黄河文化的深厚底蕴。通过观赏黄河西纸坊古村落度假区内的古窑以及园内开展的一系列祭拜窑神的仪式，让学生们进一步感受到陶瓷与古窑的历史，感受古老而神秘器物的感染力和震撼力，赞赏古人的生活智慧和创造艺术，从而进一步扩大黄河文化的感染力，促进鲁北地区齐文化的传播。

(1)准备材料

钢笔、笔记本、相机、运动鞋、雨伞、活动记录表、总结表、水杯等。

(2)指导建议

①教师提前与度假区内的工作人员协商好，有助于此次活动顺利进行。

②学生要遵守工作人员安排，听从老师的指挥，保护公共环境卫生，不得大声喧哗，破坏公共秩序。

③此次活动采取分组活动的方式，教师提前分好小组，建议5～6人为一组，并在每个小组内选出小组长。如果有条件的话，每个小组可配备1名教师带领。

3.活动实施

导入：在进入黄河西纸坊古村落度假区内之前，由教师介绍西纸坊的坐落位置以及形成的原因，并介绍西纸坊古村落的发展演变历史。西纸坊曾是黄河下游的重要渡口，由于它的河道弯曲，酷似蝎子的尾巴，故名“蝎子湾”。村里有人用桑树皮作纸，带动了该地区经济的迅速发展，故将村名改为纸坊村。通过介绍西纸坊的名字，引起学生对西纸坊的兴趣。

(1)活动任务一：亲身体验手工作坊，感受传统文化魅力

规则：教师在询问工作人员并得到许可后，带领学生到各个手工作坊进行活动体验。教师带领学生有序进行等待，不得干扰其他游客正常的活动安排。活动过程中，由教师带领学生到不同的地点进行活动，包括香油花生油坊、石磨面粉坊、石磨豆浆坊等地点。小组长合理安排任务，小组组员服从组长安排，在指定范围内活动。

注意事项：学生要有秩序有礼貌，不得大声喧哗，要听从工作人员的指挥安排。对专业人员要有礼貌，认真制作，虚心请教。

实施：教师可以对学生提问有关活动的知识内容，例如，询问学生是否体验

过手工作坊或者对自己家乡的民俗文化的了解，并且与黄河西纸坊文化相对比有哪些异同。同时，也可以让学生回答自己所知道的有关茶道的文化知识和戏剧知识并进行知识竞答比赛。既让学生了解更多的文化，同时也增加学生的知识量，借此开阔学生的视野。

通过这次手工作坊体验活动，让学生们重新了解人们过去的生活，通过自己一点一滴的奋斗来体验劳动之艰辛，从而培养学生正确的世界观、人生观、价值观。

表 3-23 体验手工作坊活动总结表

时 间		地 点	
小组名称		参加者	
小组在香油花生油坊活动中的表现			
小组在石磨面粉坊活动中的表现			
小组在石磨豆浆坊活动中的表现			
小组表现突出的地方：			
小组内部的反思与总结：			

在手工作坊师傅的指导讲解下，小组在顺利完成任务后，返回到教师指定地点集合，由教师清点人数。首先让学生自主交流此次手工作坊体验活动的感受，然后让每个小组选出代表进行发言。发言的内容为参加此次手工作坊活动对自己的成长和认知有什么启发或改变，也可以自主选择发言内容。

(2)活动任务二：欣赏皮影戏，品茶道文化

规则：学生在民俗文化课程中可以进行体验活动，不仅可以观看皮影戏活动，而且可以感受中国古老的，具有魅力的传统文化之一——茶道文化。教师与工作人员交流沟通后，带领学生到相应区域场所进行活动体验。教师带领学生有序进行等待，不得大声喧哗、干扰秩序，不得干扰其他游客正常的活动安排。教师实行分组制，选出组长。给每组安排好任务后，组长在组内自主分配，

小组组员服从组长安排。

注意事项：学生遵守公共秩序，有礼貌，不得大声喧哗，要爱护公物，不得恶意损坏。保持卫生，干净整洁，听从工作人员的指挥安排。

实施：据史书记载，皮影戏又称为“驴皮影”，始于西汉，兴于唐朝。流传至今，历史悠久。同学们观赏完皮影戏的表演后，通过查阅资料以及联想自己对皮影戏的了解，进一步加深对皮影戏的认知。通过观赏皮影戏，更好地了解齐鲁文化的魅力，从而促进中华民族传统文化更好地继承与发展。

教师带领学生到活动区域，等待节目表演。教师带领学生有序进行等待，不得干扰其他游客正常的活动安排。活动过程中，小组长合理安排任务，小组组员服从组长安排，在指定范围内活动。学生可以观赏到戏剧脸谱，在特定房间内欣赏民俗表演。活动中，有专门的茶道讲解员，有兴趣的学生可以亲身实践，感受茶道文化。借此，学生们可以了解更多地戏曲知识以及戏曲的历史形成和发展演变过程，更好地了解历史知识。对于那些对茶道文化感兴趣的学生，可以给他们讲解有关《茶经》的相关内容，激发学生对茶道文化的兴趣，进一步加深了解。在此基础上，学生们可以更好地继承和弘扬中华民族优秀传统文化，增强民族自信心。

表 3-24　黄河西纸坊皮影戏观赏活动记录表

姓　名		时　间	
观赏地点：			
影戏内容介绍：			
观赏感受：			

观赏表演结束后，教师带领学生有序离开。询问学生观赏皮影戏之后的感受，鼓励学生进行大胆发言。同时，给学生讲解更多关于皮影戏的知识，帮助学生了解皮影戏。在工作人员许可的情况下，跟皮影戏工作者进行深度交流。鼓励亲身体验，有能力的同学在皮影戏工作者的指导下，可以表演一场皮影戏。最后通过欣赏皮影戏，增加学生对皮影戏文化的了解，并趁机引导学生继承和发扬中华优秀传统文化，将传统文化的种子悄然植入学生心中，促进中华优秀传统文化的创造性转变、创新性发展。

(3)活动任务三:探秘古窑,寻找历史足迹

在从学校出发前往西纸坊景区的路途中,教师可以给学生讲解有关古窑的基本知识,同时也可以给学生讲解我国古代历史上著名的官窑、民窑等,并且向学生展示我国历史上有名的陶器或瓷器的图片,引出此次活动的主题。在进入度假区内后,学生们借着对陶瓷文化的兴趣前往陶瓷体验基地,进行陶瓷制作。在老师的帮助和指导下,学生亲自动手,提高实践能力,进一步感受陶瓷艺术的文化魅力,对历史怀有敬畏之心,从而更好地理解和弘扬中华民族传统文化。

规则:教师首先说出所要参观的古窑名称,然后由学生自主选择自己所感兴趣的古窑,合理平均分配每组的人数,必要时选择抽签方式对学生进行分组。每组确定人选后,由教师选出小组长,然后由每组组长带领各自的组员到相应古窑进行参观。参观完毕后,完成活动记录表。

注意事项:只许在教师指定范围内活动,只许触摸可触摸的文物,不得擅自违反规定。同时,教师要提醒同学们自觉爱护公共设施,不要触摸古窑内的设施。自觉遵守参观秩序,服从工作人员管理,小组长严格负起责任。游览结束后,由组长带领各自组员回到教师指定地点集合,学生集中分享讨论此次游览的感受,并完成游览体验表。教师可引导学生感受传统陶瓷文化,领略古代劳动人民的智慧和创造。

实施:通过参观古窑,可以让学生了解古窑的形成和历史发展,让学生进一步知晓每个古窑的形成时期以及各自的特点。同时,学生们可以自己亲自制作属于自己的陶艺,在老师傅的指点下,完成拉胚、塑形、上色等制作。在制作完成后,可以将亲手制作的作品交给工作人员进行烤制后带走,留作纪念。

表 3-25　探寻古窑活动记录表

时　间		地　点	
姓　名		所在小组	
我参观的古窑			
我学到的知识			
我制作的陶艺			
参观完毕之后的感受			

通过参观古窑,可以进一步拉近人们与陶瓷和古窑之间的距离,使人们近

距离地感受陶瓷与古窑的历史。“天下太平，万物安宁”是对太平盛世的企盼。古窑作为西纸坊黄河古村落风情带的特有文化，极具感染力和震撼力。游戏结束后，教师带领学生向参与活动的导游及工作人员表示感谢。小组长带领本组成员根据活动总结表的要求，进行组内总结与汇总，达成一致意见，自主进行发言和交流。教师肯定各小组的表现，并带领学生一起进行总结与反思。

(4)活动任务四：漫步鱼骨桥，眺望远方

规则：教师首先说出鱼骨桥的建设理念，然后让学生于鱼骨桥上漫步，观赏风景，享受大自然的馈赠。教师分配好小组，选出组长，每组确定人选后，最后由教师带领学生进行参观。参观完毕后，完成活动记录表。

注意事项：只许在教师指定范围内活动，不得擅自违反规定，不得单独行动。注意安全，教师仍要提醒同学们自觉爱护公共设施，自觉遵守参观秩序，服从工作人员管理，小组长严格负起责任。不得追逐打闹，以免落水事件的发生。游览结束后，由教师带领各自组员回到指定地点，学生集中分享讨论此次游览的感受，并完成游览体验表。

实施：教师带领学生漫步在鱼骨桥之上，欣赏沿途的风景，领略度假村内古香古色韵味。高谛建筑是自然主义的集大成者。对自然界的生物结构情有独钟，是高谛建筑最迷人的一部分。它既兼顾结构理性，同时又有丰富的自然意象。鱼骨桥的创造结构源于高谛，希望在场地中营造出一种独特的黄河记忆。

表 3-26　鱼骨桥游览体验表

姓　名		时　间	
游览景点			
景点介绍：			
游览感受：			

体验活动结束后，教师向学生讲述西纸坊古村落度假区在生态环境方面做出的卓越贡献。引导学生既要看到经济的发展，又要兼顾生态环境的保护；既保留古香古色的历史韵味，又要与现代科技发展相结合。

(5)活动任务五：体验鲁北文化特色民宿

规则：民宿区有 16 个独立院落，这些土坯房院落，有着鲜明的民居特色。外观黄土外墙，内部配置齐全。院落内房间主题鲜明、风格迥异，村里村外林木环绕，树冠遮天，万木葱茏。在树木的遮掩之下，民宿区若隐若现，显得舒适而惬意。入夜，灯火稀疏。没有城里的喧嚣和夜生活，宁静而温馨。教师分配好小组，选出组长，每组确定人选后，最后由教师带领学生进行参观。参观结束后，完成活动记录表。

注意事项：只许在教师指定范围内活动，不得擅自违反规定，不得单独行动。注意安全，注意保护古村落内的环境，不能乱扔垃圾，要爱护公物。游览结束后，由教师带领各自组员回到指定地点，学生集中分享讨论此次游览的感受，并完成游览体验表。

实施：黄河西纸坊古村内的民居民宿由原生的土坯房改造而成。推门而入，便是由老房子改造成的民宿。民宿保留了土坯高台建筑的建筑形式，让最根本和原始的质感和痕迹得以保留和传承。此次活动采取分组活动的方式，教师提前分好小组，5～6 人为一个小组，带领学生体验鲁北风情民宿。最后教师集合所有学生总结此次活动。在同学们汇报完总结感受后，教师也可以分享自己的感受。

表 3-27　民宿体验活动记录表

时　间		记录人	
活动环节			
参与过程			
精神启示			

此次活动帮助学生更好地了解鲁北风情民宿的特点，进一步加深对黄河流域的风土人情的认识，进而更深刻地感受到黄河文化的魅力。

(6)活动任务六：勇闯冒险乐园，增强团队精神

规则：各组在教师指定的区域内进行活动，以小组为单位，在组长的带领下进行各种游乐项目。每个小组形成各自的队伍进行比赛，通过完成多个游玩项目的任务，在过程中加强团队的合作，培养学生的团队意识，增强学生的集体荣誉感，加强学生的协作能力。

注意事项：在保证安全的前提下进行游乐活动，穿戴好必要的防护工具，以免受伤。严格禁止为完成比赛而发生冲突的现象，以免引发学生安全问题，小组长严格负起责任。

实施：游乐园内有各式各样的游乐设施，采用新工艺和新技术，结合光学与色彩元素，能够让孩子们感受到更多妙趣横生的玩乐体验。教师询问学生对任

务规则及注意事项是否清楚，鼓励学生提出自己的疑惑并予以解答，不安排身体不适的学生参加此次活动。所有学生都清楚任务和规则后，开始分组活动，体验冒险乐园，提高身体素质。

表 3-28 "体验冒险乐园"活动记录表

时　间		地　点	
姓　名		所在小组	
我的小组完成的项目			
我的小组取得的成就			
参加比赛的感受			

比赛完成后，教师集合所有学生，清点人数，引导学生交流，分享自己的冒险感受。通过进行童稚游乐体验，在每个活动结束后，每个小组选出代表并分享此次参观游览活动的体验与感悟，通过自评、互评、教师评价等方式总结评价此次活动。各组汇报评价结束后，教师肯定学生的成绩。通过勇闯冒险乐园，培养学生挑战困难的能力，培养团队精神，激发学生克服困难的勇气。

4.评价总结

黄河是中华民族的象征，而黄河西纸坊古村落则是黄河风情带的重要地区之一。西纸坊古村落记录了滨州黄河文化传承与保护的现状，所以通过体验传统的手工作坊，人们可以更好地了解黄河文化传统的非遗项目。与此同时，黄河西纸坊古村落也彰显着鲁北地区黄河文化的影响力。在时代新兴战略发展的大背景下，西纸坊古村落与现代乡村旅游相结合，进一步扩大了鲁北地区文化的影响力，同时也更好地保护和传承了黄河古老文明。

黄河西纸坊古村落度假区从以往的"空心村"到如今风景宜人、特色鲜明、设施齐备的旅游景区。西纸坊村抓住机遇，以黄河文化为主题，借力"文旅＋"进行不断探索。该度假区一方面为传统乡村在当代社会找到持续发展的空间，另一方面也为乡村经济注入活力，兼具经济效益与社会效益；同时，可以让更多的人接触到黄河文化，领略到黄河文化深厚的底蕴。

第四章　探索地理研学之旅

第一节　沂蒙七十二崮文化

一、研学背景

质朴通俗、充满乡土气息的《沂蒙山小调》唱红了沂蒙山地区，曾在中国风靡一时。沂蒙山地区文化渊源深厚，饱含文化与人文情感，并有着鲜明的地域美，崮文化闻名遐迩。崮文化是齐鲁文化的重要组成部分，“崮”的地名多源于“崮”这种特殊地貌及其历史渊源。

“崮”指四周陡峭、峭壁下平缓且山顶平展如原的山峰。其表征好似在山顶突兀地放了一个巨大的“石台”。这些“石台”形态似方形、桌形、鸡冠形和驼形，远远望去，仿佛是星罗棋布的烽火台，又仿佛给山峰戴了一顶礼帽。这就是除丹霞、喀斯特（岩溶）、张家界、嶂石岩之外的中国第五大地貌——岱崮地貌。“崮”的外观与西北的“塬”有些相似，但本质区别在于前者由坚硬的石灰岩组成，是裸露的“石帽子”，而后者则是由黄土构成。

沂蒙山产生于中生代侏罗纪晚期的燕山运动和新生代第三纪的喜马拉雅运动，地层沿着断层上下波动，最终形成了数不尽的断块山，这些断块山经过几亿年的风吹日晒，最终变为崖壁峭立、山顶平坦的“方”字形山峰，在地貌学上有其特殊的名称，称为“方山”，但是当地人们习惯把它称为“崮”。在沂蒙山腹地，随处可见形态奇异的崮，民间有“沂蒙七十二崮”的说法。这些崮有的以形得名，如莲花崮形似莲花，龙须崮好像两条蜿蜒的龙须，梭子崮形如梭子，卧龙崮酷似卧龙；有的因人得名，如孟良崮因宋朝著名将领孟良曾在此驻兵而得名；还有的以寓意得名，如团圆崮由一大一小两个崮连在一起，好似家人团聚……

岱崮镇是中国崮型地貌中较为典型的区域，在方圆十公里内就聚集了30余个崮，具有类型齐全、分布集中、造型秀美的突出特点。此类地貌在我国崮型地貌中比较稀缺，所以以岱崮镇名命名，称之为“岱崮地貌”。岱崮地貌典型特征为崮顶四周陡峭且较为封闭，与崮体存在明显断层，崮顶植被发育情况优于崮坡。

沂水天上王城纪王崮是“沂蒙七十二崮”中面积最大、有水源、更是有人世代居住的“崮”。纪王崮形较为成熟，造型感较为突出，形成“崮”的完整系统样本，极具学术研究价值。在纪王崮顶眺望，周边大小60余座形态各异的崮尽收眼底，环绕其间的壮美梯田与其交相辉映，构成一幅幅沂蒙山崮的绝美风景画。

另外，沂南县境内还藏着一个避暑、看瀑布的好地方——被誉为“小九寨沟”的石崇崮。这里的石崇崮具有时代意义，也体现出特色鲜明的沂蒙精神。

通过参观岱崮、纪王崮、石崇崮这三个地点，了解岱崮地貌形成的原因，挖掘沂蒙精神吃苦耐劳、勇往直前、永不服输等内涵，学习相关文化历史，将沂蒙精神落实到学习生活中，激发学生养成脚踏实地、吃苦耐劳的品质。

二、研学目标

表4-1 “沂蒙七十二崮文化”研学目标

年级	认知目标	能力目标	情感目标
小学年段	通过参观岱崮，认识岱崮的基本风貌和形成原因，拓展学生知识的广度。	掌握基本岱崮地貌知识，让学生对沂蒙地貌有深入的认识。	学习相关地理学知识，开发学生的思维，提高学生对地质地貌的兴趣。
初中年段	了解崖壁上的文明古国沂水天上王城，体验纪王崮上的民风民俗。	学习春秋时期各诸侯国的历史，体验沂蒙文化的乐趣。	提高科学文化素质和思想道德素质，为环境的可持续发展增添自己的智慧。
高中年段	深入了解沂南小九寨——石崇崮的相关文化知识，探索沂蒙精神。	走进石崇崮民俗大院，体验沂蒙的特色农家风情。深入学习沂蒙精神，并付诸实践。	发扬沂蒙精神，传播优秀传统文化，提高学生吃苦耐劳的能力。

三、参考活动设计

(一)小学篇:童稚游乐石帽子山——岱崮

适用年段:小学 3～6 年级　　建议时长:90 分钟

1.景点文化介绍

岱崮位于沂蒙山区,在山东省临沂市蒙阴县东北部,为临沂、济南、莱芜、新泰、沂源的交界处。岱崮,因站在崮顶可以远眺泰山而得名。岱崮位于孟良崮北面,与孟良崮相距仅 1500 米,分为南、北两崮。只要控制了南北岱崮两个制高点,就控制住了这里的交通往来。

据科学家研究,崮是经亿万年地质演化而形成的一种特殊地质构造,形于 5 亿～6 亿年前的寒武纪。当时沂蒙山还沉浸于大海之中,海水流动将海底山脉侵蚀成平原;后随地壳运动,海底升起,在剧烈的抬升运动中,海底平原被切割成一个个平顶的山峰;又经过漫长时间的演变,伴随着风雨侵蚀,容易风化的页岩山基逐渐平缓圆润,坚硬的石灰岩则形成了山顶的石台;又因为自身重力导致的坍塌等变化,最终形成了这一独特的地貌。

由于特殊的地质环境,岱崮地貌区蕴藏着丰富的矿产资源,如各种铁矿、石英石、麦饭石等,同时还盛产工业用的金刚石。在中华人民共和国成立初期,这里的矿产资源为我国航天事业做出过重要贡献。此外,这里格外适宜蜜桃、樱桃的生长,被誉为"蜜桃之乡"和"樱桃之乡"。2019 年,岱崮地貌所在的沂蒙山地质公园还成功入选世界地质公园,吸引了国内外众多游客的目光。南北岱崮地势险峻,位于蒙阴县岱崮镇西约 10 公里处。南岱崮和北岱崮相距约 1.5 公里,中间只间隔一条山梁,四周为悬崖陡壁,在这里曾发生过著名的"南北岱崮保卫战"。如果想要深入了解这场战争,可以走进岱崮村,去那里听老人们讲述他们一生的故事。我们在远山上眺望,入眼的是一座座崮上的人家和村落民居,让人不禁感叹大自然和人类共同的力量。为此,我们应弘扬沂蒙精神,珍惜当前来之不易的和平、幸福的生活。

时间历经千百年,以东夷文化为代表的岱崮村落和山寨文化离不开我们的保护。如今,在各种因素的影响之下,岱崮的许多村落正面临着种种考验,如果不加以保护,这些村落很快就会消失。这种典型的依山而居的村落文化是未来可供挖掘的一种不朽的精神文化资源,它也蕴含着丰富的历史人文价值,所以要采取积极的措施,实现人与自然的和谐发展。

图 4-1　岱崮地貌实景

2.活动目标

通过参观,认识岱崮风貌,了解岱崮产生的原因及过程,学习相关地理学知识,提高对地质地貌的兴趣。

(1)材料准备

笔记本、笔、活动记录表、活动总结表、相机等。

(2)指导建议

①教师提前了解景区地貌,以便在参观过程中更好地给学生答疑解惑。

②提醒学生注意保护环境,禁止乱扔垃圾,不能追逐打闹。

③注意学生的安全,防范可能出现的意外事故。

④参观前,学生进行分组,4～6 人为一组,在小组长的带领下开展活动。

3.活动准备

出发前,教师向学生讲述活动的规则。

(1)本次活动以小组为单位,在小组长的带领下开展活动。

(2)活动要进行分组,选出小组长,实行小组长负责制,在规定时间内完成小组分工。

(3)活动过程中,学生要有秩序有礼貌,服从教师和小组长的领导,在规定的范围内活动。

(4)活动后要进行总结和反思,各小组根据活动总结表的要求,在小组长的带领下开展总结与反思活动。

4.活动实施

导入:教师可以在前去岱崮的途中,向学生展示有关岱崮风貌的图片,引起学生对本次目的地的兴趣。教师于活动结束后考查学生的综合掌握情况。

(1)活动任务一:岱崮的特点,我知道

规则:教师带领学生参观岱崮并且让同学们思考岱崮有什么特点,完成活动记录表,最后让小组讨论岱崮形成的原因,教师再进行总结。

表 4-2　活动记录表

岱崮的特点	
形成原因 (小组讨论)	

参观完成后,选部分小组阐述他们观察到的岱崮的特点,然后教师再进行总结,根据学生讨论的岱崮形成的原因引出任务二。

(2)活动任务二:探索岱崮形成的奥秘

规则:在参观完岱崮的基础上,教师进行适当的提示,引导学生讨论出岱崮的形成过程并完成活动记录表。活动结束后,教师进行总结,鼓励学生的发言,总结岱崮形成的原因。

(3)活动任务三:寻找保护岱崮的方法

规则:学生充分了解岱崮的形成原因之后,由老师进行知识的拓展。老师提出如何保护岱崮的问题,鼓励学生积极回答。开发学生的思路,拓展学生的思维,寻求保护岱崮的可行性方法,为保护自然奉献自己的力量。

活动结束后,教师对小组的表现进行肯定,让各小组填写参观岱崮活动总结表,最后由各小组选出一位代表发言。

表 4-3　活动总结表

时间		地点	
小组名称		汇报人	
小组在岱崮的特点我知道活动中的表现			
小组在探索岱崮形成的奥秘活动中的表现			
小组在寻找保护岱崮的方法活动中的表现			
各小组内部的感悟与总结:			

(二)初中篇:崖壁上的文明古国——沂水天上王城

适用年段:初中7～9年级　　建议时长:120分钟

1.景点文化介绍

山东省临沂市沂水县拥有十分悠久的历史,自秦代时就开始置县,直到隋开皇十六年(596年)正式定名为沂水县。抗战之后,沂水成为著名的革命老区,沂蒙精神就在此产生。沂水县是一块古老的土地,在这块土地上创造了辉煌灿烂的文化。从范家旺的南洼洞出土的鹿角、西水旺村发现的细石器、野坊乾洞顶的细石器,我们可以解读出二三十万年前我们的祖先就曾在这里创造了历史的延续。新石器时期大汶口文化和岳石文化的遗址也在沂水县发现多处。这些证据表明我们的祖先由山岭到平原最后沿沂、沭河两岸而居,以捕鱼为生的定居生活创造了灿烂的沂水文化。沂水天上王城坐落于山东省临沂市沂水县城西北40公里处,景区主体分布在纪王崮上。据清康熙十一年(1672年)《沂水县志》中记载:"纪王崮,巅平阔,可容万人,相传纪侯去国居此。"说的是西周末年诸侯国纪国为扩疆土而迁移至此地,在此建起第二座都城,并盘踞八年之久,现纪王崮上部分古城遗址尚存。再加上国内唯一的山崮地貌群特征显著,悬崖峭壁、陡峭如削,周边自然风光秀美,便使纪王崮得此"中华第一崮,千古纪王城"之美名。

图4-2　沂水天上王城

纪王崮因崮顶是七十二崮中唯一有人生存过的崮,考古学家依靠现代科学技术并根据当时的历史传说使天上王城景区完美地重现在人们眼前。墓葬、古城墙等历史遗址也被保存下来。天上王城纪王崮春秋时期墓葬有十分罕见的历史价值,出土的青铜礼器等文物对东周考古发现有重要的影响。天上王城旅游风景区位于沂水城西北40公里处的泉庄乡,包括王城文化体验区、奇崮风貌观赏区、山崮民情体验区、地下冰宫体验区、户外休闲运动区5大功能区,共有60余处景点和30多处历史遗迹。沂水天上王城是沂蒙的核心景区,参观沂水天上王城,既可以欣赏沂蒙群崮,又可以了解春秋时期各诸侯国的历史,亦可以体验沂蒙文化的乐趣。

2.活动目标

通过体验沂水天上王城，了解纪王崮上的民风民俗，拓展学生的视野，提高学生的学习兴趣。

(1)材料准备

笔记本、笔、活动记录表、活动总结表、相机等。

(2)指导建议

①提醒学生保护环境，禁止乱扔垃圾。

②引导学生有序开展活动，防止发生混乱。

③教师需要提前了解相关知识。

④活动分组：参观前，学生进行分组，4～6人为一组，在小组长的带领下开展活动。

3.活动准备

出发前，教师向学生讲述活动的规则。

(1)本次活动以小组为单位，在小组长的带领下开展活动。

(2)活动要进行分组，选出小组长，在规定时间内完成小组分工。

(3)活动过程中，学生要有秩序、有礼貌，服从教师和小组长的领导，在规定的范围内活动。

(4)活动后要进行总结和反思，各小组根据活动总结表的要求，在小组长的带领下开展总结与反思活动。

4.活动实施

导入：教师给学生播放具有沂蒙山地区特色的歌曲，引起学生对沂蒙山区的兴趣从而引出本次研学旅行的目的地——沂水天上王城。

教师引出任务一，并强调活动规则。

(1)活动任务一：体验纪王崮的民风民俗

规则：教师带领学生体检纪王崮的民俗活动，了解纪王崮的民俗，让小组讨论并完成表格。

表4-4　活动记录表

纪王崮的习俗	

学生完成表格后，进行小组讨论并分享自己的收获，教师也可让部分小组成员分享体验。

教师引出任务二,并强调活动规则。

(2)活动任务二:学习有关纪王崮的知识

规则:学生跟随教师了解、参观完纪王崮之后,形成对纪王崮的初步认识,小组成员合作,进行讨论,进行更深入的学习;各小组最后总结出学习到的有关纪王崮的知识,并完成活动记录表格。

表 4-5 活动记录表

参观的场景	
纪王崮的形成原因	
纪王崮的形成过程	

(3)活动任务三:学到纪王崮的地貌

规则:教师带领学生参观纪王崮的地貌,了解纪王崮地貌形成的原因及过程;小组合作进行谈论后,老师进行总结,最后让小组成员完成活动记录表格。

表 4-6 活动记录表

学到的知识	

总体活动结束后,教师进行活动总结,并鼓励小组成员积极发表自己的感悟。最后,各小组请一位代表总结小组的看法,并指出活动中存在的问题及对策。

(三)高中篇:沂南小九寨——石崇崮

适用年段:高中年段　　建议时长:180 分钟

1.景点文化介绍

沂南历史上可谓人才辈出。提到沂南,我们首先想到的就是足智多谋的诸葛亮、著名书法家颜真卿。沂南古属琅琊阳都。有"齐鲁敦煌"美誉的沂南县内文物古迹众多,就汉代而言,文物古迹就有近百处。古有史书记载:"阳都,临沂之上游,英贤辈出,烟水之胜,轶于江南。"在革命战争时期,在此产生了由中国共产党领导的第一个省级民主政权。沂南的小九寨沟是一个如梦如幻的人间仙境,在沂南小九寨有着相对独立的山水构造和景色优美的自然环境。漫步在沂南小九寨,我们可以看到一望无际的群山和清澈见底的溪流。这里还有淳朴的山居民风和奇异的民间传说。巍巍八百里沂蒙,峰峦如聚,波涛如怒,在广阔的鲁南大地上延绵数千里,造就了一幅雄伟壮丽的山河风景图。在沂蒙你会看到千姿百态的“崮”，这些“崮”形状各异，看似杂乱无章实则错落有序地分布在其中，为这幅山河图增光添彩。“沂蒙七十二崮”以独特的审美价值和文化价值被人们称赞。当年陈毅元帅转战沂蒙的时候，就曾挥笔写下脍炙人口的《如梦令·临沂蒙阴道中》，其中有“临沂蒙阴新泰，路转峰回石怪。一片好风光，七十二崮堪爱”的佳句。

石崇崮位于沂南县北部山区铜井镇三山沟村，距县城约 20 公里，是沂蒙山区最高的崮之一，海拔 596.6 米，比著名的“孟良崮”还高 30 余米，距三山沟凤凰石刻 1 公里，距马牧池沂蒙红色影视基地 3.5 公里。石崇崮民俗大院有着特色的石屋农家风情，显示出原生态的村居村貌，这里有真实的农村家庭住房、家居风格的建筑集群。此建筑聘用当地老石匠，经过他们的千锤百炼、精刻细琢，采用最原始的建筑方式，打造出富有特色的石头房子，这里将成为众人当代石头建筑的一个奇迹，打造富有沂蒙特色的传统村落，留住传统、记住乡愁。具有影视拍摄、红色旅游、绿色养生以及食宿、娱乐拓展、体育健身等功能，是画家写生、文学家创作、摄影家拍摄众人休闲度假的好去处，文、旅、体集于一体，是宜居、宜游、宜业的产业园地。距竹泉村、红石寨景区 6 公里，距马泉农业采摘园 16 公里，所以石崇崮也具有得天独厚的旅游区位优势。

2.活动目标

通过亲身参观石崇崮，感受石崇崮的历史文化，弘扬沂蒙精神，提高学生吃苦耐劳的能力。

(1)材料准备

笔记本、笔、活动记录表、活动总结表、相机等。

(2)指导建议

教师提前了解沂南小九寨——石崇崮的相关文化知识，以便更好地引导学生从沂蒙当地的特色文化入手，深刻地认识沂蒙精神并把这种精神付诸实践。

注意学生安全，提醒学生保护环境，禁止乱扔垃圾，参观体验过程中举止文明、有礼貌。

3.活动准备

出发前，教师向学生讲述活动的规则。

(1)本次活动以小组为单位，在小组长的带领下开展活动。本次活动的任务是通过参观石崇崮，了解石崇崮背后的文化历史，弘扬脚踏实地、吃苦耐劳的沂蒙精神。

(2)出发前，学生进行分组，建议 4～6 人为一组，并选出小组长，确定小组名称，在规定的时间内完成小组分工。

(3)活动过程中，学生要有秩序、有礼貌，服从教师和小组长的领导，在规定的范围内活动。

(4)活动后要进行总结和反思，各小组根据活动总结表的要求，在小组长的带领下开展总结与反思活动。

4.活动实施

导入：教师在前往石崇崮的途中播放相关视频，带领学生提前了解石崇崮的优美景色，引起学生对石崇崮的兴趣。教师引出任务一，并强调活动规则。

(1)活动任务一：探索石崇崮的神秘面纱

规则：教师带领学生参观石崇崮，了解石崇崮形成的神话传说并完成活动记录表。

表 4-7　活动记录表

石崇崮的神话传说

活动完成后，教师请部分同学分享他了解到的神话传说及其对石崇崮形成神话传说的看法。学生分享后，教师进行总结。教师引出任务二，并强调活动规则。

(2)活动任务二：了解沂蒙的农家风情

规则：教师带领学生走进石崇崮民俗大院，体验沂蒙的特色农家风情。老石匠用最原始的建筑方式，打造富有特色的石头房子，从而得以留住传统、记住乡愁，让学生由此深入了解沂蒙传统文化。要求学生根据参观内容完成活动记录表。

表 4-8　活动记录表

时　间		地　点	
姓　名		所在小组	
参观内容			

(3)活动任务三:弘扬沂蒙精神

规则:教师在任务二的基础上,根据石崇崮的历史文化引出沂蒙精神并用通俗语言让学生深刻了解沂蒙精神,引起学生共鸣,并让学生完成活动记录表。

表 4-9　活动记录表

时　间		地　点	
组　员		汇报人	
小组在活动的表现			
小组存在的问题			
如何进行改进			

完成任务后,教师鼓励学生踊跃分享自己理解的沂蒙精神,并且阐述自己在以后的生活学习中如何践行沂蒙精神。总体活动结束后,教师分发总结表,让学生将此次活动的真实的感受用笔填入表中。各小组请一位代表总结小组的看法,并指出活动中存在的问题。

表 4-10　活动总结表

时　间	
组　员	
参观内容探讨	
沂蒙精神	

第二节　黄河之星生态园文化

一、研学背景

“雪原雷动下天龙,一路狂涛几纵横。裂壁吞沙惊大地,兴云致雨啸苍穹。”中华民族历史悠久,中华文化源远流长。黄河是我国的母亲河,孕育出了伟大的中华文明,养育了坚韧的中华民族。自古便有诗仙李白之赞颂:“君不见黄河之水天上来,奔流到海不复回。”这是何等豪情壮志、气势磅礴!黄河自东向西,最终注入渤海。滨州便坐落在这片黄河流经的故土上。滨州历史悠久,文化源远流长。早在新石器时代,就有人类繁衍生息,是黄河文化和齐文化的发祥地之一,其中具有代表性的景区是黄河之星生态园。

黄河之星生态园位于滨城区市西街道办事处小街村旧址,占地195亩,是滨州黄河生态保护工程的重要组成部分。利用“河宽滩大、风情秀美、宜居宜游”的生态特色,打造集生产生活、休闲健身、旅游观光为一体的黄河风情带。通过用好黄河元素、讲好黄河故事、弘扬黄河文化,展现“城市亲近黄河、黄河融入城市”的特色魅力,成为富有现代气息、凸显黄河元素、独具滨州特色的靓丽名片。

2019年10月底,为保护黄河沿岸生态环境、突出黄河特色品牌,滨城区正式启动黄河生态园建设。黄河生态园建设是在清河行动基础之上进行的,相关部门拆除了一些旧建筑物,对拆除后的裸露土地进行生态修复工作。充分借助原有地形植被,适当点缀绿植,增加绿地铺设面积,确保了生态质量的提高。进一步打造了黄河之星、黄河微缩景观、亲水平台等板块,致力打造集生态修复、休闲娱乐、文化传承等功能于一体的沿黄生态体验区。摄影大咖们纷纷赞扬生态园的花色斑斓、疏林绿地,黄河自然景观与园内人文景观有机地融合在一起。站在黄河之星合唱广场上,向远处眺望,黄河美景尽收眼底。

黄河之星生态园由三大功能区组成,可以分为生态园、综合服务区和休闲区,包含黄河之星、休闲营地、黄河微缩景观、亲水平台等板块。黄河之星生态园绿化面积非常大,利用原有地形增加了许多绿色植被,美化了黄河沿岸环境。黄河生态园在保留原有树木的同时,又种植了美国红枫、银杏、楸树、金丝柳、海棠、白皮松等10余种树木,数量可达1000余株;其中还有石竹、金鱼草等花草近20种,水生美人蕉、水生鸢尾等水生植物10余种,并铺设草坪10万余平方米。

黄河生态园还包含亲水平台、“几”字形黄河微缩景观、休闲营地、花海、黄河之星合唱广场等板块,成为黄河生态保护示范点和市民亲近黄河的文体活动区。在亲水平台,柳树随风飘曳,为市民提供近水亲绿、游憩休闲的场所;一大片花海也成为市民拍照的“背景板”;“几”字形的黄河微缩景观,将黄河原貌搬至于此,市民们在这用脚步“丈量”黄河;黄河岸边,徐徐微风吹来,漫步于此,亲近黄河,感受春光之美。

从滨州市滨城区出发,沿南外环往东约2公里再右拐下坝,继续沿着骑行道往北500米,穿过一条绿色长廊,就走进了位于黄河滩区的小街村。小街村这个紧靠黄河的村庄,呈现出一幅生机盎然的田园美景,干净笔直的道路,红瓦白墙的建筑,错落有致的房舍,还有独具黄河特色的文化墙绘。小街村的街道打扫得一尘不染,它的旁边就是黄河之星生态园和葡萄采摘园,景色让人流连忘返。

黄河边建设的小街村成为全市乡村振兴道路上一道亮丽的风景线。

二、研学目标

表 4-11 “黄河之星生态园文化”研学目标

年段	认知目标	能力目标	情感目标
小学年段	了解黄河生态园的起源发展,观赏黄河微缩。	掌握基本观黄河文化的知识,能够较为熟练准确地介绍黄河历史发展。	浸润黄河文化,培养道德意识,建立团队意识。
初中年段	了解黄河植物园,学习相关生态文化知识。	提高个人修养和能力,感受自然植物的魅力。	提升道德品质与思想修为,形成道德规范。
高中年段	感受现实生活中的传承与创新,提升学生的核心素养。	形成保护黄河生态文明的意识,了解湿地相关知识。	培养开拓创新精神,弘扬生态保护理念,培养学生正确的价值观。

三、参考活动设计

(一)小学篇:丈量“几”字之美——黄河微缩景观

适用年段:小学 3～6 年级　　建议时长:90 分钟

1.景点文化介绍

为保护黄河生态环境、擦亮黄河文化特色品牌,滨城区于 2019 年 10 月底启动黄河之星生态园建设。“几”字形的黄河原貌呈现其中,用脚步就能“丈量”黄河。该区域主体为长约百余米的浅溪,利用地势将水系环通,模拟黄河从源头到入海的景象,由西向东形成缓溪、瀑布、河滩、湖面等多种形态水域。河岸以形态不一的黄河防汛石铺底,形成独具特色的黄河微缩景观。从空中俯瞰,可以找到园中的黄河微缩景观,“几”字形的黄河原貌呈现出来;再从黄河之星合唱广场上远眺,可将黄河美景尽收眼底,展现了“城市亲近黄河、黄河融入城市”的特色魅力。黄河微缩景观不仅可以展现黄河文化面貌的多样性,而且也可以让游客感受黄河风情的魅力,从而更好地继承和传播黄河文化、感受中华民族传统文化的魅力。

2.活动目标

黄河是中华文明的摇篮,也是中华民族的母亲河。保护好、传承好、弘扬好黄河文化,融入群众生活,讲好新时代“黄河故事”尤为重要。通过参观黄河之星生态园——黄河微缩景观，更好地了解黄河的形状、黄河河道的作用，从而激发学生爱护“母亲河”的情感。

（1）材料准备

钢笔、笔记本、相机、运动鞋、雨伞、活动记录表、总结表等。

（2）指导建议

①研学时间为每年5～10月。

②本次研学活动以小组为单位，实行组长负责制，教师可提前分好小组，建议3～6人为一组，并选出小组长。

③教师要提醒学生有秩序地参与度假区内的活动，同时提醒学生要注意安全。

④学生在参加活动的过程中要遵守秩序，不能打扰其他游客正常的活动，在安静场合不得大声喧哗，听从工作人员的指挥和安排。

⑤活动后及时交流与总结，各小组根据活动总结表的要求，在小组长的带领下开展活动。

3.活动实施

导入：赶往黄河微缩景观的路上，可播放歌曲《黄河大合唱》，让学生从歌曲中感受到黄河河水的磅礴气势、波浪汹涌的豪放之气和黄河文明，体会“母亲河”源远流长的历史和无私奉献的博大，从而培养学生对祖国河山的热爱之情。关注母亲河，增强环保意识。

（1）活动任务一：了解黄河概况

规则：3～5人为一组，学生展示搜集的图片成果并组织语言形容心目中的黄河。教师可以提问一些与黄河相关的问题，如：黄河是我国的第几条大河？黄河长度是多少？黄河的形状和哪个汉字相似？黄河附近最著名的瀑布是什么瀑布？之后进行有奖问答，对积极回答问题且答对的同学给予奖励，并让其完成活动记录表。

表4-12　活动记录表

时　间		地　点		姓　名	
你所观察到的风景					
带给你的感受					

注意事项：不可过分靠近水潭，不可破坏植被，可让学生分组行动。

实施：教师集中所有学生讲解浏览区域与比赛规则，并强调学生纪律，把观察到的有用信息记录下来，而且根据这些信息进行加工整理，谈谈了解到的黄河概况。根据学生的讲述，教师引出任务二，并提出活动规则。

(2)活动任务二：观黄河微缩景观

规则：黄河之星生态园将黄河原貌复刻搬至于此，“几”字形的微缩景观展示了黄河的全貌，学生们可以在这用脚步“丈量”黄河；感受黄河岸边徐徐微风吹来，漫步于此，亲近黄河，感受黄河之美。

注意事项：保护好个人财产，注意人身安全。

实施：教师向学生讲授完游学路线后，开始让学生分组行动，游览不同的黄河河道，完成活动记录表。

教师观察学生动态，注意学生是否遵守活动规则与注意事项，并提醒学生注意安全。

表 4-13　活动记录表

时　间		地　点	
小组成员			
浏览的黄河河道			
河道的意义			

学生观察完后，教师集合所有学生分享交流个人及小组所观察到的现象。教师讲解黄河各河道的形成与对水流湍涌或缓行的作用。鼓励学生表达自己的看法，进而引出任务三。

(3)活动任务三：思维发散式绘画

规则：黄河之星生态园是为市民提供的近水亲绿、游憩休闲的场所。其中所植一大片花海也可成为学生绘画的灵感来源。

注意事项：保护好个人财产，注意人身安全，不破坏花草绿化。

实施：教师讲解清楚任务及规则。本次活动以小组为单位，每组 3～5 人。学生在教师的组织下选取自己喜欢的景观进行绘画，感受田园气氛并完成活动记录表。

表 4-14　活动记录表

时　间		记录人	
活动环节			
参与过程			
精神启示			

4.评价总结

黄河微缩景观是对区域内原有的零散水池进行贯通，呈现出黄河典型的“几”字形河道。从空中俯瞰，黄河微缩景观犹如一枚精巧的“黄河印章”，镶嵌于黄河之星生态园内，与相邻的真实黄河遥相呼应，从而凸显了黄河文化特征，提升了黄河文化内涵。

在此次黄河生态微缩景观实践活动中，学生通过搜集图片资料、回答问题、拍照和绘画等多种方式进行了全面学习；通过此次活动，学生搜集资料的能力、提问能力、合作交流能力、朗诵能力、探究能力等都会有所提示。教师可以考虑今后进一步丰富学生实践互动的方式，开展游戏环节，提高其动手操作的能力。

最后，教师对学生的表现作出肯定与鼓励，建议有兴趣的同学可以进一步研究黄河生态的保护、人类对生态环境的影响等，并以作文的形式提交。

(二)初中篇：置身青烟绿雾——黄河植物园

适用年段：初中7～9年级　　建议时长：120分钟

1.景点文化介绍

黄河植物园位于滨州中心城区的南部，是黄河沿岸南海湿地的重要组成部分。它的规划建设深入贯彻关于推动黄河流域高质量发展的重要精神理念，体现着高质量发展、保护生态环境和打造人民幸福的意识。在植物园的建造理念中浓缩黄河要素，按照生态优先、城市绿廊，师法自然、因地制宜，功能多元、旅游研学，开放融合、保护发展的理念，形成“一园为核、两带为轴、五区辅助、多点串联”的总体布局，体现滨州生态特色，完善生态旅游区功能，打造集“湿地科普、生态展示、生态游览、民俗体验”等为一体的植物园。

2.活动目标

通过参观所打造展示黄河生态景观的集中体验区，让人们感受到不一样的黄河风情。黄河植物园利用场地优势资源，以现有地貌、植被为出发点，以植物景观为造景主体，传承场地与人文特质，同时也是展示黄河、滨州城市特色的文化高地，助力黄河生态公园城市建设。通过此次参观，学生们要树立起保护生态文明的意识，要切实保护母亲河。

(1)材料准备

钢笔、笔记本、相机、运动鞋、手表、游览收获表、活动记录表、随身物品等。

(2)指导建议

①教师提前与黄河植物园工作人员协议好，保证此次活动顺利进行。

②学生要遵守工作人员安排，保护公共环境卫生，不得破坏公共秩序、大声

喧哗。

③此次活动采取分组活动的方式。教师提前分好小组，5～6 人为一个小组，并在每个小组内选出小组长。如果有条件的话，每个小组可配备一名教师带领。

3.活动实施

导入：黄河植物园规划建设以振兴和发扬黄河生态文明为目的，在到达黄河植物园以前，可以让学生背诵有关黄河的诗词，或者让学生说出自己所知道和了解的有关黄河的知识。教师提出任务一，并强调活动规则。

(1)活动任务一：湿地观赏，地理知识问答竞赛

规则：教师首先带领学生到黄河植物园观赏湿地，根据展览地的指示或者是专门工作人员的讲解，为学生科普湿地知识。在观赏的过程中教师可以分小组进行活动，带领他们参观不同的地方，让学生更好、更全面地对湿地进行了解。

注意事项：在教师分配好小组后，小组长负起责任，照顾好自己的组员，防止有人员掉队的情况发生。遵守公共秩序，服从教师和工作人员的安排，保护湿地，确保湿地卫生干净整洁，不要乱丢垃圾。

实施：湿地被称为“地球之肾”，它的作用包括保护生物多样性、调节大气、净化水质、调节径流、提供食物及工业原料等。此外，湿地能够作为直接利用的水源，在补充地下水方面具有重要功效；湿地还有防洪的作用，在较为干旱地区能够防止土壤沙化。它能吸收大量的二氧化碳气体，并放出氧气，有效调节了大气成分。学生进一步了解了关于湿地的功能，对湿地有了更深一步的认知，进而培养起学生保护生态环境、保护湿地的重要意识。

表 4-15　活动记录表

时　间		记录人	
了解的知识			
参与过程			
启　示			

在参观完湿地后，学生在小组长的带领下，在指定地方与教师进行汇合。出发前，小组长清点组内人数，防止有部分学生脱离队伍现象的发生。如果在观赏中自己留下了垃圾，要在观赏结束后带走，并进行打扫，以保护

生态。

(2)活动任务二:生态游览,摄影我在行

规则:教师带领学生在植物园内进行生态游览。教师可以先与工作人员进行沟通,询问是否能够配备专业人员向学生讲解植物园内所包含的生态理念。学生在植物园内游览的过程中,可以拍摄自己认为能够表达出生态理念的照片。为方便筛选照片,教师可以以组为单位,2～3个人为一组,进行摄影。在游览结束后,通过投票的方法选出最好的摄影作品。

注意事项:在游览的过程中,要自觉有序。不要干扰其他游客正常的观赏,对工作人员要有礼貌,不要随意脱离队伍,要爱护公物,确保环境卫生干净整洁。

实施:黄河生态文明与每个人息息相关,然而当前有不少地方出现了生态环境失衡的状况,有的地方尤为严重。如果人们不知保护,而是一味地破坏索取,生态环境最终会失衡,也会给人们带来不利。通过让学生进行生态游览,从而让他们知道保护生态环境的重要性。

表 4-16　活动记录表

时　间		地　点	
小组成员			
浏览的植物园			
浏览的意义			

游览完生态植物园后,教师可以让学生自主交流或发言游览感受,让每个小组介绍自己的摄影作品,并且说出摄影作品所涵盖的理念,或者是重要意义,从而达到教育的目的。

(3)活动任务三:植物种类知多少,植物辨别大赛

规则:在进入黄河植物园后,植物园内有很多学生们所知道的植物种类,同时也有一些同学们平常接触不到的植物种类。可以通过举办植物辨别大赛,让学生们对植物有更丰富的了解与认识。

注意事项:参加比赛的人员可以以小组为单位,同一小组内的学生可以互相帮助,其他小组的学生不可以给予提示,要遵守比赛规则。

实施:首先带领学生在植物园内参观一遍。在参观过程中,学生遇到不认识的植物而举手询问时,教师给予解答。如果有困难,可以向工作人员求助。

参观植物并不主要是以观赏为主，草草了事，更重要的是让学生认识和记住植物的种类以及知道它们的作用。在观赏结束后进行问答比赛。

表 4-17 植物辨别活动总结表

时　间		地　点	
小组名称		汇报人	
小组在植物辨别活动中的表现			
小组成员在活动中的合作程度			
小组表现突出的地方：			
小组内部的反思与总结：			

比赛结束后，教师评选出得分最高的小组，并对该小组给予奖励，然后对学生不懂的问题进行解答，最大限度地保证学生都能够有所收获、有所成长。

4.评价总结

滨州市黄河植物园的建设与南海湿地、龙江湿地等建设统筹到一起，实现了对沿黄流域建设项目的总体部署。植物园内的建筑以高标准来设计和规划，目的是为了推动城市更好地发展。河道整治和污水处理工程，严格贯彻和落实了绿水青山就是金山银山的理念，进一步加强了生态保护。通过此次研学活动，让学生能够更好地认识各类植物，并懂得保护自然环境的重要性。

（三）高中篇：寻觅朴素小村——游“小街村”

适用年段：高中年段　建议时长：180 分钟

1.景点文化介绍

“小街村”过去叫“李家渡口”，因为村后有一条小街，外来客商过黄河时都口口相传“到小街过黄河”，渐渐村名演变成了“小街村”。小街村过去是附近有名的穷村。1855 年，黄河夺大清河入海时，小街村在河东；1900 年，黄河在小街村紧邻的张肖堂决口，河道再一次变动，小街村成为河西，正应了古人那句“三十年河东，三十年河西”的俗语。1996 年，黄河发洪水导致小街旧村台被淹。1997 年为规避洪水危险，小街村整体搬迁至现有村台。

近年来，滨州市西街道依托小街村，利用其地处黄河滩边优美的自然环境和位置的优势，因地制宜，大力发展城郊型休闲观光农业，在一系列政策支持和自身的不懈努力下，实现了农民收入、农业经济及农村环境三大转变，走出了一条既绿色又高效的都市农业“突围之路”。位于村中心景观喷泉潺潺的流水声被微风送入耳畔，旁边的健身广场上，几位老人在阴凉处乘凉唠嗑。村边的葡萄采摘园拥有23座日光温室和16座大拱棚，种植了6个品种的精品葡萄，采摘期从5月持续到10月。葡萄口感好，甜度高，集鲜香甜于一身，黄河之星生态园让人流连忘返。黄河岸边绿树成荫，垂柳随风轻摆，似乎在向游人招手，欢迎他们的到来。小街村，这个紧靠黄河的小村庄，呈现出一幅生机盎然的生动画面，宛如陶渊明笔下的“土地平旷，屋舍俨然，有良田美池桑竹之属”的田园美景。

2.活动目标

通过参观小街村的房舍、护坡、绘墙等地方，了解房舍的建筑特点，感受小街村的绿色生态环境，总结小街村由贫穷走向富裕的建设办法和环境保护方法。

3.活动准备

(1)材料准备

钢笔、笔记本、相机、运动鞋、雨伞、活动记录表、总结表等。

(2)指导建议

①研学时间为每年5～10月。

②本次研学活动以小组为单位，实行组长负责制。教师可提前分好小组，建议3～6人为一组，并选出小组长。

4.活动实施

导入：小街村从过去的“黄河渡口”变成现在的集果蔬采摘、休闲娱乐于一体的生态风景区，小街村也从原来的穷村变成现在的富裕村。大家思考一下：小街村是如何走出贫困的？又是如何实现绿色致富之路的？教师提出任务一，并强调活动规则。

(1)活动任务一：实地采访

规则：撰写访问提纲，由指导老师分别辅导小组，根据他们的分工任务讨论调查问卷或访问提纲的写法，最后制订出采访提纲。

实地采访：印发好相关的问卷和准备好派发的小礼物。完成活动记录表。

注意事项：采访过程注意言辞举措，认真记录村民回答。

实施：教师集中所有学生讲解浏览区域与比赛规则，对学生不懂的问题进行解答。

表 4-18 活动记录表

时 间		地 点		姓 名	
你所观察到的风景					
带给你的感受					

学生完成活动任务后，教师集合所有学生，选取采访完整总结较好的小组进行展示与表扬，并让学生讲述采访时的心得体验。根据学生的讲述，教师提出任务二，并提出活动规则。

(2)活动任务二：游“小街村”

规则：学生以小组为单位，了解小街村房舍建设故事的来龙去脉，观察小街村的田园环境特色，要求小组全员参加，分地方进行观察，完成活动记录表。

注意事项：保护好个人财产，注意人身安全，采摘有度，不丢弃，不浪费。

实施：教师讲解清楚任务及规则。本次活动以小组为单位，每组 3～5 人，在教师的带领下游览小街村并采摘葡萄，感受田园气氛并完成活动记录表。

表 4-19 活动记录表

时 间		记录人	
活动环节			
参与过程			
精神启示			

教师集合所有学生总结此次活动，首先由学生进行汇报。同学们可自主发言，分享自己的浏览感受以及得到的感悟和启示。其次，教师可分享自己的游览感受，同时与学生进行互动交流。通过游览小街村，学生可以自主选择感兴趣的比较落后的村庄，根据自己的理解制订一系列计划，为脱贫致富建言献策，最终教师给予点评。

(3)活动任务三：小街村变化汇报

规则：小街村的变化特别大，首先我们从道路交通进行调查，了解了通往小街村的主要交通要道及道路的变化，下面就请第一组的同学为大家介绍。

①道路交通组汇报：请小组介绍团队的口号，并进行新农村道路的介绍。道路的变化给我们的出行带来了便利，居民的身体健康则离不开营养丰富的各种绿色蔬菜，现在请大家跟随第二小组的同学一起走进蔬菜基地。

②大棚蔬菜组汇报：请小组介绍团队的口号，并介绍大棚的结构、占地面积以及大棚里种植的各种蔬菜，分享农谚歌谣。新农村不但为居民们改善了出行和生活条件，而且居住环境也有了大大的改善。现在有请第三小组的同学给大家介绍新农村的住宅。

③住宅变化组汇报：有关房屋变化的介绍，以快板的形式进行住宅变化分享。

注意事项：保护好个人财产，注意人身安全。

实施：教师向学生讲授完研学路线后，开始让学生分组行动，调查不同主题，完成活动记录表。

教师观察学生动态，注意学生是否遵守活动规则与注意事项，并提醒学生注意安全。

表4 20　活动记录表

时　间		地　点	
小组成员			
调查的主题			
变化的意义			

完成所有的活动任务后，每个小组选出一位代表对今天的游览活动做一下小结。各组汇报结束后，教师肯定学生的成绩，客观评价每个小组在活动任务中的表现，每个小组完成一份总结表。

5.评价总结

小街村正在同一片土地上圆一个“别样”的绿色梦。从这次实践中，学生们可以亲身感受到小街村从穷村到富村的跨越性改变，体会到社会主义新农村的魅力。小街村与黄河生态园建设相辅相成。小街村成功脱贫致富，经济迅速发展。与此同时，小街村也成为全市乡村振兴道路上一道靓丽的风景线，给其他乡村振兴道路上的村庄树立了良好榜样，起到了模范带头作用。最后教师对学生的表现作出肯定与鼓励，建议有兴趣的同学可以进一步研究新农村建设、此次研学的感受等，并以作文的形式提交。

第三节　泰山文化

一、研学背景

泰山，位于山东省泰安市中部，是中国五岳之首，古称“岱宗”（我国第一个被联合国教科文组织载入《自然与文化遗产》名录的单位），以雄伟壮丽著称。层层叠叠的山势，非常厚重的形体，加上山上的苍松巨石、云烟的变化，使它在雄浑中兼有明丽，静穆中透着神奇。它以其雄伟壮丽的自然风光和博大精深的文化内涵享誉中外，被尊崇为“五岳独尊”“天下第一名山”“东方历史文化宝库”，被誉为中华民族精神文化的缩影，是古老华夏的重要发祥地，是一座天然的历史和艺术博物馆。两千年来，泰山一直是帝王朝拜的对象，历代皇帝也多以封禅泰山为最高荣誉。山中的人文杰作与自然景观完美和谐地融合在一起。其悠久的历史文化底蕴，是学者们和艺术家的精神源泉，也是古代中国文明和信仰的象征，亦是中华文化对世界文明做出卓越贡献的神圣载体。

二、研学目标

表 4-21　“泰山文化”研学目标

年段	认知目标	能力目标	情感目标
小学年段	通过看泰山、画泰山，对泰山进行初步的整体感知，了解泰山的地形地貌、植物群落；了解泰山非遗文化，感知泰山封禅文化和民俗文化的独特魅力。	通过画泰山，提高对事物的想象能力；通过品尝豆腐、评价豆腐，提高语言组织与表达能力。	通过领悟泰山的独尊地位，萌发自信心与自豪感。培养用于承担责任的良好品质，增强保护环境、热爱大自然的意识。
初中年段	通过欢快祥和的节日氛围—赶庙会丰富的图片文字，了解生肖来历与相关典故，了解传统的祈福活动；认识水陆画，了解泰山非遗文化。	学会泰山剪纸、泰山皮影、木版年画、泰山葫芦等泰安非遗传统手工艺；学会明信片的制作格式和方法。	激发对泰山的热爱之情和对泰山文化的探究热情，体会石敢当的担当精神、协作精神与坚持不懈的攀登精神。

续表

年段	认知目标	能力目标	情感目标
高中年段	了解博大精深的泰山文化,了解泰山文化的历史渊源、发展脉络和丰富内涵,了解泰安精神文化的特点,了解泰山的地形地势、泰山微地貌景观的形成原因及其特征。	通过参观《金刚经》,学习石刻拓片的制作;了解泰山建筑群的发展特点。	通过对泰山诗歌、泰山石刻等内容的学习,感受泰山的艺术美;学习泰山宽广的胸襟,激发学生做拼搏向上、敢于担当的有志青年。

三、参考活动设计

(一)小学篇:登五岳之首——泰山

适用年段:小学 3～6 年级　　建议时长:90 分钟

1.景点文化介绍

泰山又名“东岳”“泰岳”“岱山”,位于山东省泰安市。泰山总面积可达24200 公顷,有“五岳之首”“五岳之长”“天下第一山”之称的主峰玉皇顶海拔1545 米,气势雄伟磅礴。杜甫曾有诗云:“岱宗夫如何,齐鲁青未了。造化钟神秀,阴阳割昏晓。”中国民间亦有“五岳归来不看山”之说。泰山作为五岳之首,是国家 5A 级旅游景区,也是重要的世界自然文化遗产、全国重点文物保护单位。泰山宏大的山体上留下了 20 余处古建筑群,还有 2000 余处碑碣石刻。道教、佛教视泰山为“仙山佛国”,在泰山建造了大量宫观寺庙。自古就有“泰山安,四海皆安”的说法,因此成为帝王告祭、百姓崇拜的神山。泰山是中华民族的象征,是中华民族精神文化的缩影,是古老华夏的重要发祥地,是一座天然的历史和艺术博物馆,是东方文化的缩影,是“天人合一”思想的寄托之地,更是中华民族精神的家园。

2.主要景点

(1)阴阳界。在泰山长寿桥南面的石坪上,东百丈崖的顶端,有一横跨两岸垂直河谷的浅白色岩带,它悬于峭壁边缘。由于长年流水的冲刷,表面光滑如镜,色调鲜明,十分醒目。稍有不慎,便会失足跌落崖下,坠谷身亡,故名之为“阴阳界”。桥下的石坪为傲徕山中粒片麻状二长花岗岩,质地坚硬,经长期风化剥蚀和溪水的冲刷,形成了宽大而平滑的大石坪。所谓“阴阳界”,实际上是一条由长石和石英组成的花岗质岩脉，表面呈灰白色，近于直立地产出在二长花岗岩中，与围岩的界线十分清晰，产状稳定，直线状展布，色调鲜明。“阴阳界”位于东百丈崖的峭壁边缘，地势甚为险峻。

(2)桃花峪。桃花峪位于岱顶西北，有索道缆车直通岱顶。在索道站周围出露的岩石，主要是傲徕山中粒片麻状二长花岗岩。其东侧有北西向龙角山断裂通过，两旁发育有与其基本平行的伴生断裂。其中一条伴生断裂切过一个山头，生成约5米宽的节理密集带。节理面近于直立，把二长花岗岩切割成许多薄板状岩块。在重力作用下，岩块沿直立节理面不断坍塌，最后形成两峰对峙的一条几米宽的大裂缝，这就是有名的桃花峪一线天。

(3)傲徕峰。扇子崖之西是傲徕峰，因巍峨突起，有与泰山主峰争雄之势，古有民谚：“傲徕高，傲徕高，近看与岱齐，远看在山腰。”傲徕峰与扇子崖结合处为山口，在山口之后是青桐涧，其深莫测；涧北为壶瓶崖，危崖千仞。站在山口，东看扇子崖，如半壁残垣，摇摇欲坠，让人心惊目眩。西望傲徕峰，似与天庭相接；北眺壶瓶崖，绝壁入云。

图 4-3　傲徕峰实景

3.活动目标

泰山民俗以泰山文化为主导，以信仰民俗为主线，社会民俗、经济民俗和旅游竞技民俗交织融汇，构成了一道独特的泰山风景线。登山过程中，了解泰山的地形地貌、植物群落，了解泰山非遗文化，感知泰山封禅文化和民俗文化的独特魅力。

(1)材料准备

笔、笔记本、相机、运动鞋、厚衣服、活动记录表、总结表等。

(2)指导建议

①泰山研学旅行时间可选在每年的5～11月,此时正是游泰山的最佳时间,可以更好地观赏到泰山四大奇观:“泰山日出”“云海玉盘”“晚霞夕照”“黄河金带”。

②本次为研学活动以小组为单位,实行组长负责制。教师可提前分好小组,建议5～7人一组,并选出小组长。

4.活动实施

导入:从学校出发前往泰山景区的路途中,教师可以和学生互动,询问学生有没有爬过山、有什么体验等,然后给学生朗诵并简单简介杜甫的《望岳》,以此引出活动主题。

(1)活动任务一:观察泰山地质地貌,绘出心中的泰山

规则:教师选定泰山的某片区域,让学生以小组为单位观察泰山的地貌特征,并完成活动记录表。观察完毕后,教师指导学生进行绘画。

注意事项:在教师指定范围内活动,在活动过程中一定要注意安全。

实施:教师向学生讲授完活动任务及活动规则后,学生们自由进行绘画,教师不要过多干涉。教师观察学生动态,注意学生是否遵守活动规则与注意事项,并提醒学生注意安全。图画最好具有独特性,展现出创新精神。

表4-22 活动记录表

时　间		地　点	
小组成员			
观察到的地貌特征			
观察到的植被特征			
泰山带来的内心感受			

学生观察完泰山的地理环境后,教师集合所有学生分享交流个人及小组所观察到的现象。教师选出最佳图画进行展示及表扬,根据学生的表达,教师引出任务二。

(2)活动任务二:品泰山

规则:品尝非物质文化遗产——泰山豆腐宴,品鉴泰山豆腐宴的代表菜品,领会豆腐菜品与泰山封禅文化的独特魅力。

实施：教师集中所有学生，先参观泰山乡村记忆博物馆，再品尝泰山豆腐宴，并让学生完成活动记录表。

表 4-23　活动记录表

时　间		地　点	
姓　名		所在小组	
豆腐宴的视觉感受			
豆腐宴的味觉感受			
对泰山文化的了解			

学生完成活动任务后，教师集合所有学生，选取其中几个学生交流分享自己的品尝体验。根据学生的讲述，教师引出任务三。

(3)活动任务三：忆泰山

规则：本次活动以小组为单位，在教师的带领下走进泰山乡村记忆博物馆，了解泰山民俗、非遗文化，传承非遗。

实施：教师询问学生对活动任务及规则是否清楚，鼓励学生提出自己的疑惑并予以解答。所有学生都清楚任务和规则后，开始分组活动，参观泰山乡村记忆博物馆并完成活动记录表。

表 4-24　活动记录表

时　间		记录人	
小组成员			
我看到了什么			
我做到了什么			
我想到了什么			

活动结束后，教师对每个小组的表现作出客观评价，根据学生的表现，教师提出任务四。

(4)活动任务四：成语挑战，歌颂泰山

规则：以小组为单位，进行诗词比赛。小组长到教师处抽签并形成排序方式，每个小组至少说出两个描写泰山的成语，轮到的小组没有答上来则记一分。教师根据活动时间来控制比赛的轮数，最后得分最高的小组获胜。重在激发学生参与，教师及时进行指导。诗词比赛结束后，教师作出客观点评。

5.评价总结

教师集合所有学生，随机抽取学生分享体验，诸如：通过泰山之行，自己对泰山有了哪些新认识？感受到泰山哪些魅力？了解到泰山哪些民俗文化？

最后教师对学生的表现作出肯定与鼓励，并启发学生进一步观察、了解泰山的其他民俗。

(二)初中篇：探秘千年匠心——东岳庙会

适用年段：初中7～9年级　　课时建议：120分钟

1.景点文化介绍

泰山东岳庙会每年举办一次，大多于每年春节期间举办。由于东岳大帝的诞辰是3月28日，自宋朝起，每年此时就会举行泰山庙会，目的是为了给祭东岳大帝祈福。后来，碧霞元君(泰山老奶奶)的声誉庙响彻八方，人们不断地进行祈福、还愿……由此慢慢发展到旅游观光活动和商贸交易活动。近年来，很多游客慕名而来，国外的客商游客也不断增加。东岳庙会全方位地展示了泰山千年历史积淀文化。从祈福纳祥的拜山仪式到古代帝王的封禅大典，从多姿多彩的民间工艺到新颖时尚的旅游商品，从独具魅力的民间曲艺到惊心动魄的游艺竞技，置身其中，仿佛感受了一次民俗文化盛宴，整个东岳庙会将持续一个多月时间。

图4-4　东岳庙实景

2.活动目标

东岳庙会以“逛东岳庙会，览民间风情”为主题，可以让学生们体验庙会的祈福仪式，了解“民俗泰安，美食泰安；文化泰山，吉祥泰山，祈福泰山”旅游形象的深刻内涵。在赶庙会过程中，通过丰富的图片文字，详细介绍生肖来历与相关典故，使学生了解传统的祈福活动。认识水陆画，了解泰山非遗文化，在观赏游玩的同时学习并体会传统手艺的魅力，培养文化自豪感和民族自信心。

(1)材料准备

笔、笔记本、卡纸、画笔、相机、活动记录表等。

(2)指导建议

①东岳庙会研学旅行时间可选在每年的 5 月到 11 月,在此时期热闹非凡,可以更好地观赏到岱庙中珍藏版的水陆画、国色天香的牡丹花海、泰山沐幕绳编、泰山陶笛等特色非遗手工艺。

②本次研学活动以小组为单位,实行组长负责制。教师可提前分好小组,建议 3～4 人为一组,并选出小组长。

3.活动实施

导入:教师针对封禅文化,提出一些学生非常感兴趣的问题,比如:封禅是什么?中国首位封禅泰山的皇帝是谁?他为什么封禅泰山?中国封禅泰山次数最多的皇帝是谁?封禅之礼行了几次?利用问题导入,从而引出东岳庙会。

(1)活动任务一:逛庙会

规则:在岱庙天贶殿前扶桑石区域进行摸树游戏,按规定路线,结伴而行。在古代,摸到大树就代表摸到了福气,"摸树"这个游戏寓意为祈祷幸福。

实施:教师集中所有学生,参与到摸树游戏的过程中去,并让学生完成活动记录表。通过"绕福石、走福路、摸福树"等活动形式更多地了解泰山岱庙文化。

注意事项:不攀爬,不折树枝,参与到游戏中要遵守规定。

表 4-25　活动记录表

时　间		地　点		姓　名	
你所观察到的景象					
带给你的感受					

学生完成活动任务后,教师集合所有学生,选取其中几个学生交流分享他们的体验。根据学生的讲述,教师引出任务二,并提出活动规则。

(2)活动任务二:赏庙会

规则:观察泰安非遗文化——水陆画所绘制的内容,联系庙会的特色文化,制作一张有关泰山文化的明信片。

注意事项:保护好个人财产,注意人身安全,在教师规定范围内结伴而行。维护图画的整洁性。

实施:教师向学生讲授完活动任务、活动规则以及明信片的格式后,让学生开始分组行动,并要求学生完成活动记录表。

注意事项:教师观察学生动态,注意学生是否遵守活动规则与注意事项,并提醒学生注意安全。明信片要紧扣庙会主题,展现出地域特色。

表 4-26 活动记录表

时 间		地 点	
小组成员			
观察图画的门派			
观察图画的人物			
图画的寓意			

学生观察完水陆画后,教师集合所有学生分享交流个人及小组所观察到的现象。教师选出最佳明信片进行展示,并加以表扬。根据学生的表达,教师引出任务三。

(3)活动任务三:娱庙会

规则:本次活动以小组为单位,在教师的带领下,在仁安门区域观赏体验泰山剪纸、泰山皮影、木版年画、泰山葫芦等泰安非遗传统手工艺,学习并体会传统手艺的魅力。同时,分小组进行体验,体验的项目可以自由选择。

实施:教师询问学生对活动任务及规则是否清楚,鼓励学生提出自己的疑惑并予以解答。所有学生都清楚任务和规则后,开始分组活动,体验艺术品的形成过程并完成活动记录表。

表 4-27 活动记录表

时 间		记录人	
小组成员			
参与的手工艺术品			
详细的制作过程			
制作体验			

活动结束后,教师对每个小组的表现作出客观评价,激发学生重在参与的热情。教师提出任务四。

(4)活动任务四:谜语挑战,纪念庙会

规则:在岱庙文化广场进行有关泰山地域特色的谜语竞猜活动,学习泰安非遗手工艺,以便更好地了解泰山文化。

注意事项:在谜语竞猜过程中文明有序,在购买东西时量入为出,适度消费,注意个人安全。比赛结束后,教师作出客观点评。

实施:文化广场汇集泰山糖画、泰山毛笔、泰山沐幕绳编、泰山陶笛等富有特色的非遗手工艺以及猜谜活动,让学生在娱乐中更多地了解泰山岱庙文化。教师讲述这些非遗文化的由来以及蕴含的道理,组织学生进行谜语的竞猜,自由选择自己喜欢的手工艺品进行制作或者购买。

4.评价总结

东岳庙会是将"逛、赏、品、购、娱"融为一体的文化活动大餐,既能观赏品味又能互动体验,同时也让学生体验到独具地方民俗特色的文化盛宴。让学生谈谈:此次活动对庙会有了哪些新认识?感受到非文化遗产哪些魅力?了解到泰安的哪些非文化遗产……

最后,教师对学生的表现作出肯定与鼓励,并启发学生进一步观察、了解泰山的其他"年味"的春节。

(三)高中篇:沧海桑田的变迁——泰安地质公园博物馆

适用年段:高中年段　建议时长:180 分钟

1.景点文化介绍

泰山地质博物馆以大量的文字、标本、岩石、模型、文人名迹介绍了泰山的发展和演变以及泰山承载的精神文化。人文杰作与自然景观完美和谐地融合,其悠久的历史文化底蕴,一直是中国艺术家和学者的精神源泉。季羡林先生的著作中有一首长诗《泰山颂》,称赞泰山为"国之魂魄,民之肝胆",并提到:"欲弘扬中华文化必先弘扬泰山文化。"泰山精神的基本内涵可概括为四个方面:一是胸怀博大的包容精神,二是勇攀高峰的进取精神,三是天人合一的和谐精神,四是顶天立地的担当精神。

2.活动目标

了解泰山的法案站与演变,体会泰山精神的内涵与启示,使青少年们更加热爱祖国的大好河山,增强文化自信,增强民族自信心和自豪感,对学生有重要的指导意义。让学生更加深入地了解泰山文化的精髓,更好地领悟泰山凌绝顶的攀登精神、天人合一的和谐精神、顶天立地的担当精神、胸怀博大的包容精神,激发学生做拼搏向上、敢于担当的有志青年。

(1)材料准备

钢笔、笔记本、相机、活动记录表、总结表等。

(2)指导建议

①尽量选择秋季出行,文化节在每年的 9 月初举办。

②提前与地质博物馆的工作人员取得联系。

③本次研学活动以小组为单位,实行组长负责制。教师可提前分好小组,建议 3～6 人为一组,并选出小组长。

3.活动实施

导入:有人说泰山精神是“会当凌绝顶,一览众山小”的豪迈气概,是“正气苍茫,浩然屹立”的崇高品格,是“不让土壤,万物包容”的博大胸怀;也有人说泰山精神更体现为“脚踏实地,负重致远”的挑夫精神,以及“栉风沐雨,本色不改”的青松品质;还有人觉得泰山精神是“国泰民安”的民本精神,是“登高望远,山外有山”的创新意识……你认为泰安精神是什么呢?

(1)活动任务一:走进地质科普厅

规则:参观泰山的地形地势、泰山微地貌景观的形成原因及其特征、泰山地质遗迹、各类岩体的出现顺序及利用途径等部分,并对重要内容认真倾听解说员解说过程,做好活动记录表。用相机留住泰山最美的景色,描述出海纳百川的情感。最后评出“最佳摄影奖”。

注意事项:在博物馆内禁止大声喧哗,文明有序,拍照时顾及他人的感受。

表 4-28　活动记录表

姓　名		地　点	
泰山的地形地势			
泰山的演变历史			
岩石的出现顺序			
地壳运动带来的震撼			

学生观察完后,教师集合所有学生分享交流自己及小组所观察到的山体及各种岩石。教师总结泰山地势的基本情况。组织学生们进行小组合作,根据学生的表达,教师引出任务二。

(2)活动任务二:品石刻

规则:实地参观经石峪碑刻,如中国最大的佛教《金刚经》石刻,字大达半米,笔力刚健有力,没有人不被其震撼。让学生们了解博大精深的泰山文化,了解泰山文化的历史渊源、发展脉络和丰富内涵。

内容:实地参观经石峪碑刻,了解书法的基本知识和泰山石刻的相关寓意。通过观察《金刚经》,说出心中最真实的感受。完成活动记录表,制作一份石刻拓片。

实施:教师集中所有学生仔细观察,讲解中国书法的五大书体,并让学生讲授完活动任务及活动规则后,向学生讲授拓片制作方式,让学生开始分组行动。

表 4-29　活动记录表

时　间		地　点		姓　名	
你所观察到的字体					
带给你的感受					

学生完成活动任务后,教师集合所有学生,选取其中几个学生交流分享他们的体验。根据学生的讲述,教师引出任务三,并提出活动规则。

(3)活动任务三:泰山的人文古迹

规则:国泰民安是泰山文化的精髓。从古至今,许许多多的文人志士都拜访过泰山,因此"泰山安则四海皆安"享誉海内外。大量的文字、图片诠释着"兼容并包,求同存异"的思想,各国政要名人都曾聚集在这里,并为泰山题词。

注意事项:保护好个人财产,注意人身安全。不乱涂乱画,切不可大声喧哗。

实施:教师向学生讲授完活动任务及活动规则后,让学生开始分组行动;观察完成图片或者题词之后,完成活动记录表,按小组完成一份观后感或仿写一首诗。

教师观察学生动态,注意学生是否遵守活动规则与注意事项,并提醒学生注意安全,紧扣活动主题。

表 4-30 活动记录表

时　间		地　点	
小组成员			
观察到的内容			
承载的精神			
仿写/观后感			

(4)活动任务四:参加“石敢当”

规则:本次活动以小组为单位,在教师的带领下,在泰山宝泰隆旅游度假区欣赏石敢当,通过文化节开幕式看大戏、听曲儿、观展览、看《泰山石敢当》剪纸作品等学习并体会石敢当的担当精神。

注意事项:保护好个人财产,注意人身安全,在公共场合不可大声喧哗。

实施:教师讲解清楚任务及规则后,总结石敢当的传说。所有学生都清楚任务和规则后,欣赏艺术品并完成活动记录表。

表 4-31 活动记录表

时　间		记录人	
活动环节			
参与过程			
精神启示			

活动结束后,教师对每个小组的表现作出客观评价,让同学们说出他们认为的担当精神,教师提出任务五。

(5)活动任务五:参观高山流水亭

规则:本次活动以小组为单位,在教师的带领下走进建筑模型区,了解其整体布局、传承的文化以及发展历史。

实施:教师询问学生对泰山建筑群是否了解,鼓励学生提出自己的疑惑或者鼓励他们独立讲述。将历史发展、布局及传承的文化关联在一起。所有学生都清楚任务和规则后,开始分组活动,再次参观岱庙并完成活动记录表。

注意事项:注意师生之间的互动,尽量把说的机会留给学生。

表 4-32　活动记录表

时　间		记录人	
小组成员			
布局结构			
传承的文化			
相关的历史			

活动结束后，教师对每个小组的表现作出客观评价。根据学生的表现，教师进行活动总结。

4.评价总结

地质博物馆内不仅浓缩了 5000 年的中华文明，而且成为中华精神的集中体现。泰山是当之无愧的“华夏之魂”，而地质博物馆将泰山精神巧妙地容纳到一起。

最后，教师对学生的表现作出肯定与鼓励，建议有兴趣的同学可以进一步研究泰山精神的特点或者探讨泰山神话传说的分类等，并以作文的形式提交。

第五章　亲浸海洋研学之旅

第一节　青岛极地海洋世界文化

一、研学背景

海洋文化是人们在对海洋认识和利用过程中创造出的有关海洋精神的文化，它既包含物质方面，也包含精神层面。中国是文明大国，同样也是海洋大国，所以中国的海洋文化有着悠久的历史。夏禹治国时就有“四时之禁”的说法，通过限时捕捞的时间加强对海洋生物的保护。随着社会的不断发展，人们对海洋的认识也在不断地深入。就21世纪而言，当前世界各国将国家的科技、经济以及战略转向海洋，中国要想成为强大的国家，就必须重视海洋。

党的十八大提出了建设海洋强国的目标。随后，党的十九大要求坚持陆海统筹，为建设海洋强国不断努力。我国的海洋文化有着悠久的历史，为学生们进行海洋文化教育提供了前提和基础。青岛是绝对不能错过的海洋文化代表旅游胜地，我们可以先参观青岛极地海洋世界，再从信号山到栈桥和海上皇宫，然后参观小青岛，最后参观海军博物馆。青岛极地海洋世界项目蕴含着丰富的海洋资源和文化底蕴，目前青岛极地海洋世界项目被称为“世界上最大的极地海洋动物馆”。如今青岛的极地海洋世界已经成为青岛一道靓丽的旅游景点和风景名片，漫步其中，仿佛置身于美轮美奂的极地海洋天堂。在这里，人与自然和谐共生，人与动物和睦相处。我们在欣赏海洋风光的同时不要忘记探求海洋文化，学习其中蕴藏的海洋精神，并充分发扬下去。

二、研学目标

表 5-1　“青岛极地海洋世界文化”研学目标

年段	认知目标	能力目标	情感目标
小学年段	了解海洋文化的起源发展史，学习海洋文化，知晓礼仪规范。	掌握基本文化礼仪，能够较为熟练准确地介绍海洋文化。	培养道德意识，建立团队意识。
初中年段	了解海洋生物，学习海洋生物种类。	提高个人认知，扩大学习范围。	提升道德品质与思想修为，呼吁保护环境。
高中年段	感受当代北极生物的难得与稀少，感叹自然之美。	学习关于海洋知识，呼吁身边保护环境的同时亦要心怀畏惧。	培养开拓创新精神，传承环保理念，真实体验冰雪极地生活的美妙感觉。

三、参考活动设计

(一)小学篇：自然动物课堂——极地海洋区

适用年段：小学 3～6 年级　　建议时长：90 分钟

1.课程背景

青岛极地海洋世界是青岛市人民政府委托青岛极地海洋世界有限公司联合建设的。青岛极地海洋世界是中外合资，也有新加坡的相关公司进行投资。该项目于 2003 年进行建设，用时 3 年完成。青岛极地海洋世界有很多活动，还有数不尽的海洋动物展示。它是海洋爱好者的胜地，你在这里可以身临其境地参观海洋极地世界。目前，青岛极地海洋世界正在建设世界上最大的极地海洋动物馆。

青岛极地海洋世界的动物展示以海洋极地动物为主，内有海洋科技展示，也是一综合性的海洋科技主题公园。海洋科技主题公园占地面积广阔，约 14 万平方米。巨大的占地面积造就了它丰富多彩的活动项目。你可以在其中体验海洋科技馆，亦能够欣赏海洋娱乐大道。

青岛极地海洋世界项目也是一个大型的旅游度假项目，其内建设有完善的服务设施，无论哪个年龄段的人都可以体验海洋的乐趣。青岛极地海洋世界有政府的大力支持，目前已经完成了扩建，东面可以观看雕塑园，西面可以欣赏海洋娱乐城。在十分有特色的海豚表演馆中，可以近距离接触海豚表演。青岛极地海洋世界经过国家海洋局极地考察办公室的认定，获得“极地科普教育基地”的荣誉称号。此外，极地考察办公室还赠送了无比珍贵的南极石作为纪念。

极地海洋动物馆的极地大厅最值得参观。一进入极地大厅，就会感觉眼前一亮。极地大厅是上下两层结构，面积十分广阔。你可以在极地海洋动物馆里感受极地的环境，里面因纽特人雪屋和冰雪溶洞模拟的景象十分逼真。海兽混养池里有很多珍贵的极地动物，是我们平时很难见到的。白鲸、海象、北极熊、海獭、海狗、企鹅等动物种类繁多，还有专门的照相和喂食时间。走进极地动物世界，我们可以亲近自然、探索自然的奥秘。

青岛友谊国际游艇俱乐部有乘坐游艇进行海上观光的项目，你可以和好朋友或伴侣乘游艇进行海上观光，欣赏青岛的海岸风光。极地冰雪人文区有用木头制成的雪橇、各种各样的北极雪屋和神秘的因纽特人，这些风景展现了极地独特的自然风景和文化气息。极地冰雪人文区是开放式的，我们可以深入极地的最深处，探寻极地的人文情怀。

2.活动目标

通过此次活动，可以让学生认识海豚等海洋动物，了解白鲸、海象、北极熊、海獭、海狗、企鹅等动物的外形、生活习性等。让学生与海洋生物近距离接触，进一步萌发保护海洋生物的情感。

(1)准备材料

笔、笔记本、相机、活动记录表、总结表。

(2)指导建议

①自由分组后，由老师带领组员依次观览。

②学生须遵守场地规定，保持地面卫生，不可乱丢垃圾。

③注意遵守纪律，不得大声喧哗、吵闹，影响其他人观光。

3.活动实施

导入：教师可科普海豚、海狗、企鹅等海洋物种，引入主题活动，分发活动记录表，布置任务，让学生们能够区分多种海洋生物。

(1)活动任务一：区分海洋生物

让同学们分成3～4个小组，分别观察海豚、海狮、海豹的外貌、体形、动作、行为习惯等，并讲出它们的区别。

表 5-2　活动记录表

时　间		地　点	
姓　名		所在小组	
海　豚			
海　狮			
海　狗			

(2)活动任务二:保护海洋生物

教师引导学生认识企鹅、北极熊两种海洋动物,让学生们自由讨论出它们的外形、特点,说出这两种海洋生物受小朋友们喜欢的原因。进一步讨论它们的生活环境以及面临的海洋环境存在的危险。

4.评价总结

总体活动结束后,教师分发总结表,学生填写游览极地冰雪人文区总结表,将此次活动真实感受用笔填入表中。

表 5-3　活动总结表

时　间		地　点	
组　员		汇报人	
认识的海洋生物			
海洋环境保护措施			
改进与反思			

(二)初中篇:触碰海洋奥秘——海洋互动区

适用年段:初中 7～9 年级　　建议时长:120 分钟

1.景点文化介绍

浩瀚无边的海洋,让我们震撼。相信大家面对着无边无际的海洋,被温暖的海风吹拂时,都会感到神清气爽。看着潮涨潮落,我们会赞叹大自然的鬼斧神工。看着鱼游虾嬉,我们会享受人与自然的和谐共生。身处闹市的我们更想去感受大海的宁静。大海是个神秘又令人向往的地方,每下潜一米,都蕴含着不为人知的美丽和危险。海洋互动区能带观众领略海底的绚烂奇景。海洋互动区内景观虽然以人工合成为主,但是运用许多高新技术进行设计,采用高新技术与互动装置相结合,为我们打造了一场神秘的海洋之旅。海洋互动区充分利用独特的技术和资源打造出直接观赏海底动物的隧道,这条隧道也是目前国内运用高新技术研制的隧道之一。海洋互动区区别于其他的记录资料,也不同于水族馆式的观赏体验。海洋互动区通过现代数字技术,真实地还原深海的生态环境,目的是打造人类与海洋生物的生态平衡。在海洋互动区,你也可以近距离地接触海洋动物,和海洋动物进行亲密的互动,充分展现了人类与大自然的和谐共处,亲手触摸海洋中的动物,让人们更加热爱自然。

2.活动目标

海洋世界作为综合性海洋主题公园,融合了各种优秀文化。通过游览极地海洋世界,提高对海洋生物的认知,使孩子们能够增进对于海洋生物的了解程度,提升学习兴趣,也从另一层面教育孩子保护生态环境。

(1) 指导建议

①选择适宜的旅行时间,不应选择极端天气与不适宜海洋生物出现的季节。

②本次研学活动以小组为单位,并进行严格管控,因为场内空间较大,易走散、产生危险。

③旅行需时刻注意安全,在离队时需和教师联系,提前说明情况。

3.活动准备

(1)出发前,教师向学生讲述活动规则

①本次活动前期以集体活动为主,后期以小组为单位,在小组长的带领下开展活动。本次活动任务是游览互动区域,和海洋生物面对面交流,须注意安全。

②活动前进行分组,选出小组长,选择好负责人,清点人数。

③活动过程中,学生要有秩序、有礼貌,不得大声喧哗。小组长安排任务,活动中要做到有序、保持整洁。

④活动后及时反思与总结,写好总结表并上交组长。

(2)分组

出发前,学生按照自愿的原则进行分组,每 3 人为一组,自行组队。

4.活动实施

导入:出发前往景区的路途中,教师可以出示部分海洋生物图片,引导学生观察其特点。教师于活动结束后考查学生的综合掌握情况。

(1)以小组为单位,在与饲养员协商好之后,轮番进行与海洋生物的近距离接触，并要求孩子们初步掌握相关生物的样貌与名字、栖息地等基本信息。

(2)要求孩子们观察海洋生物的特点以及分析它们与普通生物之间的区别。

(3)在开展小游戏环节，观察海洋生物之后，教师可以安排接龙游戏，以所有海洋生物为例进行词语接龙，以此考查孩子们的知识量。

(4)游戏结束后，向工作人员表示感谢。

5.评价总结

活动结束后，教师肯定各小组的表现，并带领学生一起进行总结与反思，填写海洋互动活动总结表。

表 5-4　活动总结表

时　间		地　点	
小组名称		汇报人	
小组在观察记录活动中的表现			
小组在建筑接龙游戏中的表现			
小组成员在活动中的合作程度			
小组表现突出的地方：			
小组内部的反思与总结：			

(三)高中篇：观赏极地之美——冰雪人文景区

适用年段：高中年段　　建议时长：180 分钟

1.景点文化介绍

地球的南北两极，影响着全球的气候变化形势，这里也蕴藏着无数的科学之谜和未解之谜。极地蕴含着丰富的资源，这里有神秘的因纽特人和丰富的海洋生物，他们是全人类共同的瑰宝。随着越来越多的人来到北极，这里留下了众多冒险者、科研家乃至旅游者的足迹。极地世界被人们逐渐认识，但是人们很难真正到达北极。不过冰雪人文景区可以带我们身临其境地体验极地之美。这里有神秘的因纽特人、用木头制成的雪橇、各种各样的北极雪屋，这些极地风景展现了极地独特的自然风景和文化气悉。在这里，你既可以欣赏极地的美景，又可以体验极地的生活、学习大自然的奥秘。极地冰雪人文区采用现代科学技术，使自然与科学进行完美地融合，带给人们全新的体验。极地冰雪人文区是开放式的，我们可以深入极地的最深处，挖掘对我们有利的知识，探寻极地中的人文情怀。

2.活动目标

尽管没有多少人到达过地球的极端北极，但极地冰雪人文区大幅度还原了北极的环境以及它的优美之处。通过此次活动，可以让学生在这里寻找最特殊的海洋生物物种，了解这些生物在北极当地的生活环境，熟悉当地的生物物种、自然风貌等内容。

(1)准备材料

笔、笔记本、相机、活动记录表、总结表。

(2)指导建议

①自由分组后，由老师带领组员依次观览。

②学生须遵守场地规定，保持地面卫生，不可乱丢垃圾。

③注意纪律，不得大声喧哗、吵闹，影响其他人观光。

3.活动实施

教师可以科普关于北极当地人们如何生存以及有哪些特色物种等方面的知识，引入主题活动，分发活动记录表，布置任务。学生寻找场地中的雪屋与雪橇，并体验这种特殊的建筑结构，将感受填入表中。

表 5-5　活动记录表

时　间		地　点	
姓　名		所在小组	
我找到的雪屋			
我学到的雪橇			
进入雪屋的感受			

4.评价总结

总体活动结束后，教师分发总结表，学生填写游览冰雪人文区总结表，将此次活动的真实感受用笔填入表中。

表 5-6　活动总结表

时　间		地　点	
组　员		汇报人	
小组在雪屋活动中的表现			
小组在寻找雪橇中的表现			
改进与反思			

第二节　青岛栈桥海滨文化

一、研学背景

谈到青岛海滨风景区的著名景点，人们首先想起的就是青岛的栈桥。青岛栈桥的发展受到国家政策的大力扶持，是由国务院批准认定的国家级著名风景区，也是首批国家 AAAA 级旅游景区。青岛栈桥有着得天独厚的地理优势发展旅游业，青岛中山路南端堪称人山人海，栈桥就位于这里。桥身横跨海岸河青岛湾，延长的桥身可以让游人在此观赏桥下的风景和海岸上停靠的船舶。

青岛栈桥年代已久，到目前为止已近 130 年。最初建造栈桥的目的是服务于军事活动，如今青岛栈桥已经成为青岛的标志性建筑物，来到青岛一定要参观栈桥。

青岛栈桥的建造材料主要为钢筋混凝土，所以十分坚固。再加上建造工人运用独特的技术，所以至今栈桥仍长立不塌。桥面两侧装有铁护栏，为游客的安全保驾护航。栈桥的南端设有防波堤，防止海浪的侵袭。曾经的防护设施如今已经成为游客参观海浪的著名旅游景点。栈桥的北面沿岸，建有栈桥公园，公园内繁花锦簇、绿草如茵，游客可以在这里休息和娱乐。

2019 年，栈桥成为国家重点保护遗产并被记录在中国工业遗产保护名录之中。青岛栈桥有将近 130 年的历史。19 世纪末期，直隶总督李鸿章向朝廷提议在青岛口一带建设海防，以抵御海浪的侵袭。接着，朝廷同意，内阁宣布正式设立海防。请政府下旨的同时还要求登州镇总兵衙门由登州迁移到青岛口。最后在青岛口建总兵衙门，标志着青岛正式建立防设。

清光绪二十年(1894 年)，直隶总督李鸿章向朝廷递交了一份奏折，奏折的主要内容是形成整套的防护体系，将青岛烟台等各个沿海城市连接起来。从李鸿章的奏折来看，青岛的军事防御设施不是孤立进行的，相反它是晚清建立的整个海防体统的一部分，地位十分重要。实际上，在胶澳建造的每座防御建筑都有其特殊的意义和目的，比如，大铁码头的建造是为了装卸水雷，海军专用码头的建造是为了运输器械和煤。栈桥是青岛最早的军事专用人工码头建筑，是中国人自行研发设计的。每一个码头都不可能只有一个称呼，栈桥也不例外。我们可以称它为“海军栈桥”，也可以称之为“南海栈桥”，甚至可以叫它“李鸿章栈桥”。

随着其他码头的建成，栈桥的军用功能逐渐被消失。小港码头建成后，大部分物资都由港码头运输，而栈桥更作为一个旅游景点，开始向游人开放。2013 年，青岛遭受了强烈暴风雨袭击，巨大的降水量使栈桥不堪重负，最后在栈桥的东部发生了倒塌。幸运的是人民政府立即采取紧急措施，把栈桥的受损面积降到最低。经过 11 个月的加固维修，栈桥重新完整地站在人们面前。

栈桥在中国修建的桥中是比较长的，再加上它悠久的历史，非常出名。栈桥南端建设了一座八角亭阁，因为阁顶采用的是黄色琉璃瓦砖，阁内为两层圆环形亭堂，上下两层结构，中间有 34 级阶梯，采用螺旋式结构，所以人们把它命名为“回澜阁”。游客站在回澜阁眺望远方，可以看到海面上波澜壮阔的浪花，定会心旷神怡、流连忘返。回澜阁是青岛著名的景观之一。

栈桥的南端建设了防浪堤，以保护栈桥不受海浪的侵袭。现在的栈桥既可以防风浪，保护青岛海岸的建筑，又可以成为一道亮丽的风景线，供游人观赏海岸风光。栈桥的北端沿海地区修建了一座栈桥公园，公园内花团锦簇，绿树如茵。目前，栈桥已经成为青岛的标志性建筑物和著名旅游景点。

图 5-1　栈桥一景

二、研学目标

表 5-7 “青岛栈桥海滨文化”研学目标

年段	认知目标	能力目标	情感目标
小学年段	美丽的海边是大多内陆城市所向往的，通过观海感受不同于内陆城市的特殊风景线。	能够识别并寻找在身边的海鲜，并识别它们。	体验栈桥风光游览栈桥风景，同时加深对栈桥历史文化的了解。
初中年段	了解与小青岛历史相关的历史人文信息。	通过表演小青岛历史的相关故事，增强表演能力和合作能力。	提升道德品质与思想修为，增加历史人文情怀。
高中年段	通过参观栈桥，能够让学生们了解栈桥的发展历史，欣赏栈桥海岸风光。	组织学生展开合理想象，想象曾于此地发生过怎样的故事并进行口头表达分享，以增强语言表达能力和协作能力。	懂得保护栈桥的意义，传承环保理念。

三、参考活动设计

(一)小学篇：柔软沙滩欢乐多——赶海

适用年段：小学 3～6 年级　　建议时长：90 分钟

1.景点文化介绍

栈桥的西边有个沙滩，它是六海水浴场中面积最小的一个，因为靠近中山路，所以这里游客众多且风景优美，沙滩广阔的面积甚至可以容纳上千游客。疏松的沙质十分舒适，游客可以在这里尽情地游玩嬉戏。第六海水浴场离小青岛不是特别远，交通发达便利。在这里，你可以体验赶海的乐趣，晚上也可以听到优美的琴声和欣赏绚丽多彩的灯光表演。

2.活动目标

美丽的海边是大多内陆城市所向往的，因而也有不同于内陆城市的特殊风景线；寻找身边的海鲜，并识别它们。

(1)准备材料

笔、笔记本、相机、活动记录表等。

(2)指导建议

①教师提前将人员组织好,进行人员分组。

②学生要遵守工作人员安排,保护公共环境卫生。

③此次活动因景区人数可能较多,在注意安全的同时要注意人员管控,组长每次活动前后须清点人数,报给教师。

3.活动实施

导入:教师可以闲聊同学们的家事,由此引入美食话题,接着引入海鲜,切入本次活动主题。

(1)活动任务一:我为栈桥画新衣

在远处观赏栈桥,老师指导学生仔细观察栈桥,并发挥想象力利用海洋生物元素与栈桥融合进行绘画创作,相互分享、展示、介绍自己的画作。

(2)活动任务二:我是桥上生物学家

体验栈桥风光,游览栈桥风景,同时由老师对栈桥历史文化及其附近海洋生物进行科普介绍。结合第一个活动阶段中学生创作的绘画作品,让学生指出自己绘画作品中的海洋生物元素与科普物种中有哪些相似处,又有哪些不同。

(3)活动任务三:我是桥边捕鱼人

在保证不伤害海洋生物与不破坏环境的前提下,由老师引导分组,在栈桥附近礁石以及浅海处寻找、拍摄或捕捉并近距离观察与记录小型海洋生物的外观及习性,填写活动记录表。最后释放海洋生物,由老师讲述保护海洋生物的意义。

表 5-8 活动记录表

时　间		地　点	
姓　名		所在小组	
我找到的			

4.评价总结

在美丽海洋的衬托下,赶海圆满结束。学生需要上交总结表,为本次活动画上圆满的句号。

(二)初中篇:天蓝海碧歌悠扬——海岸风光

适用年段:初中 7～9 年级　　建议时长:120 分钟

1.景点文化介绍

回澜阁对面有座小岛,因在青岛境内,所以人们把它叫作“小青岛”。小青岛较好的地理位置造就了其得天独厚的自然美景。小青岛一开始被人们叫作“青岛”。这个小岛上常年绿树如茵,岛的对面是黄岛,“彼黄此青”,青岛因此得名。1929年正式建置,青岛当时也是选择用“小岛”这个名字。《灵山卫志》中就有对小青岛的记载,小青岛在淮子口对岸,是海上必经之路。有人说小青岛形状和古琴一样,风吹过带动波浪声像琴声一样,所以小青岛又被称为“琴岛”。青岛市属于沿海气候,每到夏天,海岸上就会有温暖的海风吹过。岛上树木葱郁,有“琴岗翠滴”的美称。岛上还有琴女雕塑,用石头雕刻而成,已成为青岛著名的标志性建筑之一。

在德国占领青岛之际,对小青岛进行了重新命名,小青岛被改为阿克那岛。1914年日本占领青岛后,又将小青岛从阿克那岛改为加藤岛。中国收回对青岛的主权之后,胶澳督办公署将它最终命名为小青岛。20世纪30年代,在小青岛建立了一座小青岛公园。小青岛公园内设施齐全,主要为了给游客提供休憩的场所。在公园内修建了公路和游艇码头,游客可以乘坐游艇欣赏海岸风光。日本第二次占领青岛后,小青岛也成为军事用地,服务于日本的军事需要。后随着小青岛堤坝的不断延展,最终小青岛和内陆相连,成为陆连岛。

小青岛在最高处建立了一座白色灯塔,它是德国人负责建造的,现在是青岛市的重点文化遗产。灯塔全身为白色,形状大致是八角形,塔内装有反射镜,该设计借助阳光进行发光。灯塔在1997年为西班牙制造的航标灯所取代,至此灯塔已完成了它的任务,成为一座富有历史文化气息的收藏品。灯塔海上射程大约为15海里,海上的船只航行主要靠它指引方向。灯塔和栈桥一样,都是青岛市的重要标志性建筑。

在1988年的夏天,经过相关部门的讨论,小青岛保留其观赏价值,最终成为前海的一处旅游景点区域。如今的小青岛,不仅鲜花遍地,而且还种植了许多珍贵的药材。

2.活动目标

在回澜阁的对面有一座小岛,它就藏在这美丽的海岸线后,请查阅资料,了解这座小岛上有何种植物。游览结束后,将小岛上的景点画下来并把自己的感悟记录下来。

3.活动实施

导入:老师讲解在那座小岛上发生的故事,学生们认真听讲,并做好记录。此事可作为悬念,给学生留下无限想象与憧憬。

(1)活动任务一:击鼓传花讲历史

去往景区前为学生讲解与小青岛历史相关的历史人文信息,然后利用沙包或其他道具进行击鼓传花游戏,由老师作为主持人播放音乐,音乐停止时道具在哪位学生手中则由哪位学生复述有关小青岛的历史知识,若该学生没有分享新的知识点或与之前的同学重复,则要接受惩罚进行即兴表演。

(2)活动任务二:情景剧表演

在游览结束后,选择一空旷且游人较少的场地进行抽签分组,每组 6 人进行即兴情景剧表演,表演内容要体现小青岛相关历史或介绍自己在游览过程中所观察到的小青岛的生态环境等,表演前提供 10 分钟供小组内部讨论,最终评选出最佳小演员(个人)与最佳知识奖(小组)、最佳剧情奖(小组)。

4.评价总结

在此次活动过后,学生们须上交一篇由此景而发的作文,既要感叹岛上所发生的故事,也要表现自己对岛内景色的向往。

(三)高中篇:观潮起潮落——海上栈桥

适用年级:高中学段　　建议时长:180 分钟

1.景点文化介绍

青岛栈桥坐落在人山人海的中山路,桥身从海岸深入到青岛湾。游客可以在栈桥上参观海浪和船舶。清光绪十八年(1892 年),青岛栈桥开始建设,它是青岛最早的军用码头,也是青岛著名的标志性建筑物。青岛栈桥全长 440 米,为钢筋混凝土结构。栈桥有大量的防波堤,在堤上建有富有民族特色的两层八角楼,它就是回澜阁。我们站在阁上向外观望,可以欣赏层层巨浪涌来。“飞阁回澜”被列为“青岛十景”之一。

回澜阁坐落在市南区的滨海沿岸,在这里可以直接看到小青岛,回澜阁的北面与内地相连。回澜阁有悠久的文化底蕴。回澜阁相当于一个凉亭,整个凉亭都用彩色砖瓦建成,由 24 根柱子加固。回澜阁内建有螺旋式楼梯和无数扇窗户,“一窗一景,一景一画”就是由此而来。游客也可以凭窗观望远方,全方位地欣赏整个青岛湾。

1930 年,时任青岛市市长沈鸿烈决定对栈桥进行全面改造,为青岛市增添旅游景区。匾额上“回澜阁”这 3 个字最初就是由沈鸿烈题写的。令人可惜的是,“回澜阁”的匾额在日本第二次侵占青岛的时候被日本人带往了日本。中华人民共和国成立后,许多爱国人士为了寻找这块牌匾而东渡日本,可爱国人士到最后都没有找到。现在的“回澜阁”牌匾是著名书法家舒同写的。

1936年,在政府评选"青岛十景"时,回澜阁深受多数青岛市民和专家的认可,最终以栈桥为主景的"飞阁回澜"成为"青岛十景"中的第一景。同时,青岛市人民政府将栈桥列入重点保护文物名单之中,加强对风景区文物的保护。

2.活动目标

在登上栈桥后,我们要到回澜阁一睹为快,将海上阁楼的风景尽收眼中。通过参观栈桥,学生们能了解栈桥的发展历史,欣赏栈桥的海岸风光,懂得保护栈桥的意义。

(1)准备材料

笔、笔记本、相机、活动记录表等。

(2)指导建议

①教师提前与工作人员协议好,保证此次活动顺利进行。

②学生要遵守工作人员安排,保护公共环境卫生,不得破坏庙内秩序,不得大声喧哗。

③因庙内空间狭小,加上文物存在年久失修的可能性,要求学生们禁止触摸,不可私自离队、擅自攀爬,以免发生危险。

3.活动实施

(1)活动任务一:纺织旧梦

抵达景区前,老师讲述历史背景,组织学生展开合理想象,想象曾于此地发生过怎样的故事并进行口头表达分享。评选出"最佳积极奖""最佳创意奖"与"最佳表达奖",颁发小奖品。

(2)活动任务二:回廊寻踪

在楼中放置印有栈桥不同角度的图案以及细节的卡片,组织学生在限定时间内寻找卡片,寻找到卡片多的学生可以率先选择"神秘工具箱"一只。

(3)活动任务三:文创留影

利用第二阶段活动中获得的"神秘工具箱"中的纸、笔、彩泥、竹棍、美工刀等,创作属于自己的"栈桥"一只。制作过程中注意安全使用工具,并在活动结束后将垃圾杂物等收拾干净后带走,不破坏景区卫生环境。

老师可在活动临近结束时,在阁楼以及晚霞的映衬下,与同学们拍一张合照,并在活动结束后写一篇感悟总结以作纪念。

4.评价总结

同学们以本次活动作为契机,向自己的父母分享此次的经历,并上交总结。

第三节　八大关景区文化

一、研学背景

青岛“八大关”是中国著名的历史文化名街，是青岛的主要名胜风景区之一，它坐落在青岛市市南区。八大关包括10条道路，是指用中国古代长城关隘嘉峪关、正阳关等命名的道路，既有纵向连接香港西路的紫荆关路，也有横向交织的武胜关路和函谷关路。道路两边种植了成片的银杏树，秋季来临时，道路景色十分宜人。

八大关背靠大山，面朝大海，林木成荫。德国人占领八大关时，将它当作狩猎区。花石楼坐落在八大关地区内，临近第二海滨浴场，原先是德国驻青岛总督狩猎用的居住别墅。因为是德国人指挥，所以仿照了中世纪城堡的建造。

八大关辖区内，存在着将近200栋建筑，这些建筑造型独特，囊括了英国、美国、德国、法国、日本和丹麦等多个国家的建筑模式，被称为“万国建筑博物馆”。靠近第二海水浴场的汇泉小礼堂，采用花岗岩建造，造型美观，色彩亮丽；西部的“东海饭店”是典型的美式建筑；附近的小别墅庄重美观。

八大关为世人展示出一幅独特的园林图景，它拥有着自然优势兼之以独特、浓厚的历史人文气息，随之塑造出的别具一格的园林融公园与庭院于一体。八大关不仅拥有关于艺术与景观遗产的研究价值，其内在规律与独特个性亦值得我们去深入探究。而自然侵害与游人破坏等情况不容忽视，应格外重视珍稀名贵花草树木与八大关内历史街道建筑的保护。在尽力维护八大关祥和美好原貌的状态下对其进行维护与完善，一方面应当体现八大关特殊的自然情怀，另一方面要将其作为园林景观的人文性与艺术性资源展示出来，在坚持八大关原有精神面貌不被改变的前提下予以艺术化保护与润色，坚决杜绝商业化侵蚀，保持八大关原有情怀与优雅情调，使八大关以拥有人间烟火气息的仙境身姿焕发新的光彩。

建筑物的修建要符合环境的要求，文化底蕴与自然历史要融洽统一，东方与西方要相互交流、取长补短，古典与现代要相互联系，八大关文化景观充分体现了这些特点。八大关文化景观中每一所屋宇都是历史的见证者，是对已经流逝的岁月的怀念。

八大关的保护也需要十分重视，因为它是整个城市的灵魂纽带。我们维护八大关的原真性,也就是维护我们自己的原真性。尊重历史,以史为鉴,才能共创美好的未来。八大关不是一个冰冷的、不含感情的建筑,它也有温度,只不过它的温度是我们赋予的。八大关的传承之路十分艰辛,但是我们不能忘记青岛被强占的屈辱历史。我们要让八大关在传承中保护,在保护中发展,让其内在的精神魅力千古流传、薪水不断。

(1)元帅楼。山海关路十七号是一座日本风格的建筑,它是由当时住在青岛的日本工程师建造的。窗外树影婆娑、竹香阵阵,映衬得楼内四个房间格外清幽雅致。另外,这四个房间其中一间墙壁镶嵌有一块樱花木。据日本人考证,这块樱花木约有千年历史,为这座楼平添一抹历史的深沉气息,而其本身也有格外特殊与珍贵的价值。这座楼还有个特别的称呼"元帅楼",因为在这座楼里曾居住过十个大元帅,他们都是中华人民共和国的英雄。

(2)八大关小礼堂。一听"八大关小礼堂"这个名字,大家可能会把它当作某一单独礼堂建筑,但实际上,颇具民族特色的厅堂结构才是它被称为礼堂的缘由。据档案记载,八大关小礼堂由中建部第一设计院设计,原计划分三个阶段建造为大型综合性国际交流中心,但因恰逢历史特殊时期,政治与经济皆遭阻碍,最后它仅建成了两层,分为地上结构和地下结构。尽管如此,八大关小礼堂仍有着丰富的民族特色和文化底蕴。

(3)贵宾楼。在山海关路 9 号北门,一栋贵宾楼赫然入目,它矗立于蓝天白云之下,完全依照五星级宾馆的标准进行精致装修。贵宾楼院内前边的别墅就是山海关路 9 号,山海关路 9 号和贵宾楼之间就隔着一条路。贵宾楼一开始是美国驻青岛领事馆的一部分;20 世纪,日本侵华占领青岛时将其据为己有;日本投降后,美国海军第七舰队司令柯克上将又占据贵宾楼当作私人住宅;柯克上将归国离去后,美国西太平洋舰队司令白吉尔上将入住贵宾楼,直至青岛解放前夕,白吉尔才正式撤出青岛。

(4)钓鱼台。山海关路 9 号的钓鱼台,采用的是美式风格。钓鱼台原本是美国七舰队司令柯克上将的住宅地。它有特殊的历史背景和符合外国人审美的建筑风格,所以大部分外国的国家元首和政府首脑都选择在这里会晤。

(5)韩复榘别墅。1935 年,在山海关路建造了很多别墅,其中的 13 号别墅具有中西文化融合的特点,韩复榘在此住过。

(6)宋家花园。原称卜雷鸣别墅,建于 1937 年,它坐落于居庸关路 14 号,因电视连续剧《宋庆龄和她的姐妹们》将这里取景为宋庆龄在美国生活的环境而被改称为"宋家花园"。其建筑风格明快大方,是典型的美式民居,四季与香花绿树相伴，风景怡人柔和美好。

(7)姚协辅别墅。位于居庸关路11号，建于1940年。它构造精致造型别致，自身极具西方艺术美，又因青岛革命史上多位传奇人物与其有不解之缘而拥有着绚烂的红色革命文化美。

二、研学目标

表5-9 “八大关景区文化”研学目标

年段	认知目标	能力目标	情感目标
小学年段	了解公主楼的建筑特色及公主楼相关的传闻故事。	能够说出几个简单的童话故事，提高语言表达能力。	培养对童话故事的兴趣，提高人文素养。
初中年段	通过观赏海岸线的景物，了解潮汐产生、洋流等详细知识。	进一步能表述涨潮与退潮的产生现象。	增加海洋文化情怀。
高中年段	通过参观八大关景区，了解每一座建筑独有的含义。	能够说出建筑风格等，加强学生印象。	欣赏八大关的历史文化风貌。

三、参考活动设计

(一)小学篇：童话故事城堡——北欧田园别墅公主楼

适用年级：小学3～6年级　　建议时长：90分钟

1.景点文化介绍

位于居庸关路10号的萨德别墅，即公主楼，建于20世纪30年代，是一座典型的丹麦建筑房屋，具有北欧田园风格，颇具童话般的浪漫情调。公主楼的建筑风格独特，整体别出新意，让人眼前一亮。墨绿外墙、花岗砌基，陡尖屋脊、红瓦绿柏，一呼一吸间可感受到海洋的清新气息与花木的芬芳。房间精巧别致，壁橱、木梯、墙裙等皆可看出用心设计的痕迹，室外是修剪整齐的花园草地，静谧的场景或许可以让游人联想到在花草树木间嬉戏游玩的美丽公主。而展厅内矗立有安徒生博物馆无偿赠送且特意复制的安徒生铜像一座，除此之外更有历史人文书籍、童话故事书、丹麦城市礼品以及颇具丹麦特色的剪纸陈列其中。踏入公主楼，“童话之乡”的气息扑面而来，使游人恍惚来到了安徒生的故乡奥登塞。

谈到公主楼的由来，便不得不提到一段美丽动人的故事。在1929年的一天，丹麦的一位王子乘“菲欧尼亚”号豪华游轮来青岛游览。据说，当时场景极其奢华，场面极其宏大。八大关的美景吸引住了这位丹麦王子，令他流连忘返，徜徉于这片人间仙境而迟迟不愿离去。于是，丹麦王子便想留下来，购置土地，以优美的海滨风光为基础建造公主楼。公主楼完全是按照安徒生童话中的城堡设计的，并计划将其作为礼物送给丹麦的一位美丽的公主。似是出脱自童话世界，沾染了公主与王子的爱情故事的公主楼，自此更是蒙上了一层童话般浪漫的色彩。

但人们至今未曾找到史料依据来支撑这一美好故事，历史上并没有谈到丹麦公主是否来过青岛，不过“公主楼”的名字就此被人们当成佳话广为传播，丹麦王子和公主的传闻依旧为人们津津乐道。至于公主楼的真实所有者究竟为何人，就目前可考据的史料而言，依旧是无从得知，我们能够知道的仅仅是一些推断。最初记载，从拍卖中取得公主楼建设用地的是浙江商人，而后有人推测公主楼的业主为当时的丹麦驻青领事，但根据最新资料显示，这片土地最终被转让给一个国籍不明的外国人萨德，并最终由20世纪30～40年代青岛最著名的单体建筑设计师W.G.尤力甫设计建造了公主楼，设计图至今仍完好地保存在青岛市档案馆中。尤力甫不仅设计了公主楼主体，而且还设计了辅助二层并建筑于建筑主体一旁。时至今日，该建筑仅余一层，至于何时被拆除已无从考据。公主楼原规划于居庸关路12号，是在那个国家贫弱、任人侵略宰割的时代向外国人证明的一个媒介，证明我国拥有着绝不弱于外国人的市政管理和自治能力，是爱国精神的一个体现。

公主楼究竟是为哪位公主建造的？这一疑惑至今未曾解决，又为公主楼添上了一层更加神秘的面纱。“丹麦王子”的童话故事已被事实否定，但公主楼的的确确是为一位公主建造的。有人说是丹麦王子阿克瑟的妻子，来自瑞典的公主玛格丽特，而阿克瑟王子的妹妹同样名为玛格丽特。如此巧合之下，公主楼的女主人竟成了一道为人们津津乐道的谜题。

走入公主楼内，就见地上每隔几米就镶嵌着一块牌子，从1930年3月29日丹麦弗莱德里克王子一行来青岛参观游览起，至2010年丹麦首相访华止，向游人叙述着一段历史。进入主楼，首先映入眼帘的是墙上悬挂着的玛格丽特公主及公主家人的照片，玛格丽特公主娴静而美丽。一楼是候客室。候客室中放着一张长桌和几张木制椅子，桌上摆着丹麦与中国的国旗。抬头向上，我们可以看到，从不同的窗户透过彩色的玻璃折射出了荧光，天花板上挂着一盏精制的水晶灯；而沿红木楼梯拾级而下则可以看见一楼转角墙壁上的手绘蓝色瓷砖，别具特色，玲珑可爱。

拾级而上，便是公主的卧室，这是按照20世纪30年代的欧洲流行风格配备的。卧室正中摆放着一张木床，床单是淡蓝色的欧式风格，床头的墙上悬挂着公主与王子的合影。卧房的另一边是一个梳洗的房间，与丹麦的王室风格十分相似，完全仿照史料中记载的玛格丽特公主的生活场景布置，采用一比一的比例进行还原。梳洗间摆放着华丽的梳妆台、一张几柜和三张沙发，几柜上放着一台老式电话机。二层还设置了一个制鞋作坊，为的是纪念安徒生的父亲。安徒生的父亲是一名穷困潦倒的手工鞋匠。制鞋坊桌上摆放着一些做鞋的工具和几只做好的皮鞋成品。现在看来，那尖头皮鞋的款式很有复古的气息，十分适合公主的气质。

在另一个室内墙上则有漂亮图案的盘子展出，图案皆源自安徒生童话故事。还有一个棋牌室，墙上挂着公主不同风格的照片，室内摆放着棋牌桌，以供公主和友人们打桥牌。走出公主楼，在花园里我们可以看到，位于大门东侧有一座“童话故事城堡”。走过童话故事城堡，在白色铁艺护栏中有一座安徒生雕像，相信大多数人的童年都是伴随着安徒生的童话作品成长、成熟的。这里的景观雕塑区，有海的女儿、丑小鸭、皇帝的新装……这些耳熟能详、栩栩如生的雕塑把游人带到了童话世界里。

在公主楼外墙的一个角落里，有一座铸铜雕塑，那就是著名的大提琴铜椅，大提琴的音色十分纯正浓厚，表达着浓郁的感情，是当之无愧的“音乐贵妇”。这座公主楼，有悠久的历史，行走其间，犹如在童话世界里畅游。

2.活动目标

了解公主楼的建筑特色及公主楼相关的传闻故事，能够说出几个简单的安徒生童话故事的内容情节，提高语言表达能力。

(1)准备材料

笔、笔记本、相机、总结记录表等。

(2)指导建议

①教师将队伍带领好后，进行小组分配，选出小组长，以便于统计人数。

②注意周围环境，保持卫生，不可乱丢垃圾。

③景区较大，不可随意乱走，离队需打报告。

④教师应与景区工作人员提前联系、说明情况以保证活动顺利进行。

3.活动实施

(1)活动任务一:公主的邀请函

进入公主楼前,老师讲述公主楼的文化背景,但不限于公主楼由来的传说;参观公主楼时,引导学生进行讨论:公主楼的女主人究竟是谁?

(2)活动任务二:公主的任务

参观完公主楼后,由小组长带领组员分小组寻找另外两楼。出发前,提醒学生注意观察另外两楼的外观以及文化知识等。小组长要领导组员在规定时间内返回公主楼,及时清点人数。

(3)活动任务三:公主的考验

①礼服的衣料。各小组派出代表展示每队找到的有关其他两楼的信息,每项正确且不重复的信息算一个积分点。

②头发的颜色。考察每队关于三个楼的文化背景及展厅内部分信息展品的信息,如公主楼内桌椅的颜色、安徒生是否来过公主楼等,每答对一题算一积分点。最后统计积分点,前三名的队伍颁发礼品。

4.评价总结

通过参观公主楼,学生能了解公主楼的特点,进一步体验公主的生活;同时,可以进一步讨论关于公主楼的传说、童话故事等,说出自己的感悟。

(二)初中篇:亲近临海之滨——青岛第二海水浴场

适用年段:初中 7～9 年级　　建议时长:120 分钟

1.景点文化介绍

提起青岛第二海水浴场,我们可能对它并不熟悉,但是它还有第二个名字就是太平角海水浴场。青岛第二海水浴场邻近八大关别墅区,全程采取封闭式管理。青岛第二海水浴场在花石楼旁边,位于山东省青岛市八大关疗养区与太平湾内汇泉角东侧。初建时因为靠近山海关路海滨公园,所以当时人们也称它为“山海关路海水浴场”。第二海水浴场环境优美,景色宜人,是休闲旅游的好地方。

在战争时期,德国侵占青岛之后,德国总督喜欢骑马到这里进行狩猎,德国总督还经常在海里游泳,所以这里逐渐成为海水浴场。中国收回对青岛的主权之后,把这里定名为第二海水浴场。因为地处太平湾,太平角海水浴场这个名字也逐渐被人们熟知。浴场东面有个供人休憩的小凉棚,很有古典风味,同时也是拍照的好地方。

我们参观八大关时,要是沿着宁武关路一直向南走,就会来到现在的第二海水浴场。浴场和八大关相互联系、相互映衬，形成青岛独特的风景线。

太平湾岸边有很多褐色的岩石且形状各异，岸上种植着数不尽的黑松，气候宜人。即使是随意散步，也是十分舒适的。这里有静谧的环境，有鸟语花香。这里的海水比较干净，显得晶莹剔透，加上这里的海风温和海浪较缓，所以这里既是旅游胜地，也是游泳胜地。

浴场的西部海滩还有很多的鹅卵石。鹅卵石十分顺滑，经常会有人前来采拾。由于这一带的礁石很多，形状深受游客的喜欢，所以总会有很多人来捡拾贝壳，甚至能收获寄居蟹等海洋生物。这里的沙质疏松、柔软，适合孩子们在这里嬉戏，即使赤脚行走也不会受伤。还有一条石头垒成的堤桥。堤桥面积很大，可以延伸到海里。走在堤桥上，我们可以更加亲近自然，感受大海的广阔。

2.活动目标

在肆意拍打浪潮的岸边，有最美丽的海岸线，它的背后是无尽的夕阳与向往，由此了解潮汐产生、洋流等详细知识，了解涨潮与退潮的产生。

(1)准备材料

笔、笔记本、相机、活动记录表等。

(2)指导建议

①海岸边不稳定因素较多，比如涨潮等，因而每次活动前活动后要确定人数，以防走失。

②注意海边环境，在海洋环境逐渐恶化的今天，要时刻保持沙滩卫生，禁止随意乱丢垃圾。

3.活动实施

导入：走进海水浴场，迎面而来的是淡淡的海风和潮湿的气味。第二海水浴场在花石楼的旁边，处于汇泉湾东侧的太平湾内。岸边红褐色岩石环绕，峭壁如刀削斧劈，展示着大自然的鬼斧神工。岸上黑松成林。太平湾畔曲径纵横，有的伸向海滩，有的在密密麻麻的黑松林中穿行。

(1)活动任务一：逐海浪

发动同学自行组队或单人进行创作，制作沙雕或沙滩绘画作为活动前的放松。

(2)活动任务二：寻海贝

划定活动范围并安排工作人员藏身在活动区域中。工作人员随身携带知识卡片(知识卡片上的知识并不一定正确)，由小组长带领小组成员寻找工作人员，每队可从每位工作人员处领取一张知识卡片，在规定时间内返回出发点并计算知识卡片数量,每张知识卡片可为该团队增加一点积分。超时回归出发点者,在回归队伍后表演节目作为惩罚。

(3)活动任务三:听海潮

老师讲述卡片上的相关知识,学生辨别卡片上的知识正确与否,并将卡片分为正确与错误两组,由老师判定,分组正确的卡片可增加两点积分,分组错误的卡片则扣除一点积分。

4.评价总结

本次活动使同学们了解了第二海水浴场的产生与发展等,多方面地增加了同学们的知识量,亦陶冶了同学们的情操。

(三)高中篇:游山海关览别样景——花石楼

适用年段:高中年段　　建议时长:180 分钟

1.景点文化介绍

花石楼位于黄海路 18 号,是 1930 年由俄罗斯名人拉希莫夫修建的。得名花石楼是因为它是由花岗岩和鹅卵石建成的。花石楼是欧洲的一种古老城堡风格,具有古罗马哥特式建筑的遗风,内部有巴洛克和洛克哈特的痕迹。它也是八大关最著名、最具代表性的别墅之一。如果按照现代欧洲建筑的传统模式来设置,似乎不太合适。青岛花石楼建筑面积 800 平方米,庭院面积 4.5 亩。建筑主体楼共 5 层,顶层为观海台。俄国十月社会主义革命之后,青岛一夜间增添了许多前来定居的俄国人,在这批俄国人中,富有者不在少数,一位名叫格拉莫夫的俄国人就是其中之一。他于 1932 年在临海的岬角上修建了这座具有古罗马哥特式建筑风格的海滨别墅。

一座花岗岩石尊矗立在海滨别墅楼门的台阶下,既能够燃火用于晚间照明,也能够用来栽花。因为正面由圆形和多角形组合而成,使得这座海滨别墅的建筑造型别具一格。加上顶层的观海台,别墅的主体共有 5 层,侧面则是尖锐的铁顶。人们之所以称这座海滨别墅为"花石楼",是因为楼内的墙面以大理石铺垫,而楼外的墙面却又用鹅卵石装砌。石径连接着被分为上层 6 级、下层 9 级的两层石阶和铁栏大门,花园内花草遍布,在青岛也算是十分别致的著名建筑。蒋介石曾于中华人民共和国成立前在此居住,电影明星白光在青岛时也居住于此。

中华人民共和国成立后,这座被人们称为"花石楼"的海滨别墅则成为接待中外贵宾的馆舍。董必武、陈毅等党和国家领导人都曾居于这座门牌号为黄海路 18 号的滨海别墅。其中,陈毅元帅与花石楼有着极深的缘分。花石楼是元帅初到青岛的住所。他说，五四运动让他知道青岛这座城市，解放战争时期在山东参与过许多的战争，却都未到达过这座城市，此刻，终于来到了青岛。由于这段特别的缘分，他借来《胶澳志》，认真详细地阅读了历史中的青岛，并留下了长诗《初游青岛》。另外，花石楼在影视艺术方面的“造诣”也颇深，如《神圣的使命》《总统行动》等多部电影的内景和外景都在此拍摄。

有两座截然不同的标志牌矗立在花石楼的前方。其中一座是1984年7月27日由青岛市文物事业管理局设置的花岗岩石碑，将花石楼列为市级重点文物保护单位，碑上的大字注明着花石楼是在1903年由德国人所建；据另外一块标志牌所记载，“花石楼”是一名白俄贵族在1930～1931年建造的。出现了两种说法，各执一词，究竟孰是孰非，有待进一步考证。

2.活动目标

进入美丽的八大关景区，每一座建筑都有它本来的含义。教师布置任务，了解花石楼名字的由来、建筑风格等，加强学生印象，欣赏其文化风貌。

(1)准备材料

笔、笔记本、相机、活动记录表等。

3.活动实施

如果说城市街道与建筑的样板是八大关，那么花石楼就是八大关的画龙点睛之笔。花石楼一诞生，便是传奇。名人的踪迹和明星的星光，无形之中也为花石楼增添了许多神秘的光环。

在花石楼里走着，脚踩木质的地板，徜徉于互通的房间。墙上挂着的历史老照片扑入眼帘，每时每刻都透着历史厚重悠长的气息。站在顶层的观海台上凭栏看海，海滨风光尽收眼底。那些斑驳的记忆里，花石楼的样子始终不变，可有些事和人却只活在自己的回忆里。历经百年沧桑的花石楼有许多传说，或说最初是远东华侨、报业大亨涞比池出资修建，或说是白俄公爵的别墅，或说戴笠也曾在此居住。这么多复杂而厚重的身世，让这座小楼更显弥足珍贵，而其中也承载着老一辈人对美好生活的无限向往和对曲折时光的永恒怀念。

4.评价总结

与其他建筑相比，花石楼结构有何不同？其优越的地理位置，下接第二海水浴场，吸引大量游客前往。同学们在此次活动过后针对以上诸如此类的问题填写活动总结。

第六章　传承家风研学之旅

第一节　董永故居孝文化

一、研学背景

“孝”字源于古代的甲骨文，距今已经有4000多年的历史了。在历史中的每朝每代，孝文化都是非常重要的。孝顺也成为统治者所推崇的优良品质之一。说起孝顺，大家或多或少地都听说过董永，他是汉朝古代孝文化的一个模范人物。董永家境贫寒，小的时候母亲去世了，一直和父亲相依为命。他的父亲去世后，他只能契身葬父。他的故事在《二十四孝》中也有所记录。不止书上有记录，董永的孝心故事在民间也广泛流传。他的孝心感动了天地，仙女和他结为夫妻。在清代康熙年间，修建了董永祠来纪念他。

中国人民一向喜欢白头偕老的美好结局，董永与七仙女的爱情传说也诠释了什么叫作“苦尽甘来”。这一方面符合了我国人民追求婚姻美满、家庭幸福的心理情感，另一方面它也符合历代统治者所需要的颇具教化作用的民间传说故事常用写法，适应了统治集团对长治久安的要求，符合我国民众对安定生活的普遍追求，因此它深得中国民众的喜爱。董永与七仙女的故事最初以“孝”为文化内涵而非爱情主题，只因在后来2000多年的漫长时光里，在人们长期口耳相传的过程中，但董永传说中逐渐渗透了大量的民众情感，融合了各地民众的真实生活，加之以口碑附和，董永传说因地点、时间和人物的变化而逐渐成为富有地方风味的民俗故事传说。

董永原型是否存在尚待考证，但与其身世有关的遗迹诸如村落、碑碣等皆可在相关地区发现踪影，至于文物、地名等亦可在沿途寻得，甚至还形成了相关风俗，可以说，民间文化影响并促成了董永传说，而董永与七仙女的故事也对相关地区的特色文化的形成产生了巨大的影响。与董永和七仙女美丽的爱情传说有关的地名遗存多达50多处，比如山东博兴有董家庄、董永墓，还有东鞋儿庄、西鞋儿庄、董家垛、凤凰泉、鹤落仑、辞郎河、摹云庄、舍子头、缫丝井及董孝贤祠等。江苏省东台市、山西省万荣县、河南省武陟县、湖北省孝感市等地不仅有与董永相关的遗迹，而且在地方志中也都有对董永传说的记载，而且都称董永是当地人。山西省万荣市小淮村有“董永故里”的匾额，民间还织造“合婚布”；河南省武陟县每年农历二月初三和十一月初十还有盛大的祭拜孝子的庙会活动，以此来纪念董永。江苏省东台市有董家舍，南宋《方舆胜览》即记载这里为“孝子董永故居”等。

董永传说的价值不仅仅在于文学艺术方面，它所具有的价值不可估量，涉及诸多领域，可谓包罗万象。在文学艺术等方面，董永传说的贡献不容忽视。此外，董永传说虽为虚构，但其蕴含的历史信息却是毋庸置疑，它可作为研究我国各个历史时期的政治、经济、文化甚至社会的背景信息，也可以作为研究我国民族文学和古代爱情精神的参考资料。当然，优秀的文化无论在什么年代都具有其现实意义，在构建社会主义和谐社会和建设社会主义文明的当今社会，董永传说仍具有一定的指导实践活动的功能和作用。

二、研学目标

表6-1 “董永故居孝文化”研学目标

年级	认知目标	能力目标	情感目标
小学年段	能够耐心地参观董永祠，细心观察董永祠房顶的“二十四孝图”，能够说出自己印象深刻的几个故事。感受建筑中厚重的孝文化。	参观董永祠的房屋建筑，可以对“二十四孝图”中印象深刻的故事进行阐述或者记录。开展故事分享会，让学生增强语言表达能力。	通过参观董永祠中“二十四孝图”，产生对孝文化的兴趣，在感受孝文化的同时，探索孝文化的文化特点，养成善于观察、乐于观察、察有所获的学习习惯；通过参观活动，养成静心、细心、耐心的学习态度，认真观察，在对故事的阐述中，加深对故事的了解。

续表

年级	认知目标	能力目标	情感目标
初中年段	通过参观董永祠，认真记录所观察到的故事，认真观看有关董永的视频，写出游览心得。	通过参观董永祠，对董永有一个初步的理解；观影时要认真观看，对影片能有一个大概的复述。	通过参观董永祠，产生对孝文化的兴趣，在感受孝文化同时，探索孝文化的文化特点；通过观影活动，养成认真、细心的学习态度，在对影片故事的阐述时，加深对故事的了解。
高中年段	在参观的同时，丰富对董永故事的理解。与同学们分享有关董永故事的影视作品，在自己理解的基础上，分角色扮演，演绎再现故事。	可以说出让你印象最深刻的关于董永的故事；小组之间通过合作的方式，演绎董永的故事。	通过参观董永祠的活动，产生对孝文化的兴趣，通过分角色和小组合作演绎的方式，提高语言表达能力和小组合作的能力。

三、参考活动设计

（一）小学篇：董巷老故事——董永祠的故事

适用年段：小学 3～6 年级　　建议时长：90 分钟

1.景点文化介绍：

我国自古便有形形色色优美动人的民间爱情故事，《董永传》便是其中之一。被誉为第五大爱情传说的《董永传》，其最早的文献记载被发现于《孝子传》（西汉刘向），随后在《搜神记》（东晋干宝）与《灵芝篇》（三国曹植）中也发现有《董永传》的相关记载。早在 2006 年，国务院在评选第一批国家级非物质文化遗产名录时，《董永传》便名列其中。而后的 2019 年公布的《国家级非物质遗产代表性项目保护单位名单》为“董永传说”选择了文化守护者，金坛区（常州市）文化馆、万荣县文化馆、东台市文化馆成为“董永传说”这一格外具有民族特色的爱情民俗文化符号的保护单位。

董永祠修建于清代康熙年间，是人们为了纪念董永而修建的。董永祠现在位于山东省滨州市博兴县陈户镇的古典建筑，它的特点是四梁八柱式，祠内四周墙壁上以及房顶上绘有“二十四孝图”等壁画，是市县两级文物保护单位。近几年滨州市和博兴县也重新维修翻新董永祠，董家村有“董”姓两千多户人家，家家户户都以“孝道”为本。

2.活动目标

能够细心观察董永祠房顶的“二十四孝图”，能够说出自己印象深刻的几个故事。感受建筑中厚重的孝文化。参观董永祠的房屋建筑，可以对“二十四孝图”中印象深刻的故事进行阐述或者记录。开展故事分享会，让学生增强语言表达能力。通过参观董永祠中“二十四孝图”，产生对孝文化的兴趣，在感受孝文化的同时，探索孝文化的文化特点，养成善于观察、乐于观察、察有所获的学习习惯；通过参观的活动，养成静心、细心、耐心的学习态度，认真观察，在对故事的阐述中，加深对故事的了解。

(1)材料准备

笔记本、笔、游览收获表、相机、太阳伞等。

(2)指导建议

①最好选择晴天出行，雨天或高温天气则尽量不要出行。班级出行，教师尤其要注意检查学生的人身安全，时刻强调注意事项。

②教师要提前联系好接送车辆与董永祠景区联系人，确保路途顺利与安全以及提前预知董永祠中因施工改造不可进入的地方，在活动过程中尽量不要带学生前往不安全区域。

③确定好早上出发集合时间和游览完时间，仔细清点班级人数，确保学生安全。

④确保安全的情况下开展参观教学，提前通知同学们穿好运动鞋，并根据实际情况准备好衣物。

3 活动准备

(1)教师可以选择卡片分组或自由分组的方式，建议5～7人为一组，以小组为活动单位，实行组长负责制。每个组里安排两名小组记录员和一名景区导游，由导游讲解，学生记录。

(2)参观董永祠，观察董永祠建筑屋顶的“二十四孝图”，以图文结合的形式做好记录。

(3)在参观的过程中，学生要服从教师和小组长的领导，在指定的范围内活动。

(4)活动结束后，教师要及时组织引导学生进行总结和反思。

4.活动实施

(1)导入：在从学校出发前往董永祠的路途中(客车上)，教师可以通过播放音乐来吸引学生注意力，也可以用谈话和探讨的方式让学生谈一谈自己做过的孝敬父母等长辈的事情，并以此拉近师生之间的距离，调动学生的参观兴趣和积极性，以此导入主题。

(2)过程：教师提出任务和活动规则。下车后，教师带领学生前往董永祠入口。在进入之前，教师再一次提醒学生要注意安全，在确保自身安全的前提下开展活动。

(3)任务：参观、游览董永祠，细心观察董永祠房顶的“二十四孝图”，认真听相关的故事，领会故事背后值得学习的地方。在参观的同时，从中发现并体验观察的乐趣，提高观察和联想能力。参观结束后，开展故事分享会，与同学们分享“二十四孝图”中印象深刻的故事；也可以用笔将最喜欢的故事画下来，与同学们一起欣赏。

(4)规则及注意事项。各组分别在教师指导、导游带领和讲解下，在董永祠景区允许的活动区域内观察建筑，倾听故事，发掘内涵。每个小组至少派出一名同学分享印象最深刻的故事，至少上交一幅画，对自己印象里深刻的故事进行描绘。

只许在教师指定范围内活动，遵守景区规定，听从工作人员的引导，不准擅自离开队伍单人行动。在雨中一定要打伞，不准淋雨，以免感冒。

表 6-2　董永祠观察记录表

时　间		姓　名	
地　点		所在小组	
二十四孝中最喜欢的故事			

(5)参观董永祠。学生以小组为单位有序地参观董永祠。在观察屋顶“二十四孝图”时，做好记录。

5.评价总结

所有小组展示结束后，教师组织学生进行总结和反思。让学生自由表达对董永祠建筑的观察感悟，并讲述印象最深的关于“二十四孝图”的故事，谈谈自己的体会。参观结束后，在指定的地点集合，开展故事分享大会，鼓励同学们积极发言,尽可能做到畅所欲言。同时,让同学们统计和分享各组参观的结果。学生在游览完董永祠之后,教师集合学生,清点人数,让学生按照分组上车坐好。回到学校后,根据学生的表达和分享,收齐董永祠观察记录表,并就学生的记录写出评语。

(二)初中篇:孝心永流传——董永观影活动

适用年段:初中7～9年级　　建议时长:120分钟

1.景点文化介绍

演说董永故事,除了宣扬这其中的孝德之外,它还有一个重要的功能,即娱乐。说董永、唱董永、写董永、观董永已经成为一种重要的娱乐活动。近年来,随着信息技术的发展,董永祠附近的观影活动也很流行。2019年11月,“董永传说”这个项目也入选国家级非物质文化遗产代表性项目保护单位名单。与董永和七仙女的故事有关的历史遗迹目前保护较好的有缫丝井、董孝贤祠、董永父子墓等。关于董永故事传说的形式也有许多,不仅有建筑、美术绘画等表现方式,而且还可以通过观看影片的形式进行传播。

2.活动目标

通过参观董永祠,认真记录所观察到的故事,认真观看董永的视频,写出游览心得。通过参观董永祠,对董永有一个初步的理解;观影时要认真观看,对影片能有一个大概的复述。通过参观董永祠,让学生对孝文化产生兴趣,在感受孝文化的同时,探索孝文化的文化特点;通过观影活动,养成认真细心的学习态度,在对影片故事的阐述时,加深对故事的了解。

(1)材料准备

笔记本、笔、相机、太阳伞、记录观察表等。

(2)指导建议

①最好选择晴天出行,雨天或高温天气则尽量不要出行。班级出行时,教师尤其要注意检查学生的人身安全,时刻强调注意事项。

②教师要提前联系好接送车辆与董永祠景区联系人,确保路途顺利与安全以及提前预知董永祠中因施工改造不可进入的地方,在活动过程中尽量不要带学生前往不安全区域。

③确定好早上出发集合时间和游览完时间,仔细清点班级人数,确保学生安全。确保安全的情况下开展参观教学,提前通知同学穿好运动鞋,并根据实际情况准备好衣物。

3.活动准备

(1)布置活动任务：出发前，教师向学生讲述本次参观活动的规则。

①参观董永祠，仔细观察董永祠的建筑。参加董永观影活动，认真观影，并及时记录；观影结束后，与同学们分享观影心得。

②在参观的过程中，学生要服从教师和小组长的领导，在指定的范围内活动。

③活动结束后，教师要引导学生进行总结和反思。

(2)活动分组：教师可以选择卡片分组或自由分组的方式，建议4～6人为一组，以小组为活动单位，实行组长负责制。每个组里安排两名小组记录员和一名景区导游，由导游讲解，学生记录。

4.活动实施

(1)导入：在从学校出发前往董永祠的路途中(客车上)，教师可以通过引导学生交流探讨来吸引学生注意力，将学生调动起来。可以用谈话和讨论的方式，让学生谈一谈自己看过哪些有关董永的影视作品和民间传说，让学生分享一下自己课前所搜集的资料。用谈话的形式来拉近师生之间的距离，并且吸引学生的参观兴趣，调动其积极性，以此导入主题。

(2)过程：教师提出任务，并提出活动规则。下车后，教师带领学生前往董永祠入口。在进入董永祠之前，教师再一次提醒学生要注意安全，在确保自身安全的前提下开展活动。参观、游览董永祠，用心倾听导游讲解关于董永的知识以及相关的故事，领会故事背后董永的为人和值得学习的精神。在参观的同时，从中发现并体验观察的乐趣，提升观察和联想能力。

(3)规则：各组分别在教师指定、导游带领和讲解下，在董永祠景区允许的活动区域内观察建筑，倾听故事，发掘内涵，并参加观影活动，将观影心得以图文相结合的形式记录下来。

(4)注意事项：只许在教师指定范围内活动，遵守景区规定，听从工作人员的引导，不准擅自离开队伍而单人行动。在雨中一定要打伞，不准淋雨以免感冒。

表6-3　董永祠观影记录表

时　间		地　点	
姓　名		小　组	
观影心得			

5.评价总结

活动结束后，教师引导学生开展总结和汇报。小组成员根据观影进行心得分享。首先，各小组内就观影心得先开展汇报，达成最终意见，由一位学生代表该组进行发言。其次，教师进行汇总，对学生的活动总结进行点评，并带领同学进行反思。

(三)高中篇：发扬孝文化——董永话剧表演

适用年段：高中年段　　建议时长：180 分钟

1.景点文化介绍

董永的故事一直受到广大人民群众的拥护和喜爱。正是因为董永和七仙女下凡的故事，便有了“唱戏不够，神仙搭救”“唱戏不圆，仙女下凡”的俗语。董永行孝的动人故事被改编成很多戏曲，时间较久远的有明代传奇剧《织锦记》，在众多戏曲中最有名气的是黄梅戏《天仙配》。随着时代的进步，其演绎版本不断更新。由洪非等人改编的黄梅戏《天仙配》(1952 年版)将角色塑造得更加立体丰满、个性鲜明，时至今日仍是最受大众所追捧喜爱的版本。除却忠厚憨实、勤劳孝顺的董永，以及淑质英才、贤惠善良且互帮互助的七仙女姐妹这些正面角色，还有刻薄刁钻的傅员外、手段狠辣且无情无义的玉皇大帝这样的反面角色，加之以明快抒情的黄梅唱腔、活泼质朴而不乏优美与表现力的舞姿，《天仙配》和董永故事都深深地留在了人们的记忆里。

“树上的鸟儿成双对，绿水青山带笑颜，从今不再受那奴役苦，夫妻双双把家还。你耕田来我织布，我挑水来你浇园，寒窑虽破能避风雨，夫妻恩爱苦也甜。你我好比鸳鸯鸟，比翼双飞在人间。”这几句耳熟能详的歌词，不管是老人还是孩子，都能哼唱两句。董永传说已经和“白蛇传”传说一样，成为民间文学中的亮点，也是一个重要的组成部分。

2.活动目标

在参观的同时，加深对董永故事的理解。与同学们分享有关董永故事的影视作品，在自己理解的基础上，分角色扮演，演绎再现故事。可以说出你印象最深刻的董永的故事；通过小组之间合作的方式，演绎董永的故事。通过参观董永祠的活动，激发对孝文化的兴趣。通过分角色和小组合作演绎的方式，提高语言表达能力和小组合作的能力。

(1)材料准备

笔记本、笔、相机、太阳伞、记录观察表等。

（2）指导建议

①最好选择晴天出行，雨天或高温天气则尽量不要出行。班级出行前，教师要注意检查学生的人身安全，时刻强调注意事项。

②教师要提前联系好接送车辆与董永祠景区联系人，确保路途顺利与安全，提前预知董永祠中因施工改造不可进入的地方，在活动过程中尽量不要带学生前往不安全区域。

③确定好早上出发集合时间和游览结束时间，仔细清点班级人数，确保学生安全。

④确保安全的情况下开展参观教学，提前通知同学穿好运动鞋，并根据实际情况准备好衣物。

3.活动准备

（1）布置活动任务：出发前教师向学生讲述本次参观活动的规则。

①参观董永祠，认真听取导游的讲解和房屋内的文字刻画，将自己所了解到的关于董永的故事以图文相结合的形式做好记录。

②在参观的过程中，学生要服从教师和小组长的领导，在指定的范围内活动。

③活动结束后，教师要引导学生进行总结和反思。

（2）活动分组：教师可以选择卡片分组或自由分组的方式，建议5～7人为一组，以小组为活动单位，实行组长负责制。每个组里安排两名小组记录员，和一名景区导游，由导游讲解，学生记录。

4.活动实施

（1）导入：在从学校出发前往董永祠的路途中（客车上），教师可以通过播放一段音频来吸引学生注意力。可以用谈话和探讨的方式，让学生谈一谈自己看过哪些有关董永的影视作品，鼓励学生谈谈自己对董永的了解。用谈话的形式来拉近师生之间的距离，并且吸引学生的参观兴趣，调动其积极性，以此导入主题。

（2）实施过程：参观、游览董永祠，用心倾听导游讲解关于董永的故事，与同学分享有关董永的影视作品，选取自己喜欢的影视作品情节，小组之间自由分组进行话剧表演，演绎董永相关的故事。

（3）规则：各组分别在教师指定、导游带领和讲解下，在董永祠景区允许的活动区城内观察建筑，倾听故事，发掘内涵。每个同学可以和小组成员分享自己最喜欢的一个故事，并将这个故事或者情节用图文相结合的形式记录下来。

(4)注意事项:只许在教师指定范围内活动,遵守景区规定,听从工作人员的引导,不准擅自离开队伍而单人行动。在雨中一定要打伞,不准淋雨以免感冒。

表 6-4 董永话剧表演记录表

时　间		姓　名	
地　点		小　组	
喜欢的故事			
演绎片段			
最喜欢的人物角色			

5.评价总结

活动结束后,教师引导学生开展活动表演汇报。根据小组的表演情况,评选最认真的演绎小组。教师汇总,再依次对学生的活动汇报进行点评和汇总,并带领同学进行反思和提升。

第二节　杜受田故居家教文化

一、研学背景

位于山东省滨州市滨城区滨北街道南街村的杜受田故居,不仅是清朝皇帝的老师杜受田的旧居,也是杜家子弟、众多名臣的旧居。杜受田故居并不像它的名字一样,它是杜受田的父辈们和众多的叔兄弟们的房产,并不是他一个人的。因此,杜受田故居所代表的文化精神并不是杜受田一个人的,而是杜氏整个家族的。杜氏家族从明代开始就是一个名门望族,一直持续兴盛到清末。杜氏家族一共出过 12 个进士,杜家人称杜受田故居为杜府。杜府的门前立有一座木牌坊,门首悬着两块横匾,分别是"太师第"和"相国第";门厅内也悬有匾,分别是"方伯第""亚元""传胪""祖孙父子兄弟伯侄翰林"等匾。杜府里的全部建筑均为四合大院,占地约 25 亩,里面包括 28 个小院,有绣楼、客厅、堂屋、祠堂、厢房、私塾等房屋 300 余间。现在仅仅存有绣楼、客厅、祠堂和部分堂屋、厢房。建筑风格简单、朴实,是典型的明清鲁北建筑特色。

杜受田的先人杜诗作为杜家大院的奠基人，按照明朝的礼制这样去建造房屋，可以给自家的大门开三门，房屋可以设五架大梁，然而他并没有。杜家大院这个宅子仅仅只有一个门、三间正房，只架设了五根横梁。他本可以将房屋建造得富丽堂皇一些，然而他却选择了一切从简。杜受田也是如此，为官一品，一生没有买过官房。滨州的杜家虽然有很多朝廷、府州主官，但杜家的居所却很普通，房子的装修也很简单。杜家一族曾名声显赫，这得益于他们严谨认真、一心为民、积极敬业，是真真正正为百姓做事、为君王分忧的好官。杜家人行事低调，为人处世淡泊，这使得他们一度鲜为人知。

杜受田故居作为典型的鲁北建筑代表之一，有许多特点，而且门与门之间、道与道之间、门与道之间都是门道相接、廊厦相连的场景。杜家的大院里没有一处是封闭的，但庭院、房屋之间在空间上又是相对独立的。然而整个杜家大院里都透露着一种自然安稳、一种天伦之乐，还有一种兄弟妯娌之间亲密无间、和睦共处、温馨和谐的气氛。杜家大院浸染着杜家的优良家风。踏出这栋建筑的杜家子弟多温文尔雅、傲骨内蕴，他们处事得当、进退自如，这些优秀子弟不仅仅是杜家的骄傲，更是两袖清风、能力出众的国家栋梁。这群拥有开放包容的胸襟和气魄的杜家子弟自始至终都是人群中一颗颗闪耀的明星。为官当清廉勤政、爱国爱民，为人当谦虚正直、不卑不亢，这是人们在与杜受田旧宅进行跨越时空的对话时得到的人生启迪。杜家大院是一位无言的教师，它教给当今的人们人生真谛：无论做什么都要和平、端正，只有做到谨慎与明白，人生方得以无愧无悔、充实饱满。

图 6-1　杜受田故居外部实景

二、研学目标

表 6-5 “杜受田故居家教文化”研学目标

年段	认知目标	能力目标	情感目标
小学年段	能够耐心地参观杜受田故居，观察房屋建筑，了解房屋建筑的特点、风格以及建造时背后的故事；在下雨天去故居感受烟雨蒙蒙、青砖绿瓦的诗意以及那种古老的、传统的家族精神。	参观杜受田故居，可以对它的特点进行阐述；可以说出让你印象最深刻的两到三个杜家房屋建筑，讲一讲它们背后的故事；也可以讲一讲与之前参观过的相似人文景观有什么不同，自己对房屋建筑有哪些理解。	通过参观杜受田故居的活动，产生对传统建筑这一类人文景观的兴趣，在感受家族建筑的同时，学会去探索一个家族的文化特点，养成善于观察、乐于观察、察有所获的学习习惯；通过参观，养成静心、细心、耐心的学习态度，认真观察；通过此次活动，开阔视野，陶冶情操。
初中年段	能够耐心地参观杜受田故居，用心去倾听杜家人的事迹，了解他们的丰功伟绩和低调踏实的品格；通过寻找和观察故居里面的匾额、对联、石井、古树等一些物品，去了解这些物品背后的故事。	可以说出让你印象最深刻的三到四个杜家人物，讲一讲他们的事迹；通过寻找和观察故居里面的匾额、对联、石井、古树等一些物品，讲述印象最深刻的物品背后的故事。	通过参观杜受田故居的活动，产生对传统文化、家族文化的兴趣，在观察家族建筑的同时，养成善于观察、乐于观察、察有所获的学习习惯；再去思考一个家族里的家风家训的同时，培养善于思考、勤动脑的习惯；在观察匾额、对联、石井、古树等一些物品时，养成细心、耐心的学习态度；在讲述故事时，提高语言表达能力。

续表

年段	认知目标	能力目标	情感目标
高中年级	参观杜受田故居，了解杜受田故居的建筑风格、特点，寻找建筑里与众不同之处，尝试阐述自己对这种风格建筑的认识；通过参观故居里杜家的人物介绍，了解他们的事迹，从他们身上寻找所传承的传统礼仪文化。	参观杜受田故居，对自己所观察到的事物进行阐述；再根据实际考察结果，阐述自己对杜家传统礼仪文化的理解；分析杜受田故居的旅游价值，并能够根据在杜受田故居的所闻、所见、所思定制一份宣传杜受田故居的方案。	通过参观杜受田故居，阐述自己所观察到的事物，可以提高语言表达能力，阐述对杜氏传统礼仪文化的理解，可以养成善于思考、勤于思考的习惯。在分析杜受田故居的旅游价值、制作宣传方案的同时，不仅可以提高对人文景观的兴趣，而且还可以对杜受田故居有一个更全面的理解和认识。

三、参考活动设计

（一）小学篇：家族精神永流传——家风家训文化

适用年段：小学 3～6 年级　　建议时长：90 分钟

1.景点文化介绍

杜氏家族经历了 500 年的历史，并且在清朝取得了重大成就。杜家一门不断地创造着辉煌的成就，一代代优秀人才从这个家族先后走出来。杜氏一族的人为官刚正不阿，正直廉洁，勤政就业，爱民为民，造福一方，政绩卓越；为民友善邻里，勤劳持家，和睦兴盛，家室兴旺发达。俗语说：“富不过三代。”在我国悠久而漫长的历史上，有太多家族如若流星一般拥有灿烂光华却又转瞬即逝，他们或曾拥有大笔金钱，或曾拥有滔天权势，更有甚者二者兼有之，但他们的荣光却不得延续，三代过后大多式微，而杜氏家族却能跨越明清两代直至近代而且没有出现衰微，这就不得不让人思考：是什么让杜氏一族能够一直支撑着这种辉煌，延续着这种兴盛？后人常热衷于探讨杜氏家族为何能够经历时代风雨而常兴，但这其实并非什么深奥秘密。杜氏一族注重文化教育，将其作为立家之本，深厚的家族文化教育底蕴使得杜家代代有人才，而杜家荣光亦因此而得以未湮灭于历史长河之中。

家族教育是杜家最为重要的事业，是必须贯彻执行的家族计划，是杜家薪火相传的最根本依靠。杜氏一门兴盛长达500多年，优良的家族教育必定是最关键的。杜家人对于家族教育有着独到的见解，他们在家族传承中积累了丰厚的经验，塑造了一整套足以展示杜家人令人惊叹的、充满智慧的教育理论。这套理论拥有着严谨的逻辑理论又不乏可实施性，令人叹为观止。同时，他们在教育方面不拘泥于当世社会的意识体系，敢想且敢做，这使得杜氏家族历经百年风霜而弥新，家风清廉，代代传承，成为傲立于世的百年世家。杜氏一族人才辈出，他们付出了坚忍不拔的努力，一代接着一代，将这优秀的教育传承下去，才有了500多年的兴盛。

图6-2　杜受田故居内部实景

2.活动目标

能够耐心地参观杜受田故居，通过观察建筑格局来寻找杜家人的家族特色；用心去倾听杜家人的事迹和成就；通过寻找和观察故居里面的匾额、对联、石井、古树等一些物品，去了解这些物品背后的故事。去故居探索家族度过明清直至近代的500多年历史奥秘，感受古老的也是与时俱进的家族精神。

(1)材料准备

笔记本、笔、花露水、太阳伞等。

(2)指导建议

①最好选择晴天出行，雨天或高温天气则尽量不要出行。班级出行前，教师尤其要注意检查学生的人身安全，时刻强调注意事项。

②教师要提前联系好接送车辆与杜受田故居景区联系人，确保路途顺利与安全。提前预知杜受田故居中因施工改造不可进入的地方，在活动过程中尽量

不要带学生前往，确保学生安全。

③活动分组：教师可以选择卡片分组或自由分组的方式，建议 4～5 人为一组；以小组为活动单位，实行组长负责制。每个组里安排 1 名小组记录员和 1 名景区导游，由导游讲解，学生记录。

④确定好早上出发集合时间和游览结束时间，仔细清点班级人数，小组行动，组长负责组织，一定要确保学生安全。

3.活动实施

导入：在从学校出发前往杜受田故居的路途中（客车上），教师可以通过故事讲解来吸引学生注意力。可以用讨论谈话的方式，邀请学生来回答自己对杜受田故居的了解，由此来拉近师生之间的距离，开始导入活动主题。

(1)活动任务一：寻家族物品

教师提出任务，并提出活动规则。参观、游览杜受田故居，通过寻找和观察故居里面的匾额、对联、石井、古树等一些物品，去了解这些物品背后的故事。

规则：各组分别在教师指定、导游带领和讲解下，在杜受田故居景区允许的活动区城内观察建筑。

(2)活动任务二：谈家族文化特点

小组每个成员至少能够在小组内说出一个自己所总结的家族的文化特点，或者自己最喜欢的一个故事，并将这一个特点或者一个故事记录下来。

注意事项：只许在教师指定范围内活动，遵守景区规定，听从工作人员的引导，听从组长指挥，不准擅自离开队伍而单独行动。

表 6-6 杜受田故居观察记录表

时 间		姓 名	
地 点		所在小组	
家族文化特点			
最喜欢的物品			
最喜欢的故事			
我的感受			

4.评价总结

学生在游览完杜受田故居之后，教师集合学生，清点人数，让学生按照分组上车坐好。在回去的路上，通过寻找和观察故居里面的匾额、对联、石井、古树等物品，了解了这些物品背后的故事，可以阐述讲解给大家听。通过参观杜受田故居，有哪些心得体会和收获，每个组派1名学生根据自己的感受谈一谈。根据学生的表达和分享，收齐记录表。回校后，教师写出评语。

(二)初中篇：礼仪之邦的典范——家庭礼仪文化

适用年段：初中7～9年级　　建议时长：120分钟

1.景点文化介绍

家庭礼仪文化是中华传统文化中重要的一部分，杜氏家族文化的精髓是教育，而且在弘扬家庭礼仪文化方面形成了独有的特点。杜氏家庭礼仪文化非常注重学业和道德方面的内容。杜家第八世掌门人杜诗建造了“净明山房”，供弟子们读书、学习、藏书、研读之用。同时，购买了名地“卧佛台”，建成家族私塾，供弟子就读。利用丁母忧之时，发起著述杜氏族谱之行，开创杜氏纂修族谱之先河，用以教育后人。作为一个家族的领头人，他为家族做出了贡献，培养了家族后人。

杜诗担任江西布政使，一生处事公平公正，一心为民，刚正不阿，做了很多扬善除恶的事情。杜诗冒着被罢官的危险，坚决抵制为宦官魏忠贤立生祠。杜溁是杜诗的后人，他杜诗常常告诫族人，尽管杜氏家族人丁兴旺且许多族人有着重大成就，但不可因此而自认为高人一等。每个家族子弟不仅要主动修身养性、锤炼自我能力，而且要各司其职、兢兢业业。杜堮是杜诗的嫡孙，他的母亲在他幼年时便对他进行了良好的教育，因此，他不仅行为举止符合礼仪，而且还是家族中与当时社会上的忠孝仁义的模范。在对子孙后代的教育方面，杜堮继承了母亲的作风与态度，凡事都以身作则，可以说，他为杜氏家族家风文化与家族礼仪传统的继承做出了独特而不可估量的贡献。这也在他为官方面深有体现，他因当地水利不兴而直言纳谏，陈述了治理河道的方针策略，而且又不惧炎暑亲自监督堤坝的建造，后来这段河堤被当地百姓亲切地称为“杜公堤”。诸如此类体恤百姓、秦正廉洁、执法公正之事数不胜数，皆体现了他对先辈优良品质的继承与贯彻实施。

“培风书院”作为滨州第一所官办学堂，它的建成与投入使用后的监管皆离不开杜堮之子杜彤光的协助，是滨州在清朝中后期文化教育方面的领航者。杜彤光不仅将杜氏家族本家的教育放在一个极其重要的地位，而且还异常重视公益，特别是在教育方面，他将带有杜氏家族风格的教育理念向社会推广，并为大众所普及。杜彤光不仅传承了我国传统的“子弟皆当学”民族教育文化理念，而且还创新性地提出了一些与时代进步思潮相结合的德育为先的理念，如“孩提之童，知爱知敬，始家邦终四海”这样的教育观念。他也格外注重子女早期教育中的德育教导，可以说，他将对子女的道德教育融入生活的点点滴滴中。他在子女年龄尚幼时，便在他们游戏与玩耍的过程中穿插进“要观其爱敬之良，不失赤子耳”的教育思想。

杜彤光亦讲究言传身教、以身作则的教育方式。作为家长，他会要求自己率先做出表率，以实际行动为孩子做出榜样，让孩子在家长的行为下得到道德的熏陶。他要求家长为子弟做出表率，在自己的行业身份上，注重修身养性，思考孝悌、忠信、礼义、廉耻。他们的人生理念应当是“可以不逐名利，但必须读书”，“不惧自己不得权财，但应当思考自己的立身之本”。同时，他拥有超前于社会的意识，诸如终身学习的理念，不仅自己应当如此，而且还应当引导子女终身学习。他的子孙后代深受这些理念的影响，形成了独属于他们的思想观念与家庭气质。

“嘉峪堂”生祠是襄阳民众在杜蘦担任知县时所建，他拥有着傲人的政绩，一身正气，令人崇敬。而曾遍布上思州土地的“杜公麦”亦是他上任上思州知州时为劝导百姓种植麦苗而亲自购买的，花费的钱财全部从他的收入中支出，未曾花费百姓一分一毫。因此，后人才以他的名字命名这些麦子。这些优秀而先进的教育理念与脚踏实地的科学实践，使得杜家一族人才兴隆，经久不息。那些超前于社会的教育理念、切实可行的教育实践以及优良的教育思想，经过杜氏一族的积累与凝练，最终成为耀眼明珠。

杜蘦的嫡孙、杜受田的父亲——三朝元老杜堮，乃一介忠臣。“植品端方，学有根柢，从公夙夜，克励清勤。”这是咸丰皇帝对他的评价。杜堮去世后，还被加恩晋赠大学士，谥号“文端”。他在道光七年所写的有关杜氏一族家族文化的教育专著《述训》，为教育历史做出重要贡献。杜氏家族吸纳中华民族优秀文化，再经由明清两代百年的积蓄，终于孕育出了独特的家风与家族文明，代代优秀的杜家族人走入世人的视野。

2.活动实施

(1)活动任务一：聆听家族功绩

教师提出任务和活动规则。参观、游览杜受田故居里的景物和人物，各组用心倾听导游讲解关于杜氏家族文化的核心、特点以及杜氏家族发展史上的重要人物及其丰功伟绩。

(2)活动任务二：最喜欢的一位杜家人物

小组每个成员至少能够在小组内说出一个自己所总结的家庭文化和最喜

欢的一个杜家人物(或者最喜欢的一个故事),并将这个文化特点、人物(或者故事)记录下来。

(3)活动任务三:谈家庭礼仪做法

杜氏家族庞大,各成员关系复杂,如何才能和睦共处并发挥各自所长,从而实现其宏伟抱负?引导学生将他们所观察到的杜受田故居里的人物做得较好的家庭礼仪行为进行分享,说说自己的感悟。

表 6-7 杜受田故居观察记录表

时　间		姓　名	
地　点		所在小组	
家族功绩			
最喜欢的杜家人物			
家庭礼仪做法			
我的感受			

3.评价总结

游览完杜受田故居之后,教师集合学生,清点人数,让学生按照分组上车坐好。在回去的路上,引导学生谈谈自己的想法。通过参观杜受田故居,有哪些心得体会和收获,每个组派一名学生根据自己的感受谈一谈。根据学生的表达和分享,收齐记录表,回校后,教师写出评语。

(三)高中篇:青砖绿瓦的秘密——鲁北建筑风格

适用年段:高中年段　　建议时长:180 分钟

1. 景点文化介绍

“帝师”杜受田自幼便在南街村(山东省滨州市滨城区)生活和学习,如今这里已成为杜受田故居,它原为杜受田的第八世祖“方伯公”,江西、湖广左布政使,明朝万历年间进士杜诗的故居,后来才成为杜受田自幼年至青年时期学习和生活的地方,因此这里又称为“方伯第”。这座宅院早在 1985 年时便被列入县级文物保护单位,滨州市文物保护单位又于 2004 年将其列入市级文物保护单位。2010 年,它便被国家旅游局评为“4A”级旅游景区。

杜受田故居大大小小共有院落 28 个,房屋 380 余间,占地约为 20 亩。身为皇帝的老师,杜受田官居一品,是一众臣子的楷模,但他却从未置办过半分田地、盖一间房子。这座院落其实是杜受田的父辈们和众多的叔兄弟们的房产,这不仅让人有些疑惑。居于滨州的杜氏家族自明朝起便代代辉煌，优秀子弟层出不穷。踏入他们的故居，我们或许会寻找到令他们经久不息的秘诀。

杜家大宅的风格简约而朴实，有着明显的鲁北建筑风格，这显然与杜家这一拥有多个位高权重的朝廷大臣与府州县主管的家族地位不符。然而，尽管人才济济、家族显赫，但他们的住宅却极其普通，而装饰也简洁异常。与其他名门家族的宅邸比起来，杜家大宅着实过于简朴，甚至比乡绅的房屋都略显寒酸，更别提王侯将相的高墙大院与别具一格的亭台楼阁、金碧辉煌的房屋与精美绝伦的建筑，这一切的一切都未曾出现在杜家大宅之中。这份家产的弱势与杜氏一族的谦虚低调的家风相呼应，又与他们一心为民为君为国的敬业奉献精神形成了鲜明对比。

杜家大院被设计成一个四通八达却又相互独立的大四合院，它拥有着较为完整的结构，大院中又含 28 个小四合院。各式大门与门廊连接了各个小套院，门廊相接，廊厦相连。大院无一处封闭且留足了独立空间，开放、包容的家族文化气息在这处住宅中得以体现，家族中兄弟叔侄、姊妹妯娌亲密无间、相濡以沫。即便是今天，踏入这个院子，我们仍能感受到当年居住于此的家庭的温馨，好似能看见一大家族的人共享天伦的场景。在这样的建筑文化气氛中成长起来并走向官场的子弟都沾染了这座建筑的气息，独具匠心、包容开放、外圆内方。

正房内居住着杜受田的父亲，祠堂则由八世祖杜诗启建，主要用于供奉自始祖至三宗二支的祖先。这里不仅是清朝咸丰皇帝的恩师杜受田的旧居，而且还是杜家众多名臣的旧居。杜家一族是明清的望族，封疆大吏、文坛旗帜、朝廷大臣人才辈出，有“一门之盛，甲于天下”的称誉，因为“一门十二进士”“满门皆清官”“四世六翰林”而闻名于华夏。“一座杜家宅，明清两朝史”，博大精深、源远流长的杜氏文化，是悠久的历史留给我们的得天独厚的历史人文遗产。

参观游览杜受田故居时，我们不仅要参观故居的古建筑群，学习和领略丰富多彩的文化艺术，而且还要寻访探索杜氏家族 600 年来长盛不衰的秘密，感受杜家人的为学、为人和为官之道。

杜受田故居是一座典型的具有明清时代鲁北建筑风格的院落。青砖灰瓦在清晨朝阳的朗照下，静默地横陈在面前。雨后，空气清新、碧空如洗的空气里，带着些许氤氲的情调。一场雨过后，这些青砖灰瓦传承几百年的奥秘好像被雨洗刷出来。一场雨，对接了相隔几百年的时空。让后人亲身体会到古老的气息。

进入杜家大院，第一眼看到的是一块普通低调的影背墙，主要参观建筑有太康第、正房、净明山房、账房、忠孝堂、聚德堂、刚柱子、翰林堂、膳房、荣德堂、祠堂、大同客栈、绣楼、绍德堂、马厩。

太康第共有 5 间正房、5 间南房、3 间东厢房、3 间西厢房。太康第是由杜彤光，也就是杜受田的祖父，以及杜受田的叔祖杜彤辉共同建造的。太康第建于乾隆年间。

图 6-3　太康第实景

正房是杜受田父亲居住的地方。祠堂上悬挂有书写着“报国承家无非是栗栗小心成就个端人正士，敦耕劝学也只为绵绵奕业作养些孝子贤孙”的楹联。除去供奉祭祀、怀念先人，祠堂的另一功能则为启发激励后世子孙，教导他们如何为人为官。

净明山房是杜家人的私塾，也是杜家子弟们学习的地方。杜堮与杜受田父子两人小时候均在此学习，杜家的《述训》精华警句篆刻在 U 形碑廊上。

杜家故居的标志性建筑是绣楼，同为杜诗在万历年间所建造，它是杜家女儿的居住地，是目前保存最为完好的院落。这座二层砖木建筑旁的耳房内有着一口同一时期建造的井，被称为“女儿井”。

2.活动目标

能够耐心地参观杜受田故居，观察房屋建筑，了解房屋建筑的特点；用心倾听杜家人的事迹和成就；去故居感受青砖绿瓦之美以及那种古老的、传统的家族精神。

(1)材料准备

笔记本、笔、花露水、太阳伞等。

(2)指导建议

①最好选择晴天出行，雨天或高温天气则尽量不要出行。班级出行前，教师要注意检查学生的人身安全，时刻强调注意事项。

②教师要提前联系好接送车辆与杜受田故居景区联系人，确保路途顺利与安全，提前预知杜受田故居中因施工改造不可进入的地方，在活动过程中尽量不要带学生前往。

③活动分组时，教师可以选择卡片分组或自由分组的方式，建议 5～7 人为一组；以小组为活动单位，实行组长负责制。每个组里安排 2 名小组记录员和 1 名景区导游，由导游讲解，学生记录。

④确定好早上出发集合时间和游览结束时间，仔细清点班级人数，确保学生安全。

3.活动实施

导入：在从学校前往杜受田故居的路途中，教师可以通过播放音乐来吸引学生的注意力；可以用谈话的方式，拉近师生之间的距离，以此导入主题。

4.活动过程

活动任务：参观、游览杜受田故居，用心倾听导游讲解关于房屋建造时发生的故事或者是杜家人与房屋的故事。

规则：各组分别在教师指导、导游带领和讲解下，在杜受田故居景区允许的活动区城内观察建筑。小组每个成员至少要能够在小组内说出一个自己所观察到的建筑特点和自己最喜欢的一处建筑，或者讲讲自己最喜欢的一个故事，并将这个特点和这处建筑或者这个故事记录下来。

表 6-8　杜受田故居观察记录表

时　间		姓　名	
地　点		所在小组	
建筑特点			
最喜欢的建筑			
最喜欢的故事			
最喜欢的人物			

游览完杜受田故居之后，教师集合学生，清点人数，让学生按照分组上车坐好。在回去的路上，引导学生将他们自己观察到的杜受田故居里的景物进行分享，同时说一说杜受田故居的建筑与其他地方有何不同、自己最喜欢的建筑是什么、自己最喜欢的故事是什么。根据学生的表达和分享，收齐记录表，回校后，教师作出评价。

第三节 传家训、立家规文化

一、研学背景

家风、家训是我国几千年来流传的文化典范，优秀的家风家训是精神文明建设的基本内容和重要载体。弘扬优良的家族传统和家训，有利于调动人民群众参与精神文明建设的积极性和自觉性，提高人民群众对精神文明建设的认同感。要挖掘优良的家风家训思想资源，落实优良的家风家训实践，融入优良的家风家训文化，加强精神文明建设引领作用。自古以来，“家是最小国，国是千万家”的文化观念在中国流传开来。国家由许许多多个家庭组成，家庭的成长对国家的发展起着非常重要的作用。

优秀的家庭伦理和家庭戒律，是以道德为导向的家庭伦理，是以行为规范为核心的家规，是与继承家庭传统相联系的家谱，是与社会主义核心价值观紧密联系的。厘清“以人为本”的家庭伦理核心理念，一是要做到古为今用，注重把我国传统的优秀家训与社会主义精神文明建设结合起来，告诫后人遵纪守法、立业经营，把优良的家风家训融入精神文明建设，引导家庭成员积极向上。让公众遵守法律法规，在传统优秀文化的基础上创新，促进现代社会和谐发展。二是坚持老一辈为后辈做表率的原则，参与精神文明建设，以身作则，确保精神文明建设能够扎根。随着现代社会的不断发展，人们对家庭传统和家训的重视程度逐渐降低，快速的生活节奏对传统观念形成了冲击，我们应添加新的时代元素和时代精神。要保证优良的家风家训有助于社会主义精神文明建设，必须与时俱进。具体来说，要把法治意识、责任意识、平等意识、参与意识、开放意识、宽容意识等现代元素和价值观融入家风家训，充分体现时代精神，引导人民群众自觉实践社会主义精神文明建设。要推动家风家训与社会主流价值观相融合，需要各基层组织部门通过多种渠道倡导社会主流价值观，让群众学习社会主义核心价值观的深刻内涵，进一步明确家风家训的发展方向，将家风家训与新时期主流价值观的特征浓缩在一起。

今天所要讲的山东著名的三个家族，都有自己的家风家训。一是日照丁家。明初，丁顺从江南海州移居日照，而后丁氏家族共做了200多年的军农。直到明朝崇祯年间，丁允元才成为第一位考取功名的学者。当官后，他做的第一件事就是捐钱给族人，免除他们的军役，让他们过上安定的生活，拥有富裕的家庭。此后的400多年里，丁氏家族繁荣昌盛，名扬四海。二是琅琊王氏家族。琅琊王氏家族发展于曹魏、西晋，鼎盛于东晋。它在历史上被称为“王与马，共天下”，一直延续到唐末五代。南朝以后，琅琊王氏家族衰落了。三是龙口丁家。丁家有著名的丁庄园。清乾隆年间，注重读书、当官、经商的丁氏家族第十一代丁元沂成为丁百万的创始人。他们以学为官，以官护商，以商养学，儒、政、商有机结合，永葆盛名。

家风不是印在固定物体上的“白纸黑字”，而是要我们内化于心的东西，只保留在纸上会失去它的意义。今天我们要做的就是用家风维护道德准则，以此来约束我们的行为，弘扬中华优秀传统文化。

二、研学目标

表6-9　“传家训、立家规文化”研学目标

年段	认知目标	能力目标	情感目标
小学年段	能够耐心地参观丁氏家族的住宅，观察住宅的建构风格，了解日照丁氏家族往事，耐心听讲歌颂乡贤明德事功的伟绩，写下自己的见解和观后感。	在听完讲解后可以选择性地说出自己喜欢的一位丁氏家族的前辈，并将他的事迹撰写下来，学习日照丁氏家族的家风文化，并将它运用到自己的生活中，约束自己。	学习了解丁氏家族的名人事迹，感受抗日战争时期丁氏家族的爱国决心，认真听讲历代乡贤的故事，培养自己的求知欲和好奇心，提高学习的兴趣。
初中年段	认真参观琅琊王氏的故里遗址，好好欣赏建筑风格，学习了解房屋的建筑特点，了解故里遗址中保存的物件，感受老物件经历的蹉跎岁月。去寻找建筑里的与众不同之处，尝试着阐述自己对这种风格建筑的认识。	说出让你印象最深刻的两到三个王氏家族房屋建筑，讲一讲它们背后的故事；也可以讲一讲与之前参观过的相似人文景观有什么不同、自己对房屋建筑有哪些理解。了解王氏家族的前辈以及他们的家风家训。	通过参观，产生对传统文化、家族文化的兴趣，在观察家族建筑的同时，养成善于观察、乐于观察、察有所获的学习习惯；在思考一个家族里的家风家训的同时，培养善于思考、勤于动脑的习惯；在观察匾额、石井、古树等一些物品时，养成细心、耐心的学习态度；在讲述故事时，提高语言表达能力。

续表

年段	认知目标	能力目标	情感目标
高中年级	认真参观龙口丁氏的故里遗址，好好欣赏这座兼具京城府邸和胶东民居神韵的建筑风格，学习了解房屋的建筑特点，体会北方山式建筑带来的不同感受，了解故里遗址中保存的物件，感受老物件经历的蹉跎岁月。去寻找建筑里的与众不同之处，尝试着阐述自己对这种风格建筑的认识。	列举出房屋建筑独有的特点，找出自己喜欢的小物件并了解他们的历史；尝试列举龙口丁氏家族中历代的英雄人物，简要介绍他们的丰功伟绩，并将他们的事迹撰写下来；学习丁氏家族的家风文化，并将它运用到自己的生活中并以此来约束自己。	通过参观丁氏故宅，产生对传统建筑这一类人文景观的兴趣；在感受家族建筑的同时，学会探索一个家族里的文化特点，养成善于观察、乐于观察、察有所获的学习习惯；通过此次活动，开阔视野，陶冶情操。

三、参考活动设计

(一)小学篇：乡贤名德事功——日照丁氏

适用年段：小学 3～6 年级　　建议时长：90 分钟

1.景点文化介绍

明朝末年，丁家出了一位学者——丁珩。他觉得家业不兴的主要原因是缺乏文化教育，所以他决心投资经营一所学校，并身体力行，亲自坐堂授课，严格管教孩子，家族文墨之风逐渐兴起。200 年以来的农民家庭开始成为书香门第。日照丁氏就这样逐渐摆脱了农耕世家这一头衔。后来，丁允元参加科举考试，中了进士。他当官后，做的第一件事就是捐钱给家族，免除他们的军役，让他们过上安定的生活，拥有富裕的家庭。此后的 400 多年里，丁氏家族为中国近代史做出了突出贡献。丁家一直坚持“学习促进家庭教育”的家庭观念，这个家风家训在我们当今社会也非常有用。打开丁氏家族的历史就好像在探寻中国的近代史。在封建社会，丁氏家族入仕为官者不在少数，并且大多以清廉勤俭名留青史。当时朝廷腐败，世道衰落，丁家却得以独善其身。所有的宗族都有家谱可查，没有一个因贪污受罚。这说明代代相传的家族传统对其产生了潜移默化的影响。

在丁氏家族中，最值得称道的成就是在科教文化领域。重视教育的传统代代相传，热爱学习的氛围代代相传，讲科学的态度一脉相承。早期革命党员丁惟汾和他的侄子丁基实在科学领域做了不小的贡献。如今，在中国航天博物馆的大厅里，有一幅清代老人的画像，这是中国最早的火箭专家丁守存。丁氏家族的实验态度和探索精神延续到近代，并在丁肇中身上展现出更加耀眼的光辉。著名物理学家丁肇中40岁时获得诺贝尔奖，至今已有30多年，他仍在科学技术的前沿积极探索。

在日照，说到家庭文化，可以想到五个家庭，丁家名列首位。几百年来，丁家繁荣昌盛，人才济济。丁家在教育领域也是人才济济。丁履德是我国著名的内燃机专家。丁观海是当代著名教育家。回顾丁氏家族的历史，给我们留下了很多思考和启示：对于家族的繁荣昌盛和个人的成功，应该从中继承哪些基因？当今世界最需要什么样的人才？这些都是我们需要思考的问题。

丁肇中故居，又名“五寨”，建于清朝光绪二十四年（1900年）。它由“种德堂”“慎德堂”“古梅轩”等5个庭院组成。位于日照市东港区桃罗镇，占地面积4300平方米，建筑面积1345平方米，是北方一个很有代表性的建筑群体。它不仅是历史遗迹和旅游胜地，而且还是全市乃至全区重要的“青少年科普教育基地”。2021年，丁肇中故居荣获“中国侨联爱国主义教育基地”“日照市重点文物保护单位”称号。

2.活动目标

能够耐心地参观丁肇中祖居，观察房屋建筑，了解房屋建筑的特点，用心倾听丁氏家族的事迹和成就。漫步于故居的古老建筑中，感受日照丁家几百年的文化氛围，让自己浸染这种文化气息。

(1)准备材料

笔、笔记本、照相机、运动鞋、背包、太阳伞、活动记录表、总结表等。

(2)指导建议

①最好选择晴天出行，雨天或高温天气则尽量不要出行。班级出行前，教师要注意检查学生的人身安全，时刻强调注意事项。

②教师要提前联系好接送车辆与丁肇中景区联系人，确保路途顺利与安全，提前预知丁肇中祖居中因施工改造不可进入的地方，在活动过程中尽量不要带学生前往。

③活动分组时，教师可以选择卡片分组或自由分组的方式，建议5～7人为一组。以小组为活动单位，实行组长负责制。每个组里安排2名小组记录员和

1名景区导游，由导游讲解，学生记录。

④确定好早上出发集合时间和游览完时间，仔细清点班级人数，确保学生安全。

3.活动实施

导入：在从学校出发前往丁肇中的路途中，教师可以以提问的方式来引导学生，吸引学生的注意力，比如，问大家是否知道丁家中著名物理学家、诺贝尔奖获得者是哪位。也可以用谈话的方式来拉近师生之间的距离，讲述几个有名的丁氏人物，引出丁氏家族的历史成就，以此导入主题。

任务：参观、游览丁肇中祖居，用心倾听导游讲解关于房屋建造时发生的故事，了解丁肇中的往事及成就，去探究他得到诺贝尔奖的原因，说说自己的理想。对理科感兴趣的同学可以更深入地了解一下奖项内容。

规则：各组分别在教师指导、导游带领和讲解下，在丁肇中祖居景区允许的活动区域内观察建筑。小组每个成员至少能够在小组内说出一个自己所观察到的建筑特点，同时说出自己最喜欢的一处建筑，说出一个丁肇中证明的一项理论并记录下来。

注意事项：只许在教师指定范围内活动，遵守景区规定，听从工作人员的引导，不准擅自离开队伍而单独行动。在雨中一定要打伞，不准淋雨，以免感冒。

表6-10 丁肇中祖居观察记录表

时　间	地　点	所在小组
我最喜欢的建筑		
我觉得丁肇中先生最重要的一个理论		
我喜欢的故事		
我的理想		

游览完丁肇中祖居之后，教师集合学生，清点人数，让学生按照分组上车坐好。在回去的路上，引导学生将他们自己观察到的丁肇中里的景物进行分享，并说说丁肇中祖居建筑与其他地方的建筑有何不同、自己最喜欢的建筑是什么、自己最喜欢的故事是什么。根据学生的表达和分享，收齐记录表，回校后，教师作出点评。

(二)初中篇:孝和世代绵长——琅琊王氏

适用年段:初中 7～9 年级　　建议时长:120 分钟

1.景点文化介绍

“旧时王谢堂前燕,飞入寻常百姓家”,诗中的王氏指的就是琅琊王氏。王氏一族虽没有开辟自己的山河基业,但是势力却很大,被司马睿称为“第一望族”,朝中四分之三的人都是王家或与王家相关的人,真正如百姓说的那样:“王与马,共天下。”王氏的祖先最早可追溯到东周灵王太子晋的后代,秦始皇灭六国的最大功勋将领王翦就出自这一家族。后来,王家后人为避战乱,举家搬迁至琅琊郡。人才辈出的琅琊王氏在西晋时期逐渐发展成为名满天下的世家大族。琅琊王氏家族是两晋南朝时期影响最大、代表性最强的文化世族。具有“与时推迁”特征的王氏家族深受此多元文化思潮影响,展现出鲜明的家族文化风貌。多元共存、丰富的思想有力地促进了王氏家族在史学、艺术、文学等方面所创造的辉煌成就。作为这一时期影响最大的世族,王氏家族的文化风貌与功绩又鲜明地体现出中古思想文化的时代特征。

王氏家族人才辈出,晋代最具代表性的人物和书法作品多出自琅琊王家。在所有的艺术中,琅琊王氏是最擅长书法的。琅琊王氏的书法技艺无与伦比,空前绝后。王羲之出身于琅琊王氏,是东晋著名的书法家,有“书圣”之称。他善于隶书、草书、楷体等多种字体,风格既平和自然又遒美健秀,他撰写的《兰亭序》成为“天下第一行书”。琅琊王氏是中古时期中原地区最具代表性的家族。自从这个家族的创始人、西汉名臣、经学大师王吉从琅琊郡迁到通君县,已经有 400 多年的名门历史,遂以郡望为号,称“琅琊王氏”。琅琊王氏家族才俊辈出,绵延流长,三百余年冠冕不绝。历代史家称述琅琊王氏“世禄不替”,并认为这与其“人伦所得”的家族风尚大有关系。

琅琊王氏的家训除了积累军功和财富外,还离不开其对家训传统的严格自觉继承和坚守。琅琊王氏的家庭戒律主要是教育子孙后代,“信、德、孝、悌、让”是他们的立身之本。同时,他们坚持“言宜慢,心宜善”。琅琊王氏的家训虽然朴素,却蕴含着丰富的内涵,做人之道十分宽广,这也是王氏拥有“中华第一大族”美名必不可少的原因。

今天我们要参观位于山东省临沂市兰山区西盐池街 20 号的王羲之故居。王羲之故居是古典园林式建筑、国家重点文物保护单位。王羲之故居建于晋代琅琊县,是王羲之出生和生活过的地方。境内有洗砚池、普照寺、集柳碑、晒书台、王右军祠、左公祠、四宝台、五贤祠、琅琊书院等历史古迹。王羲之故居的

“普照夕阳”曾作为古代“琅琊八景”之首，在九州享有盛名。王羲之故居，1989年由临沂市政府修缮，1990年正式对外开放，2003年竣工。如今，作为中国十大文化节之一的书圣文化节常年举办，其声誉在国内外广为流传。

2.活动目标

能够耐心地参观王羲之故居，通过观察房屋建设、建筑格局来寻找王家人的家族特色；用心去倾听历代王氏家族中声名赫赫的事迹和成就；通过寻找和观察故居里面的匾额、对联、石井、古树等一些物品，去了解这些物品背后的故事。去故居探索王氏家族几千年名扬历史长河的奥秘，感受古老的也是与时俱进的家族精神。参观王羲之故居，学习王羲之书法。

(1)准备材料

笔、笔记本、照相机、运动鞋、背包、太阳伞、活动记录表、总结表、毛笔、宣纸等。

(2)指导建议

①最好选择晴天出行，雨天或高温天气则尽量不要出行。班级出行前，教师要注意检查学生的人身安全，时刻强调注意事项。

②教师要提前联系好接送车辆与王羲之故居的联系人，确保路途顺利与安全。

③活动分组时，教师可以选择卡片分组或自由分组的方式，建议5～7人为一组。以小组为活动单位，实行组长负责制。每个组里安排2名小组记录员和1名景区导游，由导游讲解，学生记录。

④确定好早上出发集合时间和游览完时间，仔细清点班级人数，确保学生安全。

3.活动实施

导入：在从学校前往王羲之故居的路途中(客车上)，教师可以通过提问的方式来引导学生，吸引学生的注意力。如询问大家知道的书法大家有哪几位，引出琅琊王氏的历史成就，讲述几个有名的王氏人物，过渡到王羲之的书法上，讲述几个王羲之书法的特点，以此导入主题。

教师提出任务、活动规则。参观、游览王羲之故居，用心倾听导游讲解关于房屋建造时发生的故事以及王羲之的书法特点，了解《兰亭序》被称为“天下第一行书”的原因，体会王羲之书法的不同之处。

规则：各组分别在教师指导、导游带领和讲解下，观察王羲之故居的点点滴滴，认真揣摩王羲之书法的过人之处。小组每个成员至少能够在小组内说出一个自己所发现的建筑特点和自己最喜欢的一处建筑，或者自己最喜欢《兰亭序》中的哪一句词，并将这一特点和这一处建筑或者这一句词记录下来。拿出自己所带的毛笔和宣纸，自行练习王羲之的字体。

注意事项：只许在教师指定范围内活动，遵守景区规定，听从工作人员的引导，不准擅自离开队伍而单独行动。在雨中一定要打伞，不准淋雨，以免感冒。

表 6-11 王羲之故居活动记录表

时间	地点	所在小组
我对王羲之书法的独到见解		
我最喜欢《兰亭序》中的哪一句词		
我向书法大家学练字		
我的练字感受		

4.总结评价

在游览完王羲之故居之后，教师集合学生，让每个小组选出一位代表在班级中展示自己的书法作品，教师伺机点评、表扬、鼓励。点评结束后，清点人数，让学生按照分组上车坐好。在回去的路上，引导学生将他们自己观察到的王羲之故居里的景物进行分享，并说说王羲之的书法与其他书法大家的作品有何不同、自己最喜欢的一句词是什么。根据学生的表达和分享，收齐记录表，回校后，教师作出点评。

(三)高中篇：瑰宝长盛不衰——龙口丁氏

适用年段：高中年段　　建议时长：180 分钟

1.景点文化介绍

乾隆年间，丁氏家族“丁百万”创始人丁元沂当时非常重视读书、当官、经商。当时，丁氏家族以学为官，以为官保商，以商支教。他们把儒学、政、商三者有机地结合起来，故永葆盛名。

丁氏故宅，又称“丁氏庄园”，是清乾隆年间“丁百万”家族遗留下来的故居，已经有 200 多年的历史。很早以前就流传着一首民谣：“黄县房、栖霞粮、蓬莱净出好姑娘。”其中的黄县房指的就是丁氏故宅。丁氏故居有文物 1.4 万件，其中，三级以上文物 160 余件。丁氏庄园展示了胶东地区丁氏一族最原始的生活风貌与当地的民俗特点，展现了中国古代劳动人民的智慧和创造力，更展现了中华民族优秀的传统历史文化。探寻与借鉴丁氏庄园，让来者体会其中的文化瑰宝,弘扬与传承优秀的中国传统文化,增强唯物史观,为振兴中华大业积累精神文化基础。丁氏家族的故宅曾先后被授予“山东省优秀博物馆”“山东省农村青少年教育基地”“山东省历史优秀建筑”“烟台市爱国主义教育基地”“烟台市文明单位”等称号。

丁氏庄园是一座举世闻名、目前仍保存较好的“四合院”式建筑群,其规模宏大,令人叹为观止。丁氏庄园是古代匠人们智慧的结晶,其建筑装饰独具特色。建筑形态布局精巧,建筑装饰种类丰富,不仅具有美学价值,而且还具有历史文化价值。丁氏庄园现存的履素堂、爱福堂、保素堂、崇俭堂等的立柱之上都有琳琅满目的楹联。楹联与板瓦形似,悬挂于立柱之上。楹联的内容丰富,其中履素堂客厅的楹联“古今来多少世家,无非积德天地间第一人品,还是读书”就深刻地揭示了丁氏家族繁荣昌盛的原因。丁氏庄园的楹联绝不仅仅是装饰品,只给人以美的感观,它更有着教化的功效,在警醒后代的同时更影响着子孙后代的价值观。丁氏庄园有运用多种雕刻手法的“三雕”,其题材极为丰富,寄托和蕴含了人民对美好生活的憧憬与向往,是弥足珍贵的文艺与文化遗产。1996年,国务院公布丁氏故宅为全国重点文物保护单位。

2.活动目标

能够耐心地参观丁氏庄园,观察房屋建筑,了解房屋建筑的特点;用心倾听丁氏家族的事迹和成就;去故居感受青砖绿瓦之美以及那种古老的、传统的家族精神。

(1)准备材料

笔、笔记本、照相机、运动鞋、背包、太阳伞、活动记录表、总结表等。

(2)指导建议

①最好选择晴天出行,雨天或高温天气则尽量不要出行。班级出行前,教师要注意检查学生的人身安全,时刻强调注意事项。

②教师要提前联系好接送车辆与丁氏庄园联系人,确保路途顺利与安全。

③活动分组时,教师可以选择卡片分组或自由分组的方式,建议5～7人为一组,以小组为活动单位,实行组长负责制。每个组里安排2名小组记录员和1名景区导游,由导游讲解,学生记录。

④确定好早上出发集合时间和游览结束时间,仔细清点班级人数,确保学生安全。

3.活动实施

导入:在从学校前往丁氏庄园的路途中(客车上),教师可以通过吟唱“黄县房、栖霞粮、蓬莱净出好姑娘”，让学生简单了解丁氏庄园的背景故事。随后，教师可以为学生讲述几个著名的丁氏人物，以此导入主题。

任务：参观、游览丁氏庄园，用心倾听导游讲解关于房屋建造时发生的故事，或者是丁家人与房屋的故事。

规则：各组分别在教师指导、导游带领和讲解下，在丁氏庄园景区允许的活动区域内观察建筑。小组每个成员至少能够在小组内说出一个自己所观察到的建筑特点和自己最喜欢的一处建筑，或者讲讲自己最喜欢的一个故事，并将这一特点和这一处建筑或者一个故事，并记录下来。

注意事项：只许在教师指定范围内活动，遵守景区规定，听从工作人员的引导，不准擅自离开队伍而单独行动。在雨中一定要打伞，以防淋雨感冒。

4.评价总结

活动结束后，教师带领学生一起进行总结与反思，各小组派一位成员谈一下在参观丁氏庄园过程中发现的物品，说说最喜欢的一件物品并说明理由。接下来可以自由探讨自己对丁氏庄园建筑风格的理解。最后由教师进行点评，总结丁氏家风教育的影响及作用。

表 6-12　活动总结表

时　间	地　点	小　组
我喜欢的一个物件		
我对丁氏庄园建筑风格的理解		
丁氏家风对我的影响		
我敬佩的一位祖先		

第七章 走进农业研学之旅

第一节 农业种植文化

一、研学背景

棉纺织工业在我国国民经济发展中发挥着重要作用,已成为我国国民经济发展的支柱产业之一。棉纺织生产横跨农业和工业,涉及棉花生产、轧花、纺纱、织造、印染、服装和终端消费。同时,中国作为世界棉纺织工业的大国,在世界棉纺织工业中也占有非常重要的地位。然而,我们也应该意识到,中国棉纺织业发展中存在的问题,特别是与外国企业相比,差距还很明显,主要表现在技术装备、信息化、快速反应技术、创新能力上,同时还表现在广泛的扩张和市场无序竞争等方面,这就在一定程度上阻碍了行业的发展。因此,在现阶段我们要着力培养创新能力,促进棉纺织科学技术进步,加强产业升级,调整产业结构。

滨州市拥有着优越的发展纺织工业的自然条件与悠久纺织工业的发展历史,是全国重要的纺织工业生产基地,拥有着较好的基础。滨州市棉纺织业自改革开放以来更是迅猛发展,不仅解决了就业问题,满足了本地人民的物质文化需求,而且还在缴纳利税、出口创汇甚至是促进滨州经济乃至山东经济的发展、保持社会稳定等方面做出了突出贡献。然而,时代在进步,滨州市的农业与轻工业也需要适应时代发展。纺织工业属劳动密集型产业,欧、美、日及其他发达国家劳动力成本的激增,使得这些国家和地区的纺织业正向着劳动力成本低廉的发展中国家转移,其中就包括中国。自身因素与外界因素共同冲击着滨州市的纺织工业。滨州市纺织业企业数量激增并逐渐趋于饱和,并且企业发展过程中有一些问题。如产品结构的不合理，检测装备的落后，加之人才缺口大，使得劳动力难留等问题较为严重。至于外界因素，纺织业拥有一个巨大的市场，是一块巨大的蛋糕。据资料显示，美国仅 2000 年全国纺织品总销售额就高达 2000 亿～2100 亿美元（含进口纺织品服装 821 亿美元）。对于高额的利润收入，发达国家是决不肯轻易拱手让人的，他们定会采取各种措施去保护本国的纺织业企业，由此来限制发展中国家的竞争力。综观全局，滨州市纺织工业的可持续发展面临着一系列的挑战。

目前粮食安全问题正愈益成为全球性的不安定因素之一，而这一问题已成为制约我国国民经济发展的重要因素。随着我国现代化的高速推进，耕地面积愈发逼近 18 亿亩红线，而粮食需求的刚性增长则与其产生了巨大矛盾，加之以农业人口的流失，粮食问题日益严重。稻谷、小麦、玉米并称三大主粮，尤其是稻米与小麦几乎成为我国居民无可替代的饮食构成。因此，保证小麦产量增长的稳定对于解决我国粮食安全问题有着重大意义。不能仅靠人工的投入等手段驱使小麦产量上升，因为这样的手法过于粗放，对小麦产量提升的作用已捉襟见肘。如何进一步提升小麦的产量值得我们深思。其中，通过科技手段来推进小麦生产量提升是目前最为合理有效的方式，转变生产方式来实现小麦产量的稳定而持续的增长具有其独特的现实意义。

我国的传统名花海棠具有极高的园林观赏价值，属蔷薇科苹果属，四季皆具有其独特的观赏价值，这不仅在木本植物中不可多得，而且放眼自然植株也不失为一颗闪亮明珠。我国拥有异常丰富的海棠种质资源，再加上气候等得天独厚的条件，已成为苹果属植物基因的重要分布区之一。国际园艺学会栽培植物命名法规委员会于 2014 年将北京市认定为海棠栽培品种的国际权威地市。2017 年，我国第二批国家林木种质资源库将北京市海棠国家林木种质资源库纳入其中。自古以来，我国便有栽培海棠与观赏海棠的习俗。作为中国的传统名花，海棠花身姿优雅秀美，花色艳丽娇嫩，自始至终都深受中国人民的热爱，由此孕育而生的海棠文化亦绚烂多姿。当今社会急速发展，使得人们除关注衣食住行，愈发注重精神文化品质的提高与享受，海棠由此日渐深入人们的生活。人们在实践中发现，气温变化不是影响海棠生长的唯一因素，光、水和土壤等皆会影响海棠的生长。观察分析海棠的生长习性后可以得出结论，海棠喜光而耐旱耐涝，对土地与人工管理的要求低，在多种地形区均可进行栽培。不仅花与叶具有独特的观赏价值，而且海棠的果实甚至枝干也具有极高的观赏价值。因此，无论从哪个角度分析，海棠都是优秀的园林景观植物。

我们可以在很多地方发现海棠与文化的联系，人们在品味、欣赏海棠的过程中能感受到蕴含在其中的丰厚的文化内涵。我们可以在诗词、小说、散文中读到海棠，可以在戏曲、影视中观赏海棠，还可以在绘画作品、纺织物、工艺品、盆景中欣赏海棠的艺术之美。无论是文学还是艺术，它们都被热爱海棠的人们寄托了深厚的情感与美好的愿望，被赋予了深刻的寓意与内涵。这些表现形式，皆为海棠文化的传承起到了独特而不可替代的作用。

二、研学目标

表 7-1 “农业种植文化”研学目标

年级	认知目标	能力目标	情感目标
小学年段	了解滨州当地棉纺织和棉花生产的地位，认识主要棉纺织企业和棉花种植区域，认识海棠及小麦特点。	能正确认识滨州棉纺织的重要性，能知道棉花及小麦种植的过程。	提高对农业，尤其是棉花、小麦、海棠等相关产业链的关心和认识，增强农业认同感。
初中年段	了解滨州棉纺织的发展现状，认识惠民棉花和博兴小麦、海棠的优势。	能正确认识棉花到棉纺织的过程，能对海棠及小麦部分过程进行实践。	增强对滨州棉纺织和农作物及海棠种植历史的兴趣和探索欲望。
高中年段	了解滨州纺织业的发展历史和区位优势，认识惠民棉花、小麦、海棠的发展方向。	能针对具体地区的棉纺织业和农作物种植提出具体意见和有明确发展方向的规划。	提高身为滨州人的自豪感，提高学生对建设滨州棉纺织和棉花种植的责任感，萌生建设美丽滨州的意愿。

三、参考活动设计

（一）小学篇：中国棉纺之都——滨州棉纺

适用年段：小学 3～6 年级　　建议时长：90 分钟

1.景点文化介绍

山东省滨州市坐落于黄河三角洲冲积平原，自然资源丰富。纺织、家纺产业是滨州的主导产业，其在国内外的知名度和影响力与日俱增。一方面缘于滨州的自然条件，滨州拥有着丰富的天然棉资源；另一方面则缘于滨州悠久的植棉与纺织历史，滨州被誉为“中国手工家纺创意基地”“中国棉纺织之都”和“中国家纺产业示范区”，积累了深厚的纺织经验，以致纺织工业极其发达。近代以来，我国科技大环境愈发优越，滨州传统纺织产业也深受其影响并得以转型升级，在保持原有优势的基础上，立足高新技术基础，延长产业链，打造特色产业群，家纺产业得到了快速的发展。

在今天，滨州本地的中小企业在以魏桥创业、华纺股份、亚光纺织等为首的一大批龙头企业的带动下，形成了具有滨州本地特色的棉纺织业产业群，印染家纺面料床品、毯类、窗帘、巾被、老粗布等都分别形成了相应的产业群，初步形成了“五纺”(棉、毛、麻、丝与化纤)俱全及纺织与家纺服装加工、染整配套的较为完整的产业链条。滨州已成为聚集性较强的家纺产业集群。“中国棉纺织之都”已成为滨州一张崭新的城市名片。

山东省惠民县在历史上是全省有名的贫困地区。十五届三中全会以来，通过调整农业内部结构，认真落实农村经济政策，在抓好粮食生产的同时，针对全区盐碱地多而适宜种植耐碱耐旱的棉花的土地特点，大力发展棉花生产，取得了可喜的成绩。

国家自1999年开始便将为棉花定价与调拨的权力放归市场，不再下达棉花购销价格的决定。这使得棉花市场的竞争开启了由棉花质量作为关键筹码之一的时代。自此，惠民良种棉厂开始实施名牌战略，创立优良的棉花品牌成为它的追求目标。作为国家优质棉繁育基地，惠民良种场与中国棉花研究所联手，依靠着科技优势来发展自己，以致许多领先于世界水平的具有高产、抗闷、抗虫等优点的优良棉种诞生于此。依靠科技优势，惠民良种场出产的棉种所种植出来的棉花衣分高、纤维长、品质优，而且实现了规模化种植，拥有创建名牌棉花的资本与实力。创建“鲁洁”品牌的策略便是基于此良种为依托而制定的。

惠民县在2010年被评为“全国优质棉花生产示范基地建设项目示范县”。山东省惠民县是全国最大的杂交棉种植基地。2006年，我国首批“太空棉”良种在惠民大面积种植成功。通过推广多抗型棉花新品种，还能减少农药化肥的使用，降低环境污染，生态效益显著。

魏桥创业集团注重技术与创新，多年来将技术装备和信息化的投入放在重要地位。为打造全国最大精梳纱、无结纱生产基地，他们引进了精梳机、紧密纺细纱机、清梳联合机、自动络筒机等先进设备用于纺纱工序，并取得显著成果且实现了原有的目标；与此同时，他们还引进了国内外最先进的剑杆织机和喷气织机等，打造了全国最大的无梭织造生产基地；同时，这里也是全国大型的服装、家纺生产基地，拥有着国际上先进的设计、缝制、整理设备；在印染工序方面，魏桥创业引进了多条具有国际先进水平的生产线并将其用于印染、印花，最终形成了全国最大的高档特宽幅印染生产基地。魏桥创业集团如今已拥有了完整的纺织产业链，从纺纱织布到印染，再到家纺与服装的成型，皆由集团负责。完整的产业链为魏桥集团提供了广阔空间，如物流规划、成本控制、技术提供、原料供应、产品销售等。可以说，如此完整的产业链是魏桥创业集团成功的关键性优势之一，并使其得以一直持续下去。

近些年来，魏桥创业集团不断进行产品创新，优化产品结构，产品类型趋于多层次、多品种化，从而构筑起一系列适应性强、技术档次高、附加值高的产品链，在市场竞争中有着无可比拟的持续优势。

2.活动目标

以滨州著名棉纺织企业为依托，让学生在真正的企业中认识到当今滨州及中国棉纺织发展现状及其与科技发展的联系、滨州棉纺织的发展方向，认识到滨州棉纺织业的历史以及滨州棉纺织的地位，增强学生的自豪感。同时，学习滨州的企业家精神，提高自身素质，为助力“富强滨州”建设打好思想基础。以惠民县一具体棉花种植合作社为依托，让学生在真正的棉花种植中认识到当今惠民县在中国棉花市场中的地位以及惠民县棉花的优势，了解更多的棉花生产新科技，注意观察惠民在棉花生产中对环境的保护。

(1)准备材料

相机或手机、笔记本、笔、活动记录表、活动总结表等。

(2)指导建议

①我们参观学习的滨州各棉纺企业都是中国著名的企业，所以教师提醒学生注意礼貌，同时注意保护企业环境、爱惜企业的产品和机械等。生产合作社多为露天参观，并且在棉花种植区域易被刮伤，同学们应注意防晒、防虫、防刮伤等，注意自身安全。

②在出发前组织学生提前观看企业的信息，并规划参观学习的行程。

③教师提前确定出行方式，提前与企业相关负责人联系，确保路途顺利与安全。

④教师应该提前告知学生严格遵守活动纪律并安排好相关小组定时查看人数。

⑤本次活动采取分组活动的方式，教师提前进行分组，建议5～6人为一组，并选出小组长。活动实施过程中，实行小组长负责制，在小组长的带领下开展

活动。

3.活动准备

(1)讲述活动规则

出发前,教师向学生讲述活动的规则。

本次活动以小组为单位,在小组长的带领下开展活动。本次的活动任务是参观学习滨州的两个知名棉纺织企业,了解棉纺织业,走近滨州本地棉纺织业生产,将滨州棉纺织传承与发展意识深植学生心中,并完成活动记录表。

活动前,要进行分组,选出小组长,确定小组名称,在规定时间内完成小组分工。

活动过程中,学生要有秩序有礼貌,要服从教师和小组长的领导,在规定的范围内活动,要爱护景区的设施与环境。

活动后,要进行总结与反思,各小组根据活动总结表的要求,在小组长的带领下开展总结与反思活动。

(2)分组

出发前,学生以自愿的方式进行分组,4～6 人为一组,选出小组长,确定小组名称,由组长合理安排组员任务,组员服从小组长的安排,在规定时间内完成活动。

4.活动实施

导入:在从学校前往魏桥创业集团的路途中,教师组织学生分享自己对滨州的认识,最后由老师指出滨州棉纺织业的成就和在世界上的地位,引出活动主题。

(1)活动任务一:走进山东魏桥创业集团有限公司,感受世界先进纺织工厂运行的奥秘

活动规则:参观采访魏桥纺织技术研发中心与魏桥纺织绿色智能一体化生产线项目,以小组为单位分组展开行动。小组在规定范围内用手机真实记录与感受世界先进纺织工厂的运行奥秘,在自己的真实观察中发现魏桥企业一体化生产线的先进之处,并记录下自己的观看感悟。

注意事项:学生只许在教师规定范围内活动,活动过程中注意安全,注意遵守企业规则。

实施:教师询问学生对任务规则及注意事项是否清楚,鼓励学生根据自己的观察与思考提出问题。所有学生清楚任务和规则后,开始分组活动,走近一体化生产线,发现滨州企业的先进之处。

教师要时刻观察学生的动态，同时要注意学生是否遵守活动规则与注意事项，并提醒学生注意安全。

表 7-2 活动记录表

第 组		
姓 名	思 考	组内汇总

(2)活动任务二：惠民县创丰棉花种植专业合作社

惠民县创丰棉花种植专业合作社，主要提供组织本社成员种植棉花（不含育种），收购、销售本社成员种植的棉花，为本成员引进棉花种植新技术，开展棉花种植技术培训、技术交流和咨询服务。

①活动准备

出发前，教师向学生讲授活动规则。

本次活动以小组为单位，在小组长的带领下开展活动。本次活动任务是参观惠民创丰棉花种植专业合作社，了解棉花种植，走近滨州本地棉花种植区域，并根据任务要求完成活动记录表。

活动前要进行分组，选出小组长，在规定的时间内完成小组分工。

活动过程中，学生要有礼貌有秩序，服从教师和小组长的领导，在指定范围内活动，注意安全。

出发前，学生按自愿的原则进行分组，5～6 人为一组，选出小组长。组长合理安排组员任务，组员服从小组长的安排，在规定时间内完成活动。

②活动实施

导入：在从学校前往合作社的路途中，教师组织学生学习中国棉花种植分布及棉花的重要性，最后由老师指出滨州市惠民县棉花种植的成就以及其在世界上的地位，引出活动主题。

活动规则：参观惠民县创丰棉花种植专业合作社，以小组为单位分组展开行动。小组在规定范围内观察滨州市惠民县种植棉花的特色，了解在种植棉花的过程中应该注意的地方，注意惠民棉花种植中引进的新技术，跟随当地合作社成员学习种植棉花，并提出自己的疑问。在自己的真实观察中发现惠民棉花种植的先进之处，并记录下自己的观看感悟。

注意事项:学生只许在教师规定范围内活动,活动过程中注意安全,注意防晒与防虫、防刮伤。

实施:教师询问学生对任务规则及注意事项是否清楚,鼓励学生根据自己的观察与思考提出问题。所有学生清楚任务和规则后,开始分组活动,走近惠民棉花种植,发现惠民棉花的成就。

教师观察学生的动态,注意学生是否遵守活动规则与注意事项,并提醒学生注意安全。

表 7-3　活动记录表

第　组	
种植过程中注意	
新技术	
疑问与解答	

5.评价总结

活动结束后,教师肯定各小组及每个同学的表现,并带领学生一起进行总结与反思。

小组长带领本组成员根据活动总结表的要求,进行组内总结与汇报,达成一致意见,选出一位代表进行汇报。

各组汇报结束后,教师肯定学生的成绩,并对表现好的同学进行表扬和奖励。

表 7-4　活动总结表

时　间		地　点	
小组成员		汇报人	
小组在任务一中的表现			
小组在任务二中的表现			
小组在活动中的合作程度			
小组表现突出的地方:			
小组有待提高的地方:			

(二)初中篇:博兴博华海棠园

适用年段:初中 7～9 年级　　建议时长:120 分钟

1.景点文化介绍

人间四月,繁花似锦。在蓝天、白云的映照下,走在博华农家秋海棠乐园那悠长而宁静的小路上,看着绿叶间那娇艳艳丽的秋海棠花,闻着花的芬芳,心也变得平和了。微风吹过,秋海棠的花瓣都落了,仿佛进入了梦乡。博华海棠公园景观赢得了"美丽状元"头衔,在山东北部已经成为一个知名的休闲农业生态旅游风景区,并被评为"国家农业休闲旅游示范点"和"山东农业休闲旅游示范点",也有效地促进了该县旅游业的可持续健康发展。美丽的自然环境,清新的空气,让你与大自然亲密拥抱,感受农耕文化,触摸大自然之美。种植面积 3000 余亩,秋海棠品种 30 余种,共百万余株。

博华农业利用优越的地理资源,把发展旅游融入生态保护,积极规划开发成面积 3000 余亩的齐鲁第一海棠园。2018 年的海棠节围绕黄河文化、海棠文化、农业科普三大主题展开,深入挖掘农副产品、手工艺品、节气、农事、动物观赏文艺表演、文化创意等元素,积极融入博兴当地民俗文化与非物质文化遗产,把地方特色传统文化与旅游关联起来,借以打造田园风光、民俗风情、农事体验和科普教育为一体的复合型文化旅游。同时,对各景区进行更加合理的规划,积极打造出博华农业这个独具特色的文化旅游品牌。博兴农业根据当地村落的生产生活实施项目带动战略,推动生态农业、青少年科普教育与旅游的深度融合。

图 7-1　滨州博兴博华海棠乐园

2.活动目标

以滨州博兴博华海棠乐园为依托,让学生在观赏与游戏中发现知识、获得知识，真正做到寓教于乐，让学生们感受到滨州本地的特有景色，并获得特殊的农业技能。

(1)准备材料

相机或手机、笔记本、笔、活动记录表、活动总结表等。

(2)指导建议

①我们参观学习的博兴博华海棠乐园是知名度很高的景区，会有很多学生前来参观学习，所以教师一定要提醒学生们注意礼貌，彰显学校风采，同时注意保护景区环境。

②在出发前，组织学生提前观看海棠乐园的信息，并规划参观学习的行程。

③教师提前确定出行方式，提前与景区相关负责人联系，确保路途顺利与安全。

④教师应该提前告知学生严格遵守活动纪律并安排好相关小组定时查看人数。

⑤本次活动采取分组活动的方式，教师提前进行分组，建议5～6人为一组，并选出小组长。活动实施过程中，实行小组长负责制，在小组长的带领下开展活动。

3.活动准备

(1)讲述活动规则

出发前，教师向学生讲述活动的规则。

①本次活动以小组为单位，在小组长的带领下开展活动。本次活动的任务是参观博兴博华海棠乐园，体验滨州特色农业景观，感受海棠带来的视觉盛宴。

②活动过程中，学生要有秩序、有礼貌，要服从教师和小组长的领导，在规定的范围内活动，要爱护景区的设施与环境。

③活动后要进行总结与反思，各小组根据活动总结表的要求，在小组长的带领下开展总结与反思活动。

(2)分组

出发前，学生以自愿方式进行分组，4～6人为一组，选出小组长，确定小组名称，在规定时间内完成小组分工。

4.活动实施

导入：在从学校前往景区的路途中，教师拿出自己准备的海棠让学生辨认，并且介绍博兴海棠乐园的优势，让学生分享自己与海棠的故事，引发学生对此次参观学习的兴趣，引出活动主题。

(1)活动任务一:发现特色

活动规则:教师参观规定范围内的农业景象,前期以个人或2～3人为单位,找出自己感觉到难以理解的现象并标记下来,比如,为什么鱼塘里的菜长得更高,为什么蝴蝶兰在有水草的花盆里长得更加旺盛;最后,进行小组分析,或者老师组织同学们一起探讨交流。

注意事项:学生只许在教师规定范围内活动,活动过程中注意安全,注意遵守景区秩序。

实施:教师询问学生对任务规则及注意事项是否清楚,鼓励学生根据自己的观察与思考提出问题。所有学生清楚任务和规则后,开始活动并进行观察。

教师观察学生的动态,注意学生是否遵守活动规则与注意事项,并提醒学生注意安全。

(2)活动任务二:最美花朵

活动规则:海棠乐园内有多种花朵,老师向同学们发布任务,要求按照“我心中的最美花朵”进行选择,在老师或家长的帮助下用相机或者手机把自己心中最美的花朵拍下来。寻找结束后,每位同学简述自己选择的原因,由老师和其他同学们投票来选出冠军。

注意事项:学生要注意不随意采摘和破坏,活动过程中注意安全,注意遵守秩序和老师的要求。

实施:教师询问学生对任务规则及注意事项是否清楚,鼓励学生积极参与,表述自己的真实想法,锻炼口头表述能力。所有学生清楚任务和规则后,开始活动并进行观察。

教师观察学生的动态,注意学生是否遵守活动规则与注意事项,并提醒学生注意安全。

(3)活动任务三:纸上种菜

活动规则:水上种菜是大家都广泛了解的,但是对于纸上种菜却很少接触。在本次活动中,同学们需要根据景区相关老师的指导完成种菜全过程。

注意事项:学生要听从老师的指导,对于不懂的环节要举手提问,活动过程中注意安全,注意爱护手中的种植设施。

实施:教师询问学生对任务规则及注意事项是否清楚,所有学生清楚任务和规则后,开始活动。

教师观察学生的动态,注意学生是否遵守活动规则与注意事项,并提醒学生注意安全。

5.评价总结

活动结束后,教师肯定各小组及每个同学的表现,并带领学生一起进行总结与反思。

小组长带领本组成员根据活动总结表的要求,进行组内总结与汇报,达成一致意见,选出一位代表进行汇报。

各组汇报结束后,教师肯定学生的成绩,并对表现好的同学进行表扬和奖励。

表 7-5　活动总结表

时　间		地　点	
小组成员		汇报人	
小组在任务一中的表现			
小组在任务二中的表现			
小组在任务三中的表现			
小组在活动中的合作程度			
小组表现突出的地方:			
小组有待提高的地方:			

(三)高中篇:小麦高低畦种植——博兴县店子村

适用年段:高中年段　　建议时长:180 分钟

1.景点文化介绍

博兴县店子镇店子村小麦高低畦种植技术试验区平均亩产 718.1 公斤,比常规小畦种植的对照区亩增 76.6 公斤,增幅 11.9%。小麦高低畦种植技术是滨州市农科院作物所科研人员历经 10 多年研发的一项小麦种植新技术,2017 年获得国家发明专利授权。该技术可使土地表面积增加 10%左右,增加了吸光吸热,有利于小麦生长发育,实行全田无埂种植,提高了小麦植株覆盖度、均匀度,不仅减少了光能损失,而且还有利于控制草害、减轻病虫危害,小麦抗倒伏显著增强。

小麦高低畦种植技术不仅适于滨州市推广应用,在全省乃至全国同类地区也具有更广阔的应用前景,而且该技术在河灌区还能改变大水漫灌的不科学浇水方式，对于节约十分紧缺的水资源具有重要意义。下一步，滨州积极争取项目资金支持，采取有力措施，加快该项技术的推广应用，为进一步提高小麦生产水平，确保粮食生产安全，发挥应有的作用。

2.活动目标

小麦是中国最古老的粮食作物之一，山东作为产粮大省，每年的小麦产出在中国占很大的比例，而滨州的小麦高低畦种植则又在土地面积不变的情况下提高了小麦产量。本次活动以滨州著名小麦高低畦种植技术为依托，让学生在实地学习中体会到滨州当地的先进技术，增强学生的地方自豪感。同时，通过本次活动将滨州本地的先进技术传播到更广阔的地方，推动滨州在国内形象的提升。

(1)准备材料

相机或手机、笔记本、笔、活动记录表、活动总结表等。

(2)指导建议

①我们参观学习的博兴县店子村的活动主要为露天学习，大部分活动都要与小麦接触，教师提醒学生注意防止刮伤，携带防晒、防虫、防刮伤药品，同时注意礼貌，也要注意保护当地环境。

②在出发前组织学生提前观看村庄和小麦技术的信息，并规划参观学习的行程。

③教师提前确定出行方式，提前与相关负责人联系，确保路途顺利与安全。

④教师应该提前告知学生严格遵守活动纪律并安排好相关小组定时查看人数。

3.活动准备

(1)讲述活动规则

出发前，教师向学生讲述活动的规则。

①本次活动以小组为单位，在小组长的带领下开展活动。本次活动的任务是参观博兴县店子村小麦高低畦种植技术，体验滨州特色农业景观。

②活动过程中，学生要有秩序、有礼貌，要服从教师和小组长的领导，在规定的范围内活动，要爱护村庄和种植区的小麦与环境。

③活动后，要进行总结与反思，各小组根据活动总结表的要求，在小组长的带领下开展总结与反思活动。

(2)分组

出发前，学生以自愿方式进行分组，4～6 人为一组，选出小组长，确定小组名称，在规定时间内完成小组分工。

4.活动实施

导入：在从学校前往村庄的路途中，教师组织学生分享自己所了解的小麦增产种植技术；最后，由老师指出滨州博兴县店子村小麦高低畦种植技术，并简单介绍，引出活动主题。

(1)活动任务一：海报制作

活动规则：参观采访博兴县店子村小麦高低畦种植技术，以个人为单位展开行动，小组在规定范围内观察村庄小麦种植，了解当地地理特色、植物、设施、技术等，在规定时间内绘制特色小麦高低畦种植技术宣传画。

注意事项：学生只许在教师规定范围内活动，活动过程中注意安全。

实施：教师询问学生对任务规则及注意事项是否清楚，所有学生清楚任务和规则后开始活动，鼓励学生开动脑筋。

(2)活动任务二：知识问答

活动规则：以小组为单位，可以通过查阅资料、实地观察、走访村民等方式，获得相应知识，做好准备。最后，由当地专业人员出题，组织知识抢答，由专业人员和老师作为裁判判断得分，最终得分高的小组获胜。

注意事项：学生只许在教师规定范围内活动，活动过程中注意安全，注意礼貌。

实施：教师询问学生对任务规则及注意事项是否清楚，所有学生清楚任务和规则后开始活动，鼓励学生开动脑筋。

教师观察学生的动态，注意学生是否遵守活动规则与注意事项，并提醒学生注意安全。

(3)活动任务三：种植体验

活动规则：博兴县店子村小麦高低畦种植技术作为中国最先进的小麦种植增产技术，拥有其他种植技术所没有的优势。学生通过任务一、二对小麦高低畦种植技术有了一定的了解，教师在任务三活动中让学生亲自体验小麦高低畦种植，并完成体验表。

注意事项：学生只许在教师规定的土地范围内活动，并听从技术老师的指导。活动过程中，注意安全，注意礼貌，未经教师及工作人员的允许不得随意行动。

实施：教师询问学生对任务规则及注意事项是否清楚，等所有学生清楚任务和规则后再开始活动，鼓励学生开动脑筋。

教师观察学生的动态，注意学生是否遵守活动规则与注意事项，并提醒学生注意安全。学生体验完毕后，教师集合所有学生，随机抽取个别同学让其分享自己的体验感受。

表 7-6　种植体验表

时　间		地　点	
姓　名		所在小组	
体验项目			
体验感受			
体验启发			

5.评价总结

活动结束后，教师肯定各小组及每个同学的表现，并带领学生一起进行总结与反思。

小组长带领本组成员根据活动总结表的要求，进行组内总结与汇报，达成一致意见，选出一位代表进行汇报。

各组汇报结束后，教师肯定学生的成绩，并对表现好的同学进行表扬和奖励。

表 7-7　活动总结表

时　间		地　点	
小组成员		汇报人	
小组在任务一中的表现			
小组在任务二中的表现			
小组在任务三中的表现			
小组在活动中的合作程度			
小组表现突出的地方：			
小组有待提高的地方：			

第二节　农业产品文化

一、研学背景

中国上下5000年，有着精湛的建筑技艺。传统的木制建筑虽不易保存，但是现今我们还是有幸能看到很多著名的乡村古城。它们或偏安一隅，或处于繁华的闹市而独自静谧。古城有着浓厚的历史底蕴，有着如诗如画的风光，也有着令人神往的故土风情。有的经历过战火的浸染，历经沧桑；有的经历过商贾的往来交易，饱经洗礼；有的经历过自给自足的惬意，乐得悠闲。如今，他们都在政府和文化保护的推动下，成为各地经济发展的带动性产业。各古城独特的自然风光和厚重的历史文化也为休闲观光的人们带来丰盛的视觉和情感体验。传统的小农经济也孕育了各地的农业文明。百姓们自给自足，自家就有不少农具，每年在一亩二分地上劳作，偶尔种几棵果树，既可以作为经济来源，也可以解馋。靠近河海湖泊的就再抽空捕点鱼或者做起水产生意，日子过得也算风生水起。随着时间的消逝，古城古镇的建筑可能变了，生活方式可能变了，但是当年的农业却一直被保存了下来，那份记忆也被永久珍藏起来。我们的中国，960万平方公里的面积，在这片土地上留下了不同的农业文化。我们的山东，158000平方公里的容量，在这片齐鲁大地上兼容多种农业特色。

二、研学目标

表7-8　“农业产品文化”研学目标

年段	认知目标	能力目标	情感目标
小学年段	了解每一个古城古镇的大概位置，认识当地农业类型。	知道古城古镇的名字，分清各农作物和果树的名字。	提高对农业生态环境保护的认识，提高农药等对环境破坏的认识。
初中年段	了解各古城古镇的农业特色，认识各城镇特色农具。	能准确地描述某一古城的农业类型，对古今农业类型进行对比。	增强对传统农业生产方式的传承意识，增强建设美丽乡村的意识。
高中年段	了解古城延续至今的原因和优势，认识中国农民丰收节的重要性。	能设计各古城古镇农业发展方向，并追溯各地农业发展历史。	加强对未来农业发展方向的思考，增强对乡村古城的保护意识。

三、参考活动设计

(一)小学篇:发现魅力农业——济宁郭楼镇古城村

适用年段:小学3～6年级　　建议时长:90分钟

1.景点文化介绍

济宁市汶上县郭楼镇古城村位于山东省济宁市,2018年11月被评为首批济宁市AAA级景区村庄之一,2019年12月24日被列入"全国乡村治理示范村"名单并入选国家森林乡村。当地政府及村民对村庄进行大规模生态美化,古色古香的"古城"式建筑让原本老旧的村落面貌一新。老村旧貌换新颜,形成了集农业观光、农事体验、文化感悟、休闲娱乐、垂钓餐饮为一体的美丽乡村。近年来,古城村坚持夯实基础、筑巢引凤的策略,在深入挖掘自身文化历史资源的基础上大力修建"户户通""四好农村路"等基础设施,走出了一条旅游观光、产业发展、集体增收、村民致富的路子。同时,引进一家上海农业技术公司,成功打造了田园综合体。

2.活动目标

以生态乡村为依托,让学生认识到当今乡村农业的发展方向,认识到农业的美丽以及农业的种植生产过程,认识到粮食生产的不易,培养学生节约粮食的好习惯。使学生可以自主规划农业乡村的发展方向,培养举一反三的能力。

(1)准备材料

相机或手机、笔记本、笔、活动记录表、活动总结表等。

(2)指导建议

①乡村古城游览多为露天,教师提醒学生注意携带防晒和防虫物品。

②在出发前组织学生提前观看古城的信息,并规划学习路线。

③教师提前确定出游方式,提前与古城负责人联系,确保路途顺利与安全。

④教师应该提前告知学生严格遵守活动纪律并安排好相关小组成员定时查看人数。

⑤本次活动采取分组活动的方式,教师提前进行分组,建议5～6人为一组,并选出小组长。活动实施过程中,实行小组长负责制,在小组长的带领下开展活动。

3.活动准备

出发前,教师向学生讲授活动规则。

(1)本次活动以小组为单位,在小组长的带领下开展活动。本次活动任务是游览济宁市汶上县郭楼镇古城村，了解农业农村，走近农业生产，领悟感受农产品来之不易，将农业生态保护意识深植学生心中，并完成活动记录表。

(2)活动前要进行分组，选出小组长，在规定的时间内完成小组分工。

(3)活动过程中，学生要有礼貌、有秩序，服从教师和小组长的领导，在指定范围内活动，不可随手乱扔垃圾，保护乡村城镇的环境。

4.活动实施

导入：在从学校前往主题公园的路途中，教师组织学生分享自己提前搜集到的济宁市汶上县郭楼镇古城村的相关信息和照片，引出活动主题。

(1)活动任务一：发现农业的美丽

活动规则：以小组为单位分组展开行动。小组在规定范围内对自己认为比较好的古城风景进行拍摄，在实践中找到古城和农业的美。每人可拍摄多张，但是只能选择一张作为评选作品；然后各组互评，给每张图片打分，分数实行满分10分制；最后，排出组内名次和小组排名。

注意事项：学生只许在教师规定范围内活动，活动过程中注意安全，保护乡村环境。

实施：教师询问学生对任务规则及注意事项是否清楚，鼓励学生根据自己的认识找出乡村中特殊的美丽之处。所有学生清楚任务和规则后，开始分组活动，走进乡村城镇，发现美丽。

教师观察学生的动态，注意学生是否遵守活动规则与注意事项，并提醒学生注意安全。

表7-9　活动记录表

<table>
<tr><th colspan="6">第　组</th></tr>
<tr><th>姓　名</th><th>图　片</th><th>拍摄原因</th><th>分　数</th><th>组内名次</th><th>小组排名</th></tr>
<tr><td></td><td></td><td></td><td></td><td></td><td></td></tr>
<tr><td></td><td></td><td></td><td></td><td></td><td></td></tr>
<tr><td></td><td></td><td></td><td></td><td></td><td></td></tr>
<tr><td></td><td></td><td></td><td></td><td></td><td></td></tr>
</table>

学生各组分数计算完成后由各组第一名分享自己拍摄时的感受，最后由老师进行总结指导。

(2)活动任务二:溯源古城与当地农业历史

规则:教师向学生大致说明当地农业的发展情况及古城历史。学生待老师讲解完毕后,以小组为单位,进入村庄和古城镇,向当地村民请教详细情况,并做好记录。了解完毕后,教师选出最全面的记录,给以展示并表扬,最后向学生系统讲述古城镇的历史和当地农业发展情况。

实施:学生开始前,教师给学生几分钟的准备时间。准备完毕后,学生自主选择请教方向。提醒学生注意礼貌,懂得尊老爱幼并注意保护环境。

表 7-10 活动记录表

第 组	
古城历史	
农业历史	

(3)活动任务三:设计农业乡村的下一步发展

活动规则:以小组为单位分组展开行动,小组根据前两个活动中对古城的认识,提出当地农业和古城的发展方向,简单制作发展计划和展望,在规定时间内完成,并在全体同学面前进行讲述。

注意事项:允许学生进行合理想象,但不能偏离实际,必须立足当地实际,同时注意在发展设计中对环境的保护,做到经济与环境和谐共赢。

表 7-11 活动记录表

第 组	
姓 名	发展设计
小组综合	

组内设计完成后,交给老师,由老师和当地领导进行评价,选择优秀的设计进行奖励。

5.评价总结

活动结束后，教师肯定各小组及每个同学的表现，并带领学生一起进行总结与反思。

小组长带领本组成员根据活动总结表的要求，进行组内总结与汇报，达成一致意见，选出一位代表进行汇报。

各组汇报结束后，教师肯定学生的成绩，并对表现好的同学进行表扬和奖励。

表 7-12　活动总结表

时　间		地　点	
小组成员		汇报人	
小组在任务一中的表现			
小组在任务二中的表现			
小组在任务三中的表现			
小组在活动中的合作程度			
小组表现突出的地方：			
小组有待提高的地方：			

(二)初中篇：寻一村一品——山东淄博周村大街

适用年段：初中 7～9 年级　　建议时长：120 分钟

1.景点文化介绍

周村大街古商城坐落于山东省淄博市周村区西部，街区里有很多商店和历史古迹。周村大街古商城是中国江北保存完好的明清两代古代商业街区。纺织丝绸工业是具有地方特色的传统工艺，具有悠久的文化历史，周村已成为中国北方丝绸之路的发源地之一。明清时期，周村大街古商城发展成为北方的重镇，被乾隆皇帝册封为“天下第一村”。这里最有特色的当属周村烧饼，周村烧饼起源于汉代，口味独特，便于携带，不易变质，适合行军打仗和商人远游，故需求量大、名气大。周村烧饼也被称为“鼓烧饼”“马蹄烧饼”“薄酥烧饼”“木耳边烧饼”等。除聚合斋外，相继出现了大顺勇、东兴合、德祥斋、庆和成、三顺成、奎胜永、聚兴斋、三和成、魁胜德等字号。周村大街现为省级重点文物保护单位、国家 AAAA 级旅游景区，并作为山东省“文化历史与民俗”旅游区的开发重点而被列入“山东省旅游发展总体规划”。

图 7-2 周村大街实景

图 7-3 周村烧饼博物馆实景

2.活动目标

学生通过学习当地"一村一品"发展特色，感悟农业特色对村庄和城镇发展的推动和促进作用；寻找周村大街最具有鲜明特色的农业生产工具，了解其背后的历史及文化；通过观看丝绸制作，激发对农业相关产业创作的兴趣。通过学习当地的中国农民丰收节，了解农村改革发展所取得的巨大成就。

(1)准备材料

笔、笔记本、相机、小卡片、活动记录表、活动总结表等。

(2)指导建议

①周村大街游览学习时间可选择在中国农民丰收节开办之时，以便让学生体验中国以农为本的传统。

②乡村古城游览场所多为露天，教师提醒学生注意携带防晒和防虫物品。

③在出发前组织学生提前观看古城的信息，并规划学习路线。

④教师提前确定出游方式，提前与公园负责人联系，确保路途顺利与安全。

⑤教师应该提前告知学生严格遵守活动纪律并安排好相关小组成员定时查看人数。

⑥本次活动采取分组活动的方式，教师提前进行分组，建议 5～6 人为一组，并选出小组长。活动实施过程中，实行小组长负责制，在小组长的带领下开展活动。

3.活动准备

出发前，教师向学生讲述活动的规则。

本次活动以小组为单位，在小组长的带领下开展活动。本次活动的任务是参观周村大街，体验当地农业特色，感受中国农民丰收节的氛围并有所收获。

活动前要进行分组，选出小组长，确定小组名称，在规定时间内完成小组分工。

活动过程中，学生要有秩序、有礼貌，要服从教师和小组长的领导，在规定的范围内活动，要爱护古城镇的设施与环境。

活动后要进行总结与反思，各小组根据活动总结表的要求，在小组长的带领下开展总结与反思活动。

4.活动实施

导入：在从学校前往周村大街公园的路途中，教师提出知名学校的教育特色，并让学生分享自己对哪个学校的特色有所了解，以引出农业发展特色主题。下车后，教师带领学生有序地进入古城镇，在预定的地点进行活动分工。

(1)活动任务一：寻找一村一品

活动规则：以小组为单位分组展开行动，小组在规定时间内到各村观察农业特色，通过组内讨论和向村民请教等途径，正确分析出当地农业发展的特色。最后由组长总结并填写活动表，交给老师，由老师判定是否正确，并选择几位同学进行学习交流与分享。

注意事项：学生只许在教师规定范围内活动，活动过程中注意安全，保护乡村环境，注意礼貌。

实施：教师询问学生对任务规则及注意事项是否清楚，鼓励学生根据自己的观察发现农业发展特色。所有学生清楚任务和规则后，开始分组活动。

教师观察学生的动态，注意学生是否遵守活动规则与注意事项，并提醒学生注意安全。

表 7-13　活动记录表

第　组	
村　庄	一村一品

最后由老师总结农业特色对当地经济发展的重要性。

(2)活动任务二：参加中国农民丰收节

活动规则：以小组为单位分组展开行动，小组按要求参加周村举行的中国农民丰收节，细心观察在丰收节上达成的各项商业合作，探究农业发展的优势行业与产品。观察并统计举行了几项丰收节相关活动，从中找出自己喜欢的活动，说明原因及其举行的必要性。

注意事项：学生只许在教师规定范围内活动，活动过程中注意安全，保护乡村环境，注意礼貌。

实施：所有学生清楚任务和规则后，开始分组活动。

教师观察学生的动态，注意学生是否遵守活动规则与注意事项，并提醒学生注意安全。

表 7-14　活动总结表

第　组				
姓　名	最喜欢的活动	原　因	开办的必要性	农业发展的优势行业与产品

最后由学生自愿分享参加丰收节的感受。

(3)活动任务三：周村丝绸

活动规则：以小组为单位分组展开行动，小组按丝绸制作步骤有序观察。之后，各小组寻找相关资料讨论周村丝绸发展的历史，并分析周村丝绸完成传统产业转型升级后对中国丝绸之路和丝绸产业的贡献。

注意事项：学生只许在教师规定范围内活动，活动过程中注意安全，不得随意触碰丝绸制作工具。

实施：所有学生清楚任务和规则后，开始分组活动。

教师观察学生的动态，注意学生是否遵守活动规则与注意事项，并提醒学生注意安全。

表 7-15　活动记录表

第　组	
周村丝绸发展的历史	

续表

周村丝绸完成传统产业转型升级后对中国丝绸之路和丝绸产业的贡献	

5.评价总结

活动结束后，教师肯定各小组及每个同学的表现，并带领学生一起进行总结与反思。

小组长带领本组成员根据活动总结表的要求，进行组内总结与汇报，达成一致意见，选出一位代表进行汇报。

各组汇报结束后，教师肯定学生的成绩，并对表现好的同学进行表扬和奖励。

表 7-16　活动总结表

时　间		地　点	
小组成员		汇报人	
小组在任务一中的表现			
小组在任务二中的表现			
小组在任务三中的表现			
小组在活动中的合作程度			
小组表现突出的地方：			
小组有待提高的地方：			

(三)高中篇:品特色菜肴——兖州区小孟镇梁家村

适用年段:高中年段　　建议时长:180 分钟

1.景点文化介绍

小孟镇位于兖州区西北部，是山东省卫生先进单位、济宁市文明单位。近年来，小孟镇以“保持村庄原貌，改善民居环境，建设宜居小镇”为宗旨，走出了

“全域打造，全民共享”的美丽乡村建设的新路子。小孟镇梁家村按照A级景区标准对村庄进行基础设计和建设，拆除了许多农民的废弃住址，种植植物，安装景观灯和音箱，铺设石头人行道，还装饰了一些卡通雕塑，形成了一条5000多平方米的绿色走廊。小孟镇还将美丽的乡村建设与乡村旅游相结合，充分挖掘历史文化资源，突出乡土气息，建设农家乐，打好体验牌，建设采摘园。2016年，小孟镇被评为“中国美丽乡村建设示范镇”“山东省旅游强乡镇”等荣誉称号。梁家村被评为“省级旅游特色村”和“省级美丽休闲乡村”，苏户村被评为“省级旅游特色村”。2016年，梁家村和苏户村片区联合，成功创建国家3A级景区——孟里老家。2018年，被命名为首批济宁市AAA级景区村庄。

2.活动目标

了解小孟镇近些年来的发展变化，深入了解生态环境保护对农村经济发展的作用。了解有关的特色旅游活动，走到真实场景中，带着学习的初衷，通过直接感知、深入观察、亲身体验、主动探究，深入了解果树种植文化知识，探秘古城镇的传统农业印记。

(1)准备材料

相机、笔记本、笔、活动记录表、活动总结表等。

(2)指导建议

①乡村古城游览场所多为露天，教师提醒学生注意携带防晒和防虫物品。

②在出发前组织学生提前观看古城的信息，并规划学习路线。

③教师提前确定出游方式，提前与古城负责人联系，确保路途顺利与安全。

④教师应该提前告知学生严格遵守活动纪律并安排好相关小组人员定时查看人数。

3.活动准备

(1)讲述活动规则

出发前，教师向学生讲授活动规则。

①本次活动的任务是游览小孟镇，了解小孟镇特色旅游、环境保护，走近果树种植，感受农业发展，将生态环保意识深植学生心中，并完成活动记录表。

②活动前要进行分组，选出小组长，在规定的时间内完成小组分工。

③活动过程中，学生要有礼貌、有秩序，服从教师和小组长的领导，在指定范围内活动，不可随手乱扔垃圾，保护城镇的环境。

(2)分组

出发前，学生以自愿的原则进行分组，5～6人为一组，选出小组长，组长合理安排组员任务,组员服从小组长的安排,在规定时间内完成活动。

4.活动实施

导入:在从学校出发前往小孟镇的路途中,教师组织学生分享他们提前搜集到的城镇特色旅游与农业资料,引出活动主题。

(1)活动任务一:果树认领

活动规则:根据当地相关领导和老师的讲授和介绍,对小孟镇种植的8种2000余棵树进行认领,以小组为单位展开行动。每人选择一棵树进行认领,并做好认领时果树长势记录,认真按照当地果树种植专家的要求进行管理。

注意事项:学生只许在教师规定范围内活动,活动过程中注意安全,不得随意破坏果树茎叶,不得随意摘取果实等。

实施:所有学生清楚任务和规则后,开始分组活动。

教师观察学生的动态,注意学生是否遵守活动规则与注意事项,并提醒学生注意安全。

表7-17　活动记录表

第　组		
姓　名	认领果树	长　势

最后由学生自愿讲述自己选择认领的果树的原因,并简单介绍果树。

(2)活动任务二:特色菜肴中的农产品

活动规则:学生跟随老师到相关地区的农家乐中观看当地百姓做得农家饭菜。学生按组观察,找出每一份菜里面包含的蔬菜,并按序号记录下来。找出数量最多的一组可以在比赛结束后选择一份当地特色农家菜品尝。

注意事项:学生在观察时不可对农家饭菜进行大幅度翻动,保持距离,注意卫生。可小组讨论,严禁作弊。

实施:所有学生清楚任务和规则后,开始分组活动。

教师观察学生的动态,注意学生是否遵守活动规则与注意事项。

表 7-18　活动记录表

第　组	
第几份菜	种　类

(3)活动任务三:寻找传统农业印记

活动规则:当地保留了很多传统农业所需的工具,如石磨、轱辘、碌碡、老井等。以小组为单位展开行动,小组在规定范围内寻找当地传统农业印记。可以画出物品形状或者记录物品所在的位置,不限数量。最后,由当地领导和老师检查寻找的物品是否正确,并选出第一名。

注意事项:学生只许在教师规定范围内活动,活动过程中注意安全,保护乡村环境,同时注意不要随意触碰当地物品,注意礼貌。

实施:所有学生清楚任务和规则后,开始分组活动,走进乡村城镇,发现传统农业印记。

教师观察学生的动态,注意学生是否遵守活动规则与注意事项,并提醒学生注意安全。

表 7-19　活动记录表

第　组	
物　品	形状或位置

(4)活动任务四:农业生态保护

活动规则:以小组为单位分组展开行动,小组在规定范围内观察城镇内的生态保护,找出自己认为城镇生态保护做得不足的地方或者值得赞赏的措施,并分析原因提出建议。

注意事项:学生只许在教师规定范围内活动,活动过程中注意安全,保护乡村环境。

实施：所有学生清楚任务和规则后，开始分组活动。

教师观察学生的动态，注意学生是否遵守活动规则与注意事项，并提醒学生注意安全。

表 7-20　活动记录表

第　　组	
值得赞赏的措施及原因	不足及建议

5.评价总结

活动结束后，教师肯定各小组及每个同学的表现，并带领学生一起进行总结与反思。

小组长带领本组成员根据活动总结表的要求，进行组内总结与汇报，达成一致意见，选出一位代表进行汇报。

各组汇报结束后，教师肯定学生的成绩，并对表现好的同学进行表扬和奖励。

表 7-21　活动总结表

时　间		地　点	
小组成员		汇报人	
小组在任务一中的表现			
小组在任务二中的表现			
小组在任务三中的表现			
小组在任务四中的表现			
小组在活动中的合作程度			
小组表现突出的地方：			
小组有待提高的地方：			

第三节　农作物体验园文化

一、研学背景

为了促进农村经济发展、摆脱被传统农业限制的局面，政府鼓励各地农村发展休闲观光农业，以促进农民转移就业。地方农作物体验园的建立为城市居民和学生们提供了体验农业的机会。

中国自古就是一个传统的农业大国，农耕文化的传承也是青少年教育的重要组成部分。因此，增强青少年的劳动观念，普及古代和现代农业知识，激发劳动热情，提供接触农业、接触自然的环境，使年轻人通过现代科学技术看到和感觉到生命的神秘和神奇，真正实现教学和娱乐的一体化，将课堂知识转化成实践经验。以此来更好地尊重自然，尊重现代农业技术，尊重整个人类社会的发展。

二、研学目标

表 7-22　"农作物体验园文化"研学目标

年段	认知目标	能力目标	情感目标
小学年段	了解各个农业体验园的特色，认识部分农业种植工具。	在体验中学会分辨各种农产品及传统种植技术。	提高对农业重要性的认识，增强对本民族农业历史的认同感。
初中年段	了解农业与科技相结合的表现，认识现代化农业科学技术。	在体验中学会利用科学技术发展现代农业。	提高对农业科技的认识程度，增强农业创新性认识。
高中年段	了解农产品种植与生产的全过程，认识农业生产的条件和农产品收获的表现。	提高对农产品生产全过程的认识，增强实践能力和认知水平。	在体验中发现体验园的发展优势及发展意义。

三、参考活动设计

(一)小学篇：山东泰安国家农业科技园区

适用年段：小学 3～6 年级　　建议时长：90 分钟

1.景点文化介绍

山东泰安国家农业科技园区坐落于泰山脚下，京沪铁路纵贯南北，京沪高速公路104国道穿境而过，高速公路6小时内可到达北京、上海、南京、天津等国内重要城市，区位优势明显。园区于2013年9月被科技部批复为国家农业科技园区，总面积54.51平方公里，规划建设综合管理服务及产业孵化区、研发创新及成果展示区、涉农高新技术企业集聚区和现代农业生产核心示范区。园区将综合管理服务及产业孵化区作为核心区，重点建设核心区规划面积11.6平方公里。按照政府主导、企业主角、市场主导、效益领跑的原则和一产特色化、一产二产化、一产三产化和一产信息化的工作思路，以将其建设成农业高新技术成果转化基地、农业高新技术辐射源、科技型涉农企业发展基地和科技特派员创业基地为目标，构筑了一、二、三产融合发展的特色产业集群，为泰安现代农业的腾飞提供了强大的引擎和广阔的平台。

农业＋特色，产业重点愈加鲜明。依托泰山独特的地域优势和植物资源，园区制定了以苗木花卉为主导产业，辐射带动现代农业、有机蔬菜、农业、休闲旅游等优势产业快速发展的战略，重点发展泰山松、蓝莓、兰花等泰安当地优质特色苗木花卉，成功引进了亚洲最大的蝴蝶兰研发、组培、繁育生产中心，实施了景观苗木、造型苗木、观赏苗木和绿化苗木四大特色基地建设，集中培育了10个年销售收入过亿元的重点企业，成功举办了多届泰山国际兰花节、中国泰山苗木花卉交易会和泰山蓝莓节。2014年，园区投资6亿元，规划建设了泰山东岳国际花木城，有效集聚了周边苗木花卉资源，规范了经营秩序。花木城容纳摊位800个以上，年交易额6亿元，实现了泰安苗木买全国、卖全国、买世界、卖世界的目标，产业发展重点日益鲜明。

农业＋龙头，园区引擎愈加强劲。园区按照市场牵龙头、龙头带基地、基地连农户、产加销一体的思路，把农业龙头企业培养成加快农业转型升级的核心。目前，园区农业企业已发展到86家，其中，国家级重点龙头企业1家，省级重点龙头企业4家。亚细亚食品有限公司是国内有机蔬菜出口规模最大的企业，山东宝来利来生物工程股份有限公司是全国规模最大的动物微生态制剂和微生态技术及解决方案服务商，山东亚奥特乳业有限公司拥有国际最先进的乳品加工线，圣田农林科技有限公司是山东省农科院果树科技示范基地。2015年，园区内企业新增投资8.34亿元，实现产值41.15亿元，税收3.16亿元，拉动区域农业走上发展的快车道。

农业＋旅游，区域特点愈加彰显。为了实现农业和旅游业融合发展，依托泰山大旅游园区，精心打造了泰山花样年华和宝泰隆旅游度假区两个国家4A级景区。泰山花样年华景区集娱乐、观光、采摘、餐饮、展销、科普于一体，建有“未来田园”“梦幻花都”“热带风情、宝岛兰苑国际马术俱乐部”等10多个景点。泰山宝来龙旅游度假区，以地下漂流观光与地上休闲娱乐为主。产品涵盖观光娱乐、休闲度假、餐饮购物、文化体验、演出特色等五大模块，先后被命名为“山东省科普教育基地”“山东省文化产业重点园区”“山东农业大学实践基地”。2015年，花样年华景区入园人数近40万人次，综合收入近5000万元，泰山宝来龙旅游度假区综合收入近1.9亿元，真正做到了农业促进旅游、旅游反哺农业，实现了经济效益与社会效益双丰收。

农业+互联网，平台优势愈加凸显。园区不断加快信息化建设步伐，坚持互联网加农业的工作思路，与山东农业大学、山东省林科院等多家单位合作，建设了集现代农业信息收集、汇总、发布、线上交易、电子政务、科普教育和资源共享于一体的园区信息中心，采用O2O网上交易模式，整合物流金融信息等资源，形成了一个集网上下单、实地验货、网上付款、开具检疫、物流配送、生产追溯于一体的全息苗木电子商务交易模式平台。该平台运营后，已有1000多个客户入驻，开设在线店铺，800多家日浏览量高达5万多人次，交易额达15亿元，为苗木花卉企业节约交易成本1500余万元，形成了覆盖面广、功能完备的农业信息服务平台。

农业+科技，支撑作用愈加突出。为了突出科技对农业发展的支撑作用，园区与多家科研院所开展了强强合作，逐步形成了完善的农业农村科研与推广服务体系园区，与山东农业大学共同打造研发创新及成果展示区、新农村发展研究院和园区信息中心，与中国农科院合作建设花样年华景区、未来田园景点，与山东省果科所、泰安市农科院合作示范推广优质果树蔬菜品种50余个，与泰安市林科院合作大力发展苗木花卉产业，开展培训50余次，科技员工近4000人。通过加强校地合作力度，逐步形成了完善的农业农村科研与推广服务体系。目前，园区建设了国家省级重点实验室、院士工作站、工程技术研究中心42个、新农村发展研究院1处，共引进两院院士6人、高级职称专业人才700多人、科研人员1500多名、科技特派员30人，累计转化科技成果90余项，示范带动农业企业313家，为园区企业和单位提供了技术保障和科技支撑。

山东泰安国家农业科技园区，以苗木花卉特色主导产业，与科研院所合作建设集科研管理成果转化、企业培育于一体的农业科技孵化器，引进国内外人才创新成果，吸引高校科研单位入驻，增强科学技术成果转化能力，加速创新型农业发展进程，突出体现辐射带动作用，实现四化的同步发展，做无愧于泰山称号的样板园区。

2.活动目标

学生通过参观山东泰安国家农业科技园区，寻找工农业生产工艺和非物质文化遗产工艺，将语文、数学、科学、英语等各科课本知识系统地融入劳动的各个环节中去，感悟农业与课程融为一体的独特魅力；寻找基地内具有鲜明农业特色的设施，了解其背后的历史及文化；通过体验特色工艺与实验室活动，激发学生对农业文化的热爱之情，鼓励学生进一步探索农业科技文化。

(1)准备材料

笔、笔记本、相机、小卡片、活动记录表、活动总结表等。

(2)指导建议

①农耕体验基地知名度较高，前来体验的人很多，教师应提醒学生们注意安全，注意礼让他人。

②在出发前组织学生提前观看体验基地的信息，并规划学习路线。

③教师提前确定出游方式，提前与基地负责人联系，确保路途顺利与安全。

④教师应该提前告知学生严格遵守活动纪律并安排好相关小组定时查看人数。

⑤本次活动采取分组活动的方式，教师提前进行分组，建议5～6人为一组，并选出小组长。活动实施过程中，实行小组长负责制，在小组长的带领下开展活动。

⑥活动后要进行总结与反思，各小组根据活动总结表的要求，在小组长的带领下开展总结与反思活动。

3.活动准备

出发前，教师向学生讲授活动规则。

活动过程中，学生要有礼貌、有秩序，服从教师和小组长的领导，在指定范围内活动，不可随手乱扔垃圾，保护基地的环境。

4.活动实施

导入：在从学校前往基地的路途中，教师组织学生观看搜集到的其他学生在基地进行实验及活动的照片，激发学生对基地的兴趣和对课程探究的激情。下车后，教师带领学生有序地进入体育公园，在确定的地点进行活动分工。

(1)活动任务一:给花朵分类

活动规则:以小组为单位展开行动,根据科技园区划分的采摘或活动区域,对可以采摘的花朵进行正确采摘,不能采摘的花朵则用手机进行拍摄。每组每位成员至少选择一种花朵,而且要知道自己采摘或者拍摄的花朵名称或种类。最后,各小组综合上交后,抽签分组,进行辨别。正确辨别数量最多的小组获胜,同时可以得到其他小组采摘的花朵。

注意事项:学生只许在教师规定范围内活动,活动过程中注意安全,严禁错误采摘和随意践踏。

实施:所有学生清楚任务和规则后,开始活动。

教师观察学生的动态,注意学生是否遵守活动规则与注意事项,并提醒学生注意安全。

表 7-23　活动记录表

答题卡　第　组	
第　组采摘	
序　号	名　称

(2)活动任务二:采摘茶叶

活动规则:以小组为单位展开行动,根据科技园划分的采摘区域,亲自动手,按照收获的标准进行采摘,并在采摘中融入课本知识点。在活动记录表上记录不同种类茶叶成熟的特征和采摘技巧。

注意事项:学生只许在教师规定范围内活动,活动过程中注意安全,严禁不按标准采摘和对茶园进行破坏。

实施:所有学生清楚任务和规则后,开始活动。

教师观察学生的动态,注意学生是否遵守活动规则与注意事项,并提醒学生注意安全。

表 7-24　活动记录表

第　　组		
茶叶名称	成熟特征	采摘技巧

(3)活动任务三:观看农产品加工

活动规则:以小组为单位展开行动,根据科技园区和入园企业划分的观看区域,进行观看学习。各小组会被分到不同的企业,相应的观看内容也会不同,包括食品、生态、乳业、科技等。各组在观察中随时记录疑问和收获,并将其记录在活动记录表上,可在观看过程中向专业人员询问或者观看结束后统一学习。

注意事项:学生只许在教师规定范围内活动,活动过程中注意安全,严禁随意触碰企业设备和产品,不可打扰非活动区域内的工作人员。

实施:所有学生清楚任务和规则后,开始活动。

教师观察学生的动态,注意学生是否遵守活动规则与注意事项,并提醒学生注意安全。

表 7-25　活动记录表

第　　组	
姓　名	
观看企业	
疑　问	感　悟

5.评价总结

活动结束后,教师肯定各小组及每个同学的表现,并带领学生一起进行总结与反思。

小组长带领本组成员根据活动总结表的要求,进行组内总结与汇报,达成一致意见,选出一位代表进行汇报。

各组汇报结束后，教师肯定学生的成绩，并对表现好的同学进行表扬和奖励。

表 7-26　活动总结表

时　间		地　点	
小组成员		汇报人	
小组在任务一中的表现			
小组在任务二中的表现			
小组在任务三中的表现			
小组在活动中的合作程度			
小组表现突出的地方：			
小组有待提高的地方：			

(二)初中篇：山东兰陵农业公园

适用年段：初中 7～9 年级　　建议时长：120 分钟

1.景点文化介绍

山东省兰陵县是以粮食生产和蔬菜种植为主的农业大县，自然条件优越，农产品资源丰富，曾被评为“全国蔬菜产业十强县”。近年来，兰陵县通过政策项目支持、技术服务指导，大力培育农业社会化服务主体和多样服务业态，农业社会化服务效果正在显现。壮大多元服务主体，增强社会化服务能力，培育具备综合型或专项型服务的农民专业合作社。

兰陵县是传统的农业大县，现有耕地 161.7 万亩。2019 年粮食收获面积 160 万亩，总产 75 万吨，粮食生产实现“十一连增”，被农业农村部授予“全国粮食生产先进县”。全县蔬菜收获面积 110 万亩，总产量 400 万吨，产值 76 亿元，被评为“中国蔬菜之乡”“中国大蒜之乡”“中国牛蒡之乡”和“山东南菜园”。

兰陵国家农业公园还研究创建了新的农业栽培模式——滚筒栽培。相对来说，滚筒栽培模式是一种能更大程度地利用空间和能量的人工环境栽培模式。在这种模式下，光源和营养液的位置相对固定。作物固定在转鼓上，根系向外。随着滚筒的旋转，桶中的植物也可以均匀地接收光线。这种模型甚至可以生长在根本没有光的海底和洞穴中。

由于疫情的影响，旅游业受到了前所未有的冲击。为了尽快恢复当地旅游经济，各景区不断探索新的模式，创造新的商业形态。在兰陵国家农业园区，小火车被打造成集网络名人、餐饮、观光为一体的新的“风景区”，受到众多游客的青睐。它不仅让游客充分体验到乡村旅游的独特娱乐，而且还为“夜游工程”增添了丰富多彩的新奇元素。

兰陵国家农业公园在2014年被评为“全国十佳休闲农庄”，是国家AAAA级旅游景区。兰陵国家农业公园是国家级休闲农业与乡村旅游示范点，荣获“全国五星级休闲农业与乡村旅游企业(园区)”称号。兰陵国家农业公园在2013中国(高淳)休闲农业与美丽乡村建设活动上，获得由国家农业部农村社会发展中心颁发的“2013年全国休闲农业与乡村旅游五星级企业(园区)”称号。

2.活动目标

以农业体验为基础，让学生在实践中认识到当今农业科技正迅猛发展，同时了解到中国传统农业发展的特色和传承至今的优势，了解农业的种植过程。观察当地特色暖棚农业，探究地名与农业的关系。

(1)准备材料

相机或手机、笔记本、笔、活动记录表、活动总结表等。

(2)指导建议

①农业体验园游览场所多为露天，教师提醒学生注意携带防晒和防虫物品，同时注意卫生。

②在出发前组织学生提前观看农业体验园的信息，并规划学习路线。

③教师提前确定出游方式，提前与体验园负责人联系，确保路途顺利与安全。

④教师应该提前告知学生严格遵守活动纪律并安排好相关小组成员定时查看人数。

⑤活动分组：本次活动采取分组活动的方式，教师提前进行分组，建议5～6人为一组，并选出小组长。活动实施过程中，实行小组长负责制，在小组长的带领下开展活动。

3.活动准备

出发前，教师向学生讲授活动规则。

本次活动以小组为单位,在小组长的带领下开展活动。本次活动任务是游览山东兰陵农业公园,参观当地特色的暖棚农业,从当地村民口中得知兰陵名称的缘由,并完成活动记录表。

活动过程中,学生要有礼貌、有秩序,服从教师和小组长的领导,在指定范围内活动,不可随手乱扔垃圾,不可破坏当地农作物和生态,保护农业体验园的环境。

4.活动实施

导入:在从学校前往农业体验园的路途中,教师组织学生分享自己提前搜集到的山东兰陵农业公园的相关信息和照片,最后由教师引出活动主题。

(1)活动任务一:参观暖棚农业

活动规则:山东兰陵农业公园内共有4个温室,其中,3个具有农业体验价值,分别是锦绣苍山、农科蔬苑和华夏菜园。在这里,我们可以看到最新的高科技蔬菜种植技术和无土栽培技术,还可以看到国际上最先进的蔬菜种植技术和物联网技术。以小组为单位开展活动。各小组在老师指定的暖棚内进行观察,通过观察暖棚内的植物,看看能找到哪些不属于现在这个季节的植物、暖棚种植和传统种植有什么区别,并且思考暖棚种植的优点以及可能出现的问题。

注意事项:学生只许在教师规定范围内活动,活动过程中注意安全,保护暖棚环境。

实施:所有学生清楚任务和规则后,开始分组活动,走近乡村城镇,发现美丽。

教师观察学生的动态,注意学生是否遵守活动规则与注意事项,并提醒学生注意安全。

表7-27 活动记录表

第　组			
区　别	反季植物	优　点	问　题

各小组完成后由老师进行查看,指出问题并表扬完成度较高的小组。

(2)活动任务二:沂蒙山农耕博物馆

沂蒙山农耕博物馆是一个汇集自然、民族风俗、科技、农耕、历史、艺术等多种类型的博物馆,也是非常值得人们前往的。在这里,我们不仅能感受到自然的美景,而且还能见证历史,感知这千百年来农耕的发展史。

活动规则:以小组为单位展开行动,通过观察数千年来沂蒙山地区人民群众认识自然、改造自然的文明成果,感悟无私奉献、艰苦奋斗、创造创新的精神追求。同时,找出让自己印象最深刻的展品,根据展品介绍和讲解人员的讲解等,写下自己的感悟。

注意事项:学生只许在教师规定范围内活动,活动过程中注意安全,爱护博物馆环境和展品。

实施:所有学生清楚任务和规则后,开始分组活动,走近博物馆,发现农耕的美丽。

教师观察学生的动态,注意学生是否遵守活动规则与注意事项,并提醒学生注意安全。

表 7-28　活动记录表

第　组		
人　员	展　品	感　悟

5.评价总结

活动结束后,教师肯定各小组及每个同学的表现,并带领学生一起进行总结与反思。

小组长带领本组成员根据活动总结表的要求,进行组内总结与汇报,达成一致意见,选出一位代表进行汇报。

各组汇报结束后,教师肯定学生的成绩,并对表现好的同学进行表扬和奖励。

表 7-29　活动总结表

时　间		地　点	
小组成员		汇报人	
小组在任务一中的表现			
小组在任务二中的表现			
小组在活动中的合作程度			
小组表现突出的地方：			
小组有待提高的地方：			

(三)高中篇:山东潍坊千牧泮宫农耕体验基地

适用年段:高中年段　　建议时长:180 分钟

1.景点文化介绍

山东千牧泮宫,位于山东潍坊,是寒亭区国家现代农业产业园的龙头企业,内部配备了实力雄厚的师资团队。千牧泮宫建立起最完整的自然教育综合平台,为全国范围内乃至世界范围内自然合作的教育机构提供自然教育标准教程、标准管理体系、基地建设方案、标准团队建设和人员培训计划等。

通过编制和规划自然教育实践课程,千牧泮宫在不违反国土政策的前提下,根据当地的实际情况对事物进行了最佳利用。要因地制宜,规划用水,将农场和自然风景区的闲置资源转变为自然教育基地或设施,对全民进行综合自然教育。其中,一些中小学紧紧遵循教学大纲,将教学内容追溯到现场,简化实际过程,或直接在生产劳动实践中教授基础教育,从而改变了传统的教育模式。千牧泮宫深层自然教育是一种自然教育模式,允许受教育者在自然系统下独立进行生产劳动或科学实验,以科学生产和加工技术为主导,以课程提纲为重点内容。

千牧泮宫率先提出“大纲自然教育”和“农业深度体验”等概念,并将各学科知识点高密度地搬进实践基地,将“强基计划”和“劳动必修课 ” 融为一体。

图 7-4　潍坊千牧泮宫农耕体验基地实景

图 7-5　农作物种植实景

2.活动目标

学生通过参观山东潍坊千牧泮宫农耕体验基地，了解农作物的种植过程及生长规律，增长农作物的种育知识，体验对农作物的管理过程，将自然教育与劳动教育有机结合，提高学生的实践能力。

(1)准备材料

笔、笔记本、相机、小卡片、活动记录表、活动总结表等。

(2)指导建议

①农耕体验基地知名度较高，前来体验的人很多，教师应提醒学生们注意安全，注意礼让他人。

②在出发前组织学生提前观看体验基地的信息，并规划学习路线。

③教师提前确定出游方式，提前与基地负责人联系，确保路途顺利与安全。

④教师应该提前告知学生严格遵守活动纪律并安排好相关小组成员定时查看人数。

⑤本次活动采取分组活动的方式，教师提前进行分组，建议 5～6 人为一组，并选出小组长。活动实施过程中，实行小组长负责制，在小组长的带领下开展活动。

⑥活动后要进行总结与反思，各小组根据活动总结表的要求，在小组长的带领下开展总结与反思活动。

3.活动准备

出发前，教师向学生讲授活动规则。

本次活动以小组为单位，在小组长的带领下开展活动。本次活动任务是游览山东潍坊千牧泮宫农耕体验基地，通过参与基地内采摘活动、进行口述作文、进入光合实验室参加实验、进行深度工艺体验等,加深对农业的认识。最后,完成活动记录表。

活动过程中,学生要有礼貌、有秩序,服从教师和小组长的领导,在指定范围内活动,不可随手乱扔垃圾,保护基地的环境。

出发前,学生以自愿的原则进行分组,5～6 人为一组,选出小组长,组长合理安排组员任务,组员服从小组长的安排,在规定时间内完成活动。

4.活动实施

导入:在从学校出发前往基地的路途中,教师组织学生观看其他学生搜集到的在基地进行实验及活动的照片,激发学生对基地的兴趣和对课程探究的激情。下车后,教师带领学生有序地进入体验基地,在确定的地点进行活动分工。

(1)活动任务一:口述作文

活动规则:以个人为单位展开行动,通过初步观察体验基地内的设施和活动,在大脑中构思,可以以基地内的植物、建筑、人员、实验、知识等为写作对象,在规定时间内完成一篇小作文,并且按顺序登台口述。

注意事项:学生只许在教师规定范围内活动,活动过程中注意安全,保护基地环境和设施。

实施:所有学生清楚任务和规则后,开始活动,走进基地,出发寻找作文的内容。

教师观察学生的动态,注意学生是否遵守活动规则与注意事项,并提醒学生注意安全。

(2)活动任务二:穿越蛮荒研学

活动规则:以小组为单位展开行动,通过借助基地里可利用的资源,在观摩中发散式讲解大纲教学内容及各领域的知识,现场进行科学实验,辅以轻度操作、互动竞技等,在研学中真正学到知识,并在研学结束后分享所得。

注意事项:学生只许在教师规定范围内活动,活动过程中注意安全,保护基地环境和设施。

实施:所有学生清楚任务和规则后,开始活动,跟随专业老师的步伐,认真听讲解。

教师观察学生的动态,注意学生是否遵守活动规则与注意事项,并提醒学生注意安全。

表 7-30 活动记录表

第 组	
姓 名	所 得

(3)活动任务三:农业深度体验

活动规则:以个人为单位展开行动,在基地给每个人划分的温室大棚土地上完成20种以上农作物从栽种到收获的全部过程。因课程时间原因,此次课程学生需要先进行种植区的合理划分和作物种植的任务,了解农业技艺的基础知识并进行实践。同时,将自己的体验进程记录到活动记录表上。

注意事项:学生只许在教师规定范围内活动,活动过程中注意安全,保护基地环境和设施。

实施:所有学生清楚任务和规则后,开始活动,跟随专业老师的讲解,认真体验。

教师观察学生的动态,注意学生是否遵守活动规则与注意事项,并提醒学生注意安全。

表 7-31 活动记录表

第 组			
姓 名	种植区划分	作物种类	进 程

(4)活动任务四:光合采摘园

光合采摘园是国家"强基计划"的创新方案。开展此项任务活动是为了了解不同作物成熟的特征及学会一定的采摘技巧。

活动规则:以小组为单位展开行动,根据基地划分的采摘区域,亲自动手,按照农民收获的标准进行采摘,并在采摘中融入课本知识点。采摘结束后进行统一品尝。在活动记录表上记录不同作物成熟的特征和采摘技巧。

注意事项:学生只许在教师规定范围内活动,活动过程中注意安全,严禁打闹和不讲卫生、随口乱吃。

实施：所有学生清楚任务和规则后，开始活动。

教师观察学生的动态，注意学生是否遵守活动规则与注意事项，并提醒学生注意安全。

表 7-32　活动记录表

第　组		
作　物	特　征	技　巧

5.评价总结

活动结束后，教师肯定各小组及每个同学的表现，并带领学生一起进行总结与反思。

小组长带领本组成员根据活动总结表的要求，进行组内总结与汇报，达成一致意见，选出一位代表进行汇报。

各组汇报结束后，教师肯定学生的成绩，并对表现好的同学进行表扬和奖励。

表 7-33　活动总结表

时　间		地　点	
小组成员		汇报人	
小组在任务一中的表现			
小组在任务二中的表现			
小组在任务三中的表现			
小组在任务四中的表现			
小组在活动中的合作程度			
小组表现突出的地方：			
小组有待提高的地方：			

第八章　解读航空研学之旅

第一节　航空体验文化

一、研学背景

人类自古以来就有探索天空的梦想，回顾人类文明的发展史，不难发现人类对天空的探索早在文明之初就开始了。同时，许多神话传说得以流传，诸如美丽的嫦娥吃下不老丹药飞向广寒宫，上古战神雷震子挥动着翅膀行军打仗。望眼当下，航空航天技术如雨后春笋般崛起，在高新技术领域占据着重要地位，拥有广阔的发展前景。20世纪，航空航天技术在各国兴起。经几代航空人的不断努力与刻苦钻研，我国在航空技术领域取得了令世界瞩目的成果：从"东方红一号"到"东方红五号"，从"神舟一号"到"神舟十一号"，从"嫦娥一号"到"嫦娥四号"。我国在航天领域不断勇攀高峰，无论是"嫦娥三号"落月探测器还是"嫦娥四号"探测器首次在月球背面软着陆，都展现了中国航天力量。我国在航天领域创造了以"载人航天""两弹一星""月球探测"为代表的辉煌成就，走出了一条具有中国航空文化特色的发展之路，昂首屹立于世界航天大国之列。

二、研学目标

表8-1　"航空体验文化"研学目标

	认知目标	能力目标	情感目标
小学年段	初步了解蛟龙航空主题公园，体验公园内特色鲜明的航空设施，探寻其中的航天文化。	通过参观蛟龙航空主题公园，通过直接感知、深入观察、亲身体验，增强航空科技文化体验能力。	通过体验星际挑战活动，激发学生的责任意识、爱国热情及对航空技术的探索之情。

续表

	认知目标	能力目标	情感目标
初中年段	了解航空科技发展史及有关的航空知识。	走到真实场景中,带着实践任务,通过直接感知、深入观察、亲身体验、主动探究,深入了解航空科技文化知识。	探秘飞行奥秘,激励学生共筑航天梦、中国梦,提高学生的爱国主义思想。
高中年段	走近荣成,学习航空知识,了解航空创新文化	观摩现代科技在航空文化中的应用,如 VR 技术与旅游营销相结合以及全景照片、全景视频的使用。	提高学生的航空意识,激发学生积极推动航空科技创新与改革的意识,培养学生的民族自豪感和自信心。

三、参考活动设计

(一)小学篇:许你天空之城——蛟龙航空主题公园

适用年段:小学 3～6 年级　　建议时长:90 分钟

1.景点文化介绍

为了体验航空梦想,山东临沭县建造了一所蛟龙航空主题公园。蛟龙航空主题公园拥有 8 个功能分区,布局排列有序,形成了“一带八区”的空间格局,主要包括航空军事基地、蛟龙号航空母舰(以山东舰为原型,被称为“国之利器”)、航空体验馆、红色纪念馆、对空作战区、水上运动中心、航空游乐城、通用航空基地。蛟龙航空主题公园中的航空体验馆是山东省第一家以航空为主题特色的综合性体验馆,馆内有专业人员会为我们讲解相关的航空航天知识。馆内还有现在最流行的 VR 虚拟现实设备,用先进的技术手段带给我们身临其境的感觉以及全新的体验。

航空军事基地最值得我们的小军迷们进去看看,里面有各式各样的飞机、坦克,有数不尽的雷达、战机。这里是占地 2 万平方米的“野战军事基地”,配备先进的航空军事设施,小军迷们可以近距离地一睹战斗机的风采。

相信小朋友们最感兴趣的就是水上运动中心了,在这里有近 2800 亩的广阔水域,拥有水上观光游艇等现代化水上娱乐设施。在波澜壮阔的湖面上,激情澎湃的少年们可以展现青春的活力。

2.活动目标

充分了解航空科技的发展史,学习相关的航空知识;走到真实场景中,带着实践任务,通过直接感知、深入观察、亲身体验、主动探究,深入了解航空科技文化知识,探秘飞行奥秘,激励构筑航天梦、中国梦,增加爱国主义意识。

(1)准备材料

相机、笔记本、笔、太阳伞、活动记录表、活动总结表等。

(2)指导建议

①研学旅行出发前,教师可要求学生学习并提前掌握部分与航空科技有关的资料,初步了解学生目前对航空知识的认识程度,以方便活动的实施与开展。

②教师提前确定出游方式,提前与公园负责人联系,确保路途顺利与安全。

③蛟龙航空主题公园为露天设置,教师提醒学生注意防晒。

④本次活动采取分组活动的方式,教师提前进行分组,因为蛟龙航空主题公园较大,建议5～6人为一组,并选出小组代表。活动实施过程中,实行小组长负责制,在小组长的带领下开展活动。

3.活动准备

(1)讲述活动规则

①出发前,教师向学生讲授活动规则。本次活动以小组为单位,在小组长的带领下开展活动。本次活动任务是游览蛟龙航空主题公园,了解航空科技、走近航空科技、领悟感受航空科技,将航空意识深植学生心中,并完成活动记录表。

②活动前要进行分组,选出小组长,在规定的时间内完成小组分工。

③活动过程中,学生要有礼貌、有秩序,服从教师和小组长的领导,在指定范围内活动,不可随手乱扔垃圾,保护主题公园的环境。

(2)分组

出发前,学生按照自愿的原则进行分组,5～6人为一组,选出小组长,组长合理安排组员任务,组员服从小组长的安排,在规定时间内完成活动。

4.活动实施

导入:在从学校出发前往主题公园的路途中,教师组织学生分享自己提前搜集到的航空科技资料,引出活动主题。

(1)活动任务一:知航空

活动规则:以小组为单位展开行动。小组在规定范围内自由参观主题公园,在实践中学习飞行知识,了解航空科技的发展史,并完成活动记录表。

注意事项:学生只许在教师规定范围内活动,活动过程中保证安全,保护公园环境。

实施：教师询问学生对任务规则及注意事项是否清楚，鼓励学生提出自己的疑惑并予以解答，不安排身体不适的学生参加此次任务活动。所有学生清楚任务和规则后，开始分组活动，走近主题公园，了解航空知识。

教师观察学生的动态，注意学生是否遵守活动规则与注意事项，并提醒学生注意安全。

表 8-2　活动记录表

时　间		地　点	
小组成员		记录人	
参观的展品			
学到的知识			
了解到的航空发展史			

学生参观完毕后，教师集合所有学生，随机抽取几名学生分享自己在参观过程中学习了解到的知识。根据学生的表达，教师引出任务二。

(2)活动任务二：航模制作 DIY

规则：教师向学生讲解示范模型做法，强调模型制作技巧及注意事项。讲解完毕后，学生以小组为单位，展开想象，开始制作模型。制作完毕后，教师选出最具独特性、新颖性、代表性的最佳航模，给予展示并表扬优秀航模制作者。

实施：在学生制作前，教师给学生几分钟的准备时间。准备完毕后，学生自行创作。制作结束后，教师带领学生放飞自制模型，激发学生对航空科技的兴趣。

教师根据学生的表现作出客观评价，并引出任务三。

(3)活动任务三：飞行体验，航空探索

规则：蛟龙航空主题公园作为一座综合性体验馆，内有种类繁多的航天模拟器，可以体验飞行的快乐。同时，拥有先进的 VR 虚拟现实设备，足以感悟科技的魅力。通过参与任务一和任务二，学生对航空科技有了一定的了解。教师在任务三中让学生亲自体验航空科技，并完成体验表。

表 8-3　航空体验表

时　间		地　点	
姓　名		所在小组	
体验项目			

续表

时　间		地　点	
体验感受			
体验启发			

注意事项：学生应遵守公园内秩序，未经教师及工作人员的允许不得随意体验。

5.评价总结

活动结束后，教师肯定各小组及每个同学的表现，并带领学生一起进行总结与反思。学生体验完毕后，教师集合所有学生，随机抽取个别同学并让其分享自己的体验感受。

(1)小组长带领本组成员根据活动总结表的要求，进行组内总结与汇报，达成一致意见，选出一位代表进行汇报。

(2)各组汇报结束后，教师肯定学生的成绩，并趁机引导学生产生探索航空科技的兴趣。

表 8-4　活动总结表

时　间		地　点	
小组成员		汇报人	
小组在任务一中的表现			
小组在任务二中的表现			
小组在任务三中的表现			
小组在活动中的合作程度			
小组表现突出的地方：			
小组有待提高的地方：			

(二)初中篇：体验科技之美——雪野航空科技体育公园

适用年段：初中 7～9 年级　　建议时长：120 分钟

1.景点文化介绍

山东省济南市莱芜区是著名的观光胜地。莱芜历史悠久，风景优美，气候宜人。提起济南市莱芜区,不难想到雪野湖、雪野水库和雪野三峡景区。在雪野湖的西畔有一座雪野航空科技体育公园。雪野航空科技体育公园规模巨大,其规模被称为亚洲第一、世界第二。雪野航空科技体育公园充分体现了科技的力量,将航空文化与航空技术融为一体,共有九大功能区,各功能区之间有明显分工。雪野航空科技体育公园内水秀树茂,航空运动设施齐全,是旅行者和航空爱好者的天堂。雪野航空科技体育公园内有一条水路并行的巨大飞机跑道和能容纳数万人的观景台。我们可以在飞机跑道上领略令人振奋的飞机飞行,亦可以登上观景台展望祖国的大好山河。

2.活动目标

通过参观雪野航空科技体育公园,感悟航空科技与体育运动融为一体的独特魅力;寻找公园内具有鲜明航空特色的设施,了解其背后的历史及文化;通过体验热气球活动,激发对航空科技文化的热爱之情,萌生进一步探索航空科技文化的理想。

(1)准备材料

笔、笔记本、相机、小卡片、活动记录表、活动总结表等。

(2)指导建议

①雪野航空科技体育公园研学旅行时间可选择在国际航空体育节开办之时,以便让学生体验国际体育赛事,感悟航空体育情怀,更好地开展研学活动。

②教师要提前联系好接送车辆与体育公园联系人,确保路途顺利与安全。

③活动分组时,教师可以选择按照学生意愿自由分组的方式,建议5～7人为一组,以小组为活动单位,实行组长负责制。

3.活动准备

(1)讲述活动规则

出发前,教师向学生讲述活动的规则。

①本次活动以小组为单位,在小组长的带领下开展活动。本次活动的任务是参观体育公园,感悟航空体育情怀,并在小卡片上记录下参观感悟。

②活动前要进行分组,选出小组长,确定小组名称,在规定时间内完成小组分工。

③活动过程中,学生要有秩序、有礼貌,要服从教师和小组长的领导,在规定的范围内活动,要爱护公园内的设施。

④活动后要进行总结与反思,各小组根据活动总结表的要求,在小组长的带领下开展总结与反思活动。

（2）分组

出发前，学生以自愿的方式进行分组，4～6 人为一组，选出小组长，确定小组名称，在规定时间内完成小组分工。

4.活动实施

导入：在从学校出发前往体育公园的路途中，教师谈及其他地方的体育公园，学生分享自己去过的体育公园，由此引出活动主题。下车后，教师带领学生有序地进入体育公园，在确定的地点进行活动分工。

（1）活动任务一：寻体育设施，记录小卡片

引入活动主题后，教师布置任务：以小组为单位，学生带着小卡片，在小组长的带领下参观体育公园，寻找园中与航空主题有关的体育设施，并在小卡片上记录下观察到的结果；小组之间以比赛的方式进行，看哪个小组找到的与航空有关的体育设施最多、记录的资料最齐全。

（2）活动任务二：探索航空科技设施故事

学生以小组为单位，在小组长的带领下开始探索航空科技设施背后的故事及文化。学生出发前，教师邀请熟悉体育公园设施的工作人员入场，每个小组至少有一位工作人员跟随。学生陆续回来后，教师集合所有学生，每组选出一位代表分享本小组了解到的故事及文化。

（3）活动任务三：体验航空热气球

体育公园内有热气球表演，教师可在工作人员的协助下带领学生体验。每个小组乘坐一个热气球，在工作人员的指导下体验乘坐热气球，并完成活动记录表。活动过程中，教师提醒学生注意安全。

表 8-5　活动记录表

时　间		地　点	
小组名称		记录人	
体验高度			
体验感悟			

活动结束后，教师带领学生对参与活动的工作人员表示感谢。

5.评价总结

活动结束后，教师肯定各小组及每个同学的表现，并带领学生一起进行总结与反思。

(1)小组长带领本组成员根据活动总结表的要求，进行组内总结与汇报，达成一致意见，选出一位代表进行汇报。

(2)各组汇报结束后，教师肯定学生的成绩，并趁机引导学生产生探索航空科技的兴趣。

表 8-6 活动总结表

时　间		地　点	
小组名称		汇报人	
小组在观察活动中的表现			
小组在航空探秘中的表现			
小组在活动中的配合程度			
小组表现突出的地方：			
小组对于以后探究航空文化的想法：			

(三)高中篇：体验航空文化——荣成航空科技体验地

适用年段：高中年段　　建议时长：180 分钟

1.景点文化介绍

2012 年以来，围绕“科技兴荣”主题，荣成市以科技创新为动力，重点抓政策和规划引导、抓平台和载体建设、抓产业和高端集群发展，产业结构调整和转型升级的步伐铿锵有力，各项鼓励科技创新的政策纷纷出台，各种要素加快配置整合，各项措施迅速开展实施，一大批科技含量高、带动能力强的优质大项目建设在荣成市风生水起。在荣成市大力推进科技发展的同时，航空领域也获得全面的发展。山东荣成航空体验基地就是在政府的支持下获得快速发展的。山东荣成航空体验基地充分展现了航空特色，将航空文化与商业联系起来，也促进了第三产业的发展。山东荣成航空科技体验基地可以让游客在荣成游山玩水，体验一场有关航空的视觉盛宴。体验基地内设置了多项趣味活动，你可以在风洞中翱翔，体验飞行的乐趣，亦能参与各项航空比赛，提高文化素养。体验基地还打造了智慧服务平台，发展 VR 技术，真正形成了具有荣成市鲜明特色的 VR 体验项目，真正让“VR 遇见荣成”。

2.活动目标

通过参观航空体验基地，学习航空创新文化，了解航空知识，了解荣成；观摩欣赏体验基地现代科学技术的应用，提高航空意识。

(1)准备材料

笔、笔记本、相机、活动记录表、活动总结表等。

(2)指导建议

①教师提前联系好体验基地经验丰富的工作人员，邀请若干位参与活动(每个小组一位工作人员跟随)，为学生答疑解惑；同时，教师提前联系好车辆。

②教师提醒学生要有秩序地上下车，同时提醒学生要注意安全。

③出发前学生进行分组，每组 4～6 人为一组，选出小组长，确定小组名称，在小组长的带领下开展活动。

3.活动实施

导入：在从学校出发前往体验基地的路途中，教师带领学生体验 VR 技术，感悟现代科学技术的魅力。有条件的学校可将 VR 技术与航空科技相结合，从而引出活动主题。

(1)活动任务一：基地科普

规则：各组分别在教师指定的活动区域内参观景区，在工作人员的指导下通过参观基地来了解体验基地的文化和航空知识。感悟航空基地的科技创新文化，体味集科技性、趣味性、娱乐性于一体的航空文化盛会。小组每个成员至少能够在小组内说出一个参观感受，并将结果记录下来。

注意事项：只许在教师指定范围内活动，活动过程中维护基地秩序，注意安全。

实施：教师询问学生对任务规则及注意事项是否清楚，鼓励学生提出自己的疑惑并给予解答，不安排身体不适的学生参加此次活动。等所有学生都清楚任务和规则后，再开始分组活动。

教师观察学生的动态，注意学生是否遵守规则与注意事项，并提醒学生注意安全。

表 8-7　活动记录表

时　间		地　点	
姓　名		所在小组	
我看到的景观			
我了解到的故事			
我的感受			

学生参观完毕陆续回来后，教师集合所有学生，让学生分组坐好，分享自己所观察到的景观。根据学生的表达，教师引出任务二。

(2)活动任务二：基地体验

规则：荣成航空科技体验基地运用现代科技将航空科技文化惟妙惟肖地展现在游客面前，注重互动体验。其中，VR虚拟技术和全景照片、全景视频的应用大大提高了游客的游览体验。学生在教师和工作人员的指导下亲身体验现代技术在航空科技文化中的应用，切身感悟我国航空科技文化的巨大革新与进步，从而提高民族自豪感和自信心。

实施：在学生清楚教师提出的活动任务及规则后，教师邀请工作人员讲述虚拟技术的使用方法，给学生几分钟的准备时间熟悉技术的应用后便可让其分组体验。

体验结束后，学生自由交流并分享自己的感受。教师根据任务二中学生的感受，鼓励学生亲身体验航空科技，多参加与此相关的实践活动，由此引出任务三。

(3)活动任务三：基地航空体育比赛

规则：荣成航空体验基地努力实现旅游与体育价值双重最大化。在体验基地内，游客可进行多种航空体育比赛。教师根据本班学生的特点，选择一种最适合本班学生参加的体育比赛。学生以小组为单位，在教师和工作人员的指导下开展比赛。小组成员要全部参与，并完成比赛记录表。

实施：教师给学生几分钟的时间分头准备，各小组自由分工，自己决定如何协调配合。准备时间结束后，便可开展比赛。比赛顺序由各小组组长抽签决定，比赛过程中教师提醒学生注意安全。

表 8-8 航空体育比赛记录表

时 间		地 点	
小组名称		比赛项目	
小组合作程度			
比赛感受			
比赛反思			

比赛结束后，教师选出表现最为突出的小组进行表扬，对其他小组的表现也给予肯定与鼓励。

4.评价总结

所有活动任务结束后，教师集合所有学生，随机抽取学生并让其分享自己在三次活动任务中的认识与感受，比如，感受到了航空科技文化的哪些魅力，自己在小组活动中的表现如何，其他小组的表现如何并给予客观评价，等等。

最后，教师对学生的表现作出肯定与鼓励，启发学生进一步观察探索航空科技文化，激发学生对航空科技的热爱。

第二节 飞机制造文化

一、研学背景

飞机制造业是国家重要的制造工业，它的发展不仅对经济和人民的生活有重大推动作用，而且对国家的军事安全有着重大的影响。其中，配装有航空武器系统的空中力量对战争胜负具有关键性的作用。飞机制造业经历了100多年的发展，随着外部形势和环境条件的变化而不断调整，实现波动中的稳定成长。就我国而言，经过60多年的发展，从一个飞机制造业落后的国家发展成飞机制造大国，从一味地仿制和改进设计，到现在的自主设计和创新研发，我国的飞机制造业取得了令人瞩目的成就。随着第三次科技革命的发展，计算机被应用于各个领域，如今柔性制造和计算机集成制造技术成为航空制造技术跨越式发展的引擎。我国正大力推进飞机制造业的发展，促进航空制造业转型升级，因为飞机制造业关乎着一个国家的综合实力，制约着国民经济命脉。

二、研学目标

表 8-9 “飞机制造文化”研学目标

年段	认知目标	能力目标	情感目标
小学年段	初步了解飞机的种类,加深对航空的认识,学习航空知识。	通过学习有关航空分类的资料,认识飞机的外形特征和内部结构。	通过制作飞机模型环节,激发学生对航空知识的探索和对飞机种类的认识。
初中年段	走近大高航空,追寻飞机制造城,了解航空创新文化。	观摩大高航空城,探索大高航空城背后的故事及文化。	探索飞机制造的奥秘,激发学生自觉接受航空文化,增加民族责任感和认同感。
高中年段	解密飞机制造,了解山东滨奥飞机制造有限公司的发展史及有关的飞机制造知识。	走近山东滨奥飞机制造有限公司,带着实践任务,解密飞机制造,感悟先进技术的力量,促进对航空知识的理解。	探秘飞机的制造流程,激发学生对航空的向往和热爱,共筑航天梦想。

三、参考活动设计

(一)小学篇:了解飞机种类——领航通航

适用年段:小学 3～6 年级　　建议时长:90 分钟

1.景点文化介绍

飞机按照用途大致可以分为军用飞机和民用飞机。顾名思义,军用航空就是为军事活动服务,民用航空就是为民生服务。军用航空的主要任务要靠军用飞机来完成,但是军用飞机不单单指战斗机,它的类型也有很多。总的来说有两类,那就是作战飞机和作战支援飞机。像战斗机和攻击机就是典型的作战飞机,空中加油机是作战支援飞机。民用航空也可以分为两类,即商业航空和通用航空。通常我们会把这两者区分开来,两者有明显的不同。商业航空主要用于商业活动,通用航空主要用于日常生活。

第一次世界大战爆发后,大多数国家致力于发展军用飞机,直到战争结束,才把目光转向民用飞机,把剩余的军用飞机改装成民用飞机,从而使民用航空迎来了较长时间的发展机遇期。“协和号”这架超声速客机，我们并不陌生，它曾极大地改变了我们的生活。“协和号”执行最后一次飞行任务是在2003年，之后宣布全部退役。“协和号”飞机不仅是航空技术史上的一个伟大创造，而且还是航空发展史上具有重要意义的里程碑。

1911年，意大利人驾驶飞机对土耳其的军队阵地进行空中侦察，这是飞机首次作为军用目的参战并被载入航空史册。1914年，法国飞行员在侦察机上击落一架德国侦察机，自此拉开人类战争史上空中作战的序幕。侦察机主要是搜索空中的信息，从中截获情报。侦察机的这种功能使它在战争中甚至在现代战争中仍然处于重要地位。侦察机并不是多远的距离都能够勘测到，需要在一定的范围内进行。侦察机也在不断地发展创新和更新设备，以适应战争的需要，雷达、电子干扰系统等设备均配备于侦察机内。

通用飞机不同于民用飞机和军用飞机，大部分通用飞机都是以中小型飞机为主，类型也比较丰富，包括公务机、体育运动机、农林机以及多种途径的轻小型飞机。公务机是用于公事公务的飞机，也指出席商务活动时乘坐的飞机。公务人员参加这些活动时都不会选用大型的喷气式飞机，所以我们习惯把公务机又叫作小型喷气式飞机。当然并不是所有的中小型飞机都是公务机。现在私人飞机十分流行，虽然私人飞机规模不大，但是这种采用单引擎活塞式螺旋桨的小飞机却不是公务机。

2.活动目标

充分了解飞机的种类，学习相关的航空知识；依据外形特征识别飞机的种类，了解飞机的内部组成，更好地学习航空航天技术。通过此次活动，激发学生对飞机的探索，培养学生的创造力和想象力。

(1)准备材料

笔记本、笔、活动记录表、活动总结表等。

(2)指导建议

①教师可要求学生学习并提前掌握部分与航空科技有关的资料，初步了解学生目前对航空知识的认识程度，以便开展活动。

②教师提前放置飞机模型并制作好PPT，确保活动可以顺利进行。

③本次活动为课堂讲授，教师提醒学生注意课堂纪律。

④本次活动采取分组活动的方式，教师提前进行分组，按照班级人数划分小组，并选出小组代表。活动实施过程中，实行小组长负责制，在小组长的带领下进行课堂讨论。

3.活动准备

(1)讲述活动规则

①本次活动以小组为单位,在小组长的带领下开展活动。本次活动任务是通过视频播放、PPT展示和模型讲解,了解飞机的种类,学习飞机的部分功能,领悟航空的奥秘,将航空意识深植心中,并完成活动记录表。

②活动前要进行分组,选出小组长,在规定的时间内完成小组分工任务。

③活动过程中,学生要有礼貌、有秩序,服从教师和小组长的安排,积极回答问题,不可谈论与活动无关的话题。各组组长合理分配任务,并争取尽快完成。

(2)分组

学生以自愿的原则进行分组,5～6人为一组,选出小组长,组长合理安排组员任务,组员服从小组长的安排,在规定时间内完成活动。

4.活动实施

导入:老师先播放有关飞机种类的小视频,然后组织学生分享自己事前搜集到的航空资料,引出活动主题。教师提出任务一,并讲述活动规则。

(1)活动任务一:科普飞机种类

活动规则:根据教师播放的视频和PPT,分清飞机的种类,以小组为单位展开讨论。小组成员在规定时间内发表自己的看法,在合作中学习航空知识,正确划分航空的种类,并完成活动记录表。

注意事项:学生要在教师规定时间内完成讨论,活动过程中要注意秩序。

实施:教师询问学生对规则及注意事项是否清楚,鼓励学生提出自己的疑惑并予以解答,教师要伺机调动气氛。所有学生清楚任务和规则后,开始分组讨论如何正确区分飞机种类。

教师观察学生的动态,注意学生是否遵守规则与注意事项,并提醒学生集中注意力。

表8-10　活动记录表

时　间		地　点	
小组成员		记录人	
飞机的种类			
划分的方法			
学到的航空知识			

学生讨论完毕后，教师随机抽取几名学生，让其分享自己在讨论过程中学习了解到的知识。根据学生的表达，教师引出任务二并强调活动规则。

(2)活动任务二：自制航模比赛

规则：教师向学生讲解不同种类的飞机模型、飞机的部分结构及制作飞机模型的注意事项。学生在教师讲解完毕后，以小组为单位，展开想象，开始制作模型。制作完毕后，教师选出最具独特性、新颖性、代表性的最佳航模，给以展示并表扬优秀航模制造者。

实施：在学生制作前，教师给学生几分钟的准备时间。准备完毕后，学生自行创作。制作结束后，教师带领学生放飞自制模型，激发学生对航空科技的兴趣。

教师根据学生的表现作出客观评价，并引出任务三，同时强调活动规则。

(3)活动任务三：分享航空梦想

规则：学生通过任务一、二对飞机种类有了一定的了解，教师在任务三活动中让学生分享自己的航空梦想并完成表格。

表 8-11　活动记录表

时间	姓名	所在小组	是否有关于航空的梦想	梦想是什么	你打算如何实现

注意事项：学生应遵守秩序，不可大声喧哗，未经教师的允许不得随意出入。学生填写完毕后，教师随机抽取个别同学并让其分享自己的体会与感悟。

5.评价总结

活动结束后，教师肯定各小组及每个同学的表现，带领学生一起进行总结与反思。

(1)小组长带领本组成员根据活动总结表的要求，进行组内总结与汇报，达成一致意见，选出一位代表进行汇报。

(2)各组汇报结束后，教师肯定学生的成绩，并趁机引导学生产生探索航空的兴趣。

表 8-12 活动总结表

时间		地点	
小组成员		汇报人	
小组在任务一中的表现			
小组在任务二中的表现			
小组在任务三中的表现			
小组在活动中的合作程度			
小组表现突出的地方：			
小组有待提高的地方：			

(二)初中篇:追飞机制造城——大高航空城

适用年段:初中 7～9 年级　　建议时长:120 分钟

1.景点文化介绍

如今国家大力支持飞机制造业的发展并鼓励飞机制造业不断创新,滨州市紧跟时代步伐,努力发展自己独具特色的飞机制造业。山东省滨州市沾化县境内有一座拥有广阔发展前景、地理位置十分优越的航空城,那就是大高航空城。滨州市沾化县临海风力较大,这里空气质量优良。建造一座航空城离不开净空环境,正是借助这种“方圆百里无高空建筑”的环境,大高航空城才得以建造起来。大高通用航空城虽然建设时间不长,但是在飞行技能培训、飞行的制造和维修方面却有自己的技术特色。第七届沾化冬枣节暨首届通用航空博览会在这里举办,第一架 DA40 钻石飞机在这里研制成功。大高航空城标志着滨州市飞机航空城建设的跨越式发展,带动了整个飞机制造业的前进。飞机城内有众多部门和车间,飞机制造车间里有形态各异的飞机,在这里能亲身体验飞机驾驶,感悟飞机制造城的独特魅力。大高通用航空城基础设施正在不断完善,设备正在不断更新,人才培养能力逐步提高,将有能力成为华东地区乃至全国最大的通用航空培训基地。

2.活动目标

学生通过参观大高航空城，感悟航空科技的独特魅力；走进飞机生产和维修基地，亲身体验大高航空城的奥秘。

(1)准备材料

笔、笔记本、相机、活动记录表、活动总结表等。

(2)指导建议

①大高航空城地处暖温带半湿润大陆性季风气候，冬冷夏热，所以研学活动时间可选择在春秋之际，以便让学生更好地参观学习。

②教师要提前联系好接送车辆及大高航空城有关负责人，确保路途顺利与安全。

③活动分组时，教师可以选择按照学生意愿自由分组的方式，建议4～6人为一组，以小组为活动单位，选出一位小组长。

3.活动准备

(1)讲述活动规则

出发前，教师向学生讲述活动的规则。

①本次活动以小组为单位，在小组长的带领下开展活动。本次活动的任务是参观、感悟飞机制造城的独特魅力，并在小卡片上记录下参观感悟。

②活动前要进行分组，选出小组长，确定小组名称，在规定时间内完成小组分工。

③活动过程中，学生要有秩序、有礼貌，要服从教师和小组长的领导，在规定的范围内活动，要爱护航空城内的设施。

④活动后，各小组根据活动总结表的要求，在小组长的带领下开展总结与反思活动。

(2)分组

出发前，学生以自愿的方式进行分组，4～6人为一组，选出小组长，确定小组名称，在规定时间内完成小组分工。

4.活动实施

导入：在从学校出发前往大高航空城的途中，教师提前让学生谈谈对飞机制造城的认识，分享自己去过的飞机制造城，以此引出活动主题。下车后，教师带领学生有序地进入大高航空城，到达后进行活动分工。

(1)活动任务一:认识航空城

引入活动主题后,教师布置任务。学生以小组为单位,带着小卡片,在小组长的带领下参观大高航空城,寻找大高航空城中有多少部门,在小卡片上记录下来所观察到的结果;小组之间以比赛的方式进行,看哪个小组找到的部门最多,记录的资料最齐全。

(2)活动任务二:飞机制造的奥秘

学生以小组为单位,在小组长的带领下探索大高航空城背后的故事及文化。在学生出发前,教师邀请熟悉大高航空城的工作人员入场,每个小组至少有一位工作人员跟随。学生陆续回来后,教师集合所有学生,每组选出一位代表让其和大家分享本小组了解到的故事及文化。

(3)活动任务三:飞行体验

大高航空城内有飞机生产和维修基地,教师可以在工作人员的协助下带领学生体验。每个小组都可以在工作人员的指导下近距离参观飞机的生产过程并完成活动记录表。活动过程中,教师提醒学生注意安全。

表 8-13 活动记录表

时　间		地　点	
小组名称		记录人	
飞机制造流程			
我的感悟			

活动结束后,教师带领学生对参与活动的工作人员表示感谢。

5.评价总结

(1)活动结束后,教师肯定各小组及每个同学的表现,并带领学生一起进行总结与反思。

(2)小组长带领本组成员根据活动总结表的要求,进行组内总结与汇报。各小组讨论后,选出一位代表进行汇报。

(3)各组汇报结束后,教师对学生的成绩提出肯定与表扬,并趁机引导学生产生探索航空科技的兴趣。

表 8-14　活动总结表

时　间		地　点	
小组名称		汇报人	
小组在观察活动中的表现			
小组在航空探寻中的表现			
小组在活动中的配合程度			
小组表现突出的地方：			
小组对于以后探究航空文化的想法：			

(三)高中篇:解密飞机制造——山东滨奥

适用年段:高中年段　　建议时长:180 分钟

1.景点文化介绍

飞机是国之利器,飞机制造日益成为制造业发展的重要内容。山东滨奥飞机制造有限公司是我国目前最大的中外合资通用飞机制造有限公司。国家大力支持山东滨州市发展飞机制造业,加上地理位置优越、交通发达便利,山东滨奥飞机制造有限公司得以快速发展。山东滨奥飞机制造有限公司不断引进先进理念,大力推进高新技术的发展,使得该公司一直处于领先地位。该公司有清晰的战略目标,早在初建时就对准世界通用飞机制造的前沿,不断学习全球知名通用飞机制造商的经验并在此基础上融会贯通、不断创新,从而奠定了公司可持续发展的基础。山东滨奥飞机制造有限公司引进国外先进的飞机制造经验,然后进行创造性转化,变成适应本公司发展的经验,制定出更加先进的管理模式和人才管理体系。经过不断地发展,山东滨奥飞机制造有限公司获得了欧洲航空安全局生产组织机构批准的认证证书。成为中国唯一一个获得欧洲航空安全局认证的全机飞机制造商。这是欧洲航空安全局对中国制造的肯定。

2.活动目标

通过参观山东滨奥飞机制造有限公司,解密飞机制造的奥秘,增加学生对航空知识的理解。

(1)准备材料

笔、笔记本、相机、活动记录表、活动总结表等。

(2)指导建议

①教师提前联系好公司经验丰富的工作人员,邀请若干工作人员参与活动(每个小组一位工作人员跟随),为学生答疑解惑;同时,教师提前联系好车辆。

②教师提醒学生要有秩序地上下车,同时提醒学生要注意安全。

③出发前进行分组,每组4~6人,选出小组长,确定小组名称,在小组长的带领下开展活动。

3.活动实施

导入:在从学校出发前往山东滨奥飞机制造有限公司的路途中,教师带领学生了解山东滨奥的创建背景,解密飞机制造的奥秘,进而引出活动主题。

(1)活动任务一:公司科普

规则:各组分别在教师指定的活动区域内参观公司,在公司工作人员的指导下了解体验公司的文化和航空知识。感悟山东滨奥飞机制造有限公司的科技创新文化,体味集科技性、趣味性、娱乐性于一体的航空文化盛会。小组每个成员至少说出一个参观感受,并将结果记录下来。

注意事项:只许在教师指定范围内活动,活动过程中维护公司秩序,注意安全。

实施:教师询问学生对任务规则及注意事项是否清楚,鼓励学生提出自己的疑惑并给予解答,不安排身体不适的学生参加此次活动。等所有学生都清楚任务和规则后,再开始分组活动。

教师观察学生的动态,注意学生是否遵守规则与注意事项,并提醒学生注意安全。

表8-15 观察记录表

时间		地点	
姓名		所在小组	
我知道的创建背景			
飞机如何制造			
我的感受			

待学生参观完毕后，教师集合所有学生，让学生分组坐好，对自己观察到的过程进行分享。根据学生的表达，教师引出任务二。

(2)活动任务二：公司体验

规则：山东滨奥飞机制造有限公司研制出众多飞机，其中比较有名的是DA40飞机。该飞机的研制突破了传统观念的束缚，充分融合了先进科学技术和管理经验。学生在教师和工作人员的指导下参观DA40飞机，切身感悟我国航空科技文化的巨大革新与进步，提高民族自豪感和自信心。

实施：在学生清楚教师提出的活动任务及规则后，教师邀请工作人员讲述DA40飞机的研制流程，给学生几分钟的准备时间去熟悉技术的应用，而后便可让学生分组体验。

体验结束后，学生自由交流分享感受。根据学生的感受，教师引出任务三。

(3)活动任务三：感悟航空

规则：教师根据任务二中学生的体验感受，鼓励学生亲身体验航空科技，多参加与此相关的实践活动，由此引出任务三。飞机制造过程十分复杂，为让学生对此有较深体验，可以组织学生在最短的时间内排列好飞机制造的顺序。学生以小组为单位，在教师和工作人员的指导下开展比赛，要求小组成员全部参与，并完成比赛记录表。

实施：教师给学生几分钟的时间分头准备。各小组自由分工，自己决定如何协调配合。准备时间结束后，便可开展比赛。比赛顺序由各小组组长抽签决定。比赛过程中，教师要提醒学生注意安全。

表8-16　飞机制造比赛记录表

时　间		地　点	
小组名称		比赛项目	
小组合作程度			
比赛感受			
比赛反思			

比赛结束后，教师选出表现最为突出的小组进行表扬，对其他小组的表现也给予肯定与鼓励。

4.评价总结

所有活动任务结束后，教师集合所有学生，随机抽取学生并让其分享自己在三次活动任务中的认识与感受，谈谈自己在小组活动中的表现是否满意以及小组是否有需要改进的地方。最后，教师对学生的表现作出肯定与鼓励，并启发学生进一步观察探索航空制造文化，激发学生对航空制造的热爱。

第三节 模拟机组人员处理航空安全文化

一、研学背景

随着社会不断发展、时代不断进步，人们的出行方式也不再局限于汽车、火车。飞机已经成为人们重要的交通方式。飞机飞行的速度快、时间短等优点使得乘坐飞机出行越来越受欢迎。航空行业的发展对从事航空服务的工作人员素质要求也越来越高。早期的飞机由于飞行速度和飞行高度都很低，飞行员只需要靠自己的眼睛就能观察到地面上的地标建筑或是简单的仪表。随着飞机飞行速度和飞行性能的不断提高，仅靠飞行员自己的判断和简单的仪表已经不能保证飞机的安全飞行，所以飞机上安装了许多设备来监测飞机的飞行状态和工作情况，以便于飞行员能够按照原定的飞行计划完成各项飞行任务。飞机上安装的这些设备统称为机载设备。机载设备相当于飞行器的大脑、眼睛、耳朵和神经系统，熟练运用这些机载设备，可以帮助飞行员更加安全地驾驭飞机飞行。

二、研学目标

表 8-17 “模拟机组人员处理航空安全”研学目标

年段	认知目标	能力目标	情感目标
小学年段	初步了解乘务学院，了解乘务人员的职责，模拟客舱紧急处理。	通过参观乘务学院，体会乘务人员的艰辛，学习航空文化知识。	通过模拟紧急客舱处理，激发学生的航空责任意识，培养航空情怀。
初中年段	走进飞行学院，驾驭飞机航行，操作使用模拟机。	通过观察飞行学院内部，学习运用模拟机，学会如何驾驭飞行。	培养学生的航空素养，提高学生的航空能力，激发学生对航空的热爱之情，鼓励学生进一步探秘航空的奥秘。

续表

年段	认知目标	能力目标	情感目标
高中年段	深入航空教育，学习如何成为一名合格的机场管制人员。	解密济南遥墙机场，参观著名航空建筑，走进现代化机场，了解机场管制的重要意义。	激发学生的航空兴趣和爱国热情，深入航空教育，共筑航天梦想。

三、参考活动设计

(一)小学篇:培养航空情怀——乘务学院客舱处置

适用年段:小学3～6年级　　建议时长:90分钟

1.景点文化介绍

乘务学院致力于加强航空内涵建设，培养高素质服务型专业人才。近几年在国家的大力支持下，滨州学院的乘务学院扎实开展教学工作，秉着先做精再做强的原则，根据学生的实际情况和公司要求确定培养目标，制订培养方案。乘务学院多次与各航空公司联系沟通，根据航空公司的需求不断改进培养方案，以致人才培养质量逐年提升。乘务学院注重提升核心课程教学质量，开设包括外语在内的礼仪、普通话、形体、体能等各项客舱服务与管理课程。乘务学院重视学生的大学英语四级考试和乘务英语中级证书考试，注重培养学生的综合能力，夯实中英文语言基础，提高学生的核心技能，使学生冷静沉着地处理问题。乘务学院培养的人才适应了新时代航空发展的需要，为各大航空公司输送了高素质人才。

作为旅客，应了解搭乘飞机时可能遇到的一些紧急情况，并且有必要掌握一些应急处理的方法。机长是整个飞机的领导者，所以遇到紧急情况时，首先要听从机长的正确指挥；其次，要及时进行处理，在处理的过程中要保持冷静，合理安排乘客；最后，维持好机内秩序，等待下一步的指示。

如果飞机发生一些特殊情况，需要知道如何报告，要记住紧急通信的方式。机外起火、客舱出现火警和烟雾、机体破损、严重燃油泄漏等都有可能导致飞机采取迫降措施。飞机被迫下降时要保证通信的正常，能及时联系到乘客。机长的正确指挥是机内人员安全撤离的关键，机长应及时传达给乘务员，而机组的通信可以通过各种灯光和声响提示的方式进行。援助者应靠近出口或者靠近需要帮助的旅客，有特殊情况的旅客应坐在离应急出口较近的中间座椅，同一排座椅不允许有两个特殊的旅客，否则，容易造成意外事件的发生。

2.活动目标

充分了解客舱处理的过程和方法，学习相关的客舱处理技能；走到真实场景中，深入体验乘务人员的工作；探究乘务员应具备的素养，培养学生的航空情怀和爱国意识。

(1)准备材料

相机、笔记本、笔、客舱乘务员体验表、活动总结表等。

(2)指导建议

①研学旅行出发前，教师可要求学生学习客舱紧急处理措施，以便开展活动。

②教师提前确定出游方式，并与乘务学院相关负责人联系，确保路途顺利与安全。

③乘务学院主要为室内参观，教师要提醒学生注意维持秩序，未经工作人员许可不能随意进出，不可破坏公物。

④本次活动采取分组活动的方式，教师提前进行分组，建议5～6人为一组，并选出小组代表。活动实施过程中，实行小组长负责制，在小组长的带领下开展活动。

3.活动准备

(1)讲述活动规则

出发前，教师向学生讲授活动规则。

①本次活动以小组为单位，在小组长的带领下开展活动。本次活动的任务是游览乘务学院，了解客舱处理的方法，培养学生的航天情怀并完成活动记录表。

②活动前要进行分组，选出小组长，在规定的时间内完成小组分工。

③活动过程中，学生要有礼貌、有秩序，服从教师和小组长的领导，在指定范围内活动，不可随手乱扔垃圾，保护乘务学院的环境卫生。

(2)分组

出发前，学生以自愿的原则进行分组，5～6人为一组，选出小组长，组长合理安排组员任务，组员服从小组长的安排，在规定时间内完成活动。

4.活动实施

导入：在从学校出发前往乘务学院的路途中，教师组织学生分享他们提前搜集到的客舱处理方案，引出活动主题。

（1）活动任务一：知乘务

活动规则：以小组为单位展开行动。小组成员在规定范围内自由参观乘务学院，在实践中学习客舱处理技巧，了解乘务人员的责任工作，培养航空情怀并完成活动记录表。

注意事项：学生只许在教师规定范围内活动，活动过程中注意安全。因乘务学院有很多设备，学生需注意保护，以免对设备造成破坏。

实施：教师询问学生对任务规则及注意事项是否清楚，鼓励学生提出自己的疑惑并予以解答，不安排身体不适的学生参加此次任务活动。等所有学生清楚任务和规则后，再开始分组活动，走进乘务学院，了解客舱处理。

教师观察学生的动态，注意学生是否遵守活动规则与注意事项，并提醒学生注意安全。

表 8-18　活动记录表

时　间		地　点	
小组成员		记录人	
参观的地方			
学到的知识			
了解到的客舱处理内容			

在学生参观完毕后，教师集合所有学生，随机抽取几名学生让其分享自己在参观过程中学习、了解到的知识。根据学生的表达，教师引出任务二。

（2）活动任务二：航空模拟舱实训课

规则：教师向学生讲解示范模拟舱的用途，强调模拟舱的使用及注意事项。等教师讲解完毕后，学生以小组为单位，学习航空模拟舱实训课。课程结束后，教师以各小组为单位，各选出一个发言人，进行课堂总结。

实施：在学生参加航空模拟舱实训课前，教师先让学生参观模拟舱，进行课前准备工作。等学生准备完成后，教师鼓励学生提出问题并由专业人员进行讲解，激发学生的航空情怀。

教师根据学生的表现作出客观评价，并引出任务三。

（3）活动任务三：客舱乘务员情景模拟

规则：首先要了解客舱乘务员的职责和要求，模拟旅客登机、关舱门后、飞行中、着陆后的工作。学生通过任务一、二对客舱乘务员的工作有了一定的了解,在任务三活动中亲自体验一名客舱乘务员需要做哪些工作,并完成客舱乘务员体验表。

表 8-19 客舱乘务员体验表

时 间		地 点	
姓 名		所在小组	
体验工作			
体验感受			
体验启发			

注意事项:学生应自觉遵守乘务学院的规则和秩序,未经教师及工作人员的允许不得随意体验设备。

学生体验完毕后,教师集合所有学生,随机抽取个别同学并让其分享自己的体验感受。

5.评价总结

(1)活动结束后,教师肯定各小组及每个同学的表现,并带领学生一起进行总结与反思。

(2)小组长带领本组成员根据活动总结表的要求,进行组内总结与汇报,达成一致意见,选出一位代表进行汇报。

(3)各组汇报结束后,教师肯定学生的成绩,并趁机培养学生的航空情怀。

表 8-20 活动总结表

时 间		地 点	
小组成员		汇报人	
小组在任务一中的表现			
小组在任务二中的表现			
小组在任务三中的表现			
小组在活动中的合作程度			
小组表现突出的地方:			
小组有待提高的地方:			

(二)初中篇:驾驭飞机航行——飞行学院操作模拟机

适用年段:初中7～9年级　　建议时长:120分钟

1.景点文化介绍

滨州学院作为滨州市航空人才培养的专业院校,对促进滨州市航空产业发展发挥了重要的核心作用。飞行学院经教育部和中国民用航空局批准设置飞行技术专业,填补了山东省内高校民用航空类专业的空白。学院内建有专门的飞机模拟实验室和发动机实验室,为学生的成长提供了良好的物质条件。飞行学院内环境优美,设备齐全,重点培养面向民航应用型的专业人才。飞行学院引进了先进的设备,拥有丰厚的教师资源,为飞行人才的培养奠定了坚实的基础。飞行学院经常组织学生外出学习,学习其他院校的经验,并根据自己的需要进行创造性转化,形成自己的特色。飞行学院的飞行技术得到了国家的认可,具有广阔的发展前景。

图8-1　滨州学院飞行学院

2.活动目标

学生通过参观飞行学院,学习航空知识,感悟航空魅力。在飞行学院老师的带领下,参观飞机内部,学习如何驾驭飞行。学习如何操作模拟机,体验飞行的乐趣。通过操作模拟机,激发学生对航空的热爱之情,鼓励学生进一步探索航空的奥秘。

(1)准备材料

笔、笔记本、相机、参观记录表、活动总结表等。

(2)指导建议

①操作模拟机为封闭式,所以参观飞行学院时间可选择在春秋之际,以便让学生更舒适地体验模拟飞行,以防因模拟机内温度过高而造成不适。

②教师要提前联系好接送车辆与飞行学院内的负责人，确保参观学习活动可以顺利进行。

③活动分组时，教师可以选择按照学生意愿自由分组的方式，建议5～7人为一组，以小组为活动单位，实行组长负责制。

3.活动准备

(1)讲述活动规则

出发前，教师向学生讲述活动的规则。

本次活动以小组为单位，在小组长的带领下开展活动。本次活动的任务是：参观飞行学院，了解操作模拟机，体验飞行的乐趣。

活动前要进行分组，选出小组长，确定小组名称，在规定时间内完成小组分工。

活动过程中，学生要有秩序、有礼貌，要服从教师和小组长的领导，在规定的范围内活动，要爱护学院内的设施。

活动后要进行总结与反思，各小组根据活动总结表的要求，在小组长的带领下开展总结与反思活动。

(2)分组

出发前，学生以自愿的方式进行分组，4～6人为一组，选出小组长，确定小组名称，在规定时间内完成小组分工。

4.活动实施

导入：在从学校出发前往飞行学院的路途中，教师询问学生对飞行学院的认识，让学生谈谈自己认识的宇航员，以此引出活动主题。下车后，教师带领学生有序地进入飞行学院，在确定的地点进行活动分工。

图8-2 飞行学院门口波音T 37实景

5.评价总结

(1)活动结束后,教师肯定各小组及每个同学的表现,并带领学生一起进行总结与反思。

(2)小组长带领本组成员根据活动总结表的要求,进行组内总结与汇报,达成一致意见,选出一位代表进行汇报。

(3)各组汇报结束后,教师肯定学生的成绩,并鼓励学生学习航空知识与技能。

表 8-21　活动总结表

时　间		地　点	
小组名称		汇报人	
小组在活动一中的表现			
小组在活动二中的表现			
小组在活动三中的表现			
小组表现突出的地方:			
小组对模拟飞行的想法:			

(三)高中篇:深入航空教育——济南遥墙机场机场管制 ATC

适用年段:高中年段　　建议时长:180 分钟

1.景点文化介绍

坐落于山东省济南市历城区的济南遥墙机场是中国重要的国际机场。遥墙机场的候机楼外形以圆形为主,机场内设施齐全,拥有银行、医疗急救、总服务台、母婴室和儿童乐园等便民设施。济南遥墙机场机场管制十分严密。空中交通管制人员又称"ATC",是指空中的指挥员。任何飞机在飞行时都需要遵守一定的飞行法则,一旦违反这些空中法则就可能造成机毁人亡的不幸局面。保证飞机遵守飞行法则的机构俗称"空中交通管制"。负责对接的人员被叫作"机场管制人员",机场管制人员责任十分重大,工作也要做到一丝不苟,不允许存在一点差错,这是对自己负责也是对飞行员负责。机场管制人员借助各种通信设备和监控手段,保证飞机可以顺利起飞和降落。飞行人员既需要遵守飞机法则的制约,也需要听从机场管制人员的安排。济南遥墙机场拥有中国东方航空公司、山东航东公司和深圳航空公司的班机。随着济南遥墙机场的不断发展,数 10 家航空公司投放运力,标志着济南遥墙机场实现了跨越式发展。

图 8-3 济南遥墙机场实景

2.活动目标

通过参观济南遥墙机场，让学生深入学习航空文化的特色，走进现代化机场；了解机场管制的重要意义，激发学生的航空兴趣和爱国热情。

(1)准备材料

笔、笔记本、相机、观察记录表、活动总结表等。

(2)指导建议

①教师提前联系好济南遥墙机场中经验丰富的工作人员，邀请若干位工作人员参与活动(每个小组有一位工作人员跟随)，为学生答疑解惑；同时，教师提前联系好车辆。

②教师提醒学生要有秩序地上下车，同时提醒学生要注意安全。

③出发前学生进行分组，每组 4～6 人，选出小组长，确定小组名称，在小组长的带领下开展活动。

3.活动实施

导入：在从学校出发前往济南遥墙机场的路途中，教师带领学生提前搜集济南遥墙机场的相关资料，让学生提前了解并掌握一定的机场知识，从而引出活动主题。

4.活动过程

(1)活动任务一：基地科普

规则：各组分别在教师指定的活动区域内参观，在工作人员的指导下通过参观并了解体验机场的历史背景和航空发展史。感悟航空机场的科技创新文化和独特魅力，参观机场内部设施，深入接受航空教育。小组每个成员至少能够在小组内说出一个参观感受，并将结果记录下来。

注意事项：只许在教师指定范围内活动，活动过程中维护基地秩序，注意安全。

实施：教师询问学生对任务规则及注意事项是否清楚，鼓励学生提出自己的疑惑并给予解答，不安排身体不适的学生参加此次活动。所有学生都清楚任务和规则后，开始分组活动。

教师观察学生的动态，注意学生是否遵守规则与注意事项，并提醒学生注意安全。

表 8-22　观察记录表

时　间		地　点	
姓　名		所在小组	
我参观的机场设施			
我了解到的机场发展史			
我的感受			

待学生参观完毕陆续回来后，教师集合所有学生，让学生分组坐好，对自己观察到的机场设施及感受进行分享。根据学生的表达，教师引出任务二。

(2)活动任务二：基地体验

规则：济南遥墙机场内的新航站楼美轮美奂，面积 23 万平方米的停机坪内停放着 32 架大中型客货飞机，济南遥墙机场在全国首家采用 XIP 膜夹层防晒玻璃，建有 65 米高的航空塔台，这些都带给学生视觉上的冲击。学生在教师和工作人员的指导下参观济南遥墙机场，切身感悟我国航空建设事业取得的巨大进步，深入探索航空教育主题，提高民族自豪感和自信心。

实施：在学生清楚教师提出的活动任务及规则后，教师邀请工作人员介绍机场内的各个著名建筑，给学生留出自由参观的时间，然后让学生分组体验。体验结束后，学生自由交流分享自己的体验感受。根据学生的感受，教师引出任务三。

(3)活动任务三：航空体育

规则：教师根据任务二中学生的体验感受，鼓励学生模拟机场管制人员，亲身体验机场管制工作，由此引出任务三。济南遥墙机场十分注重机场管制工作。在机场内，学生可以模拟机场管制人员，学习相关的航空知识。教师提醒学生注意安全，让学生以小组为单位，在教师和工作人员的指导下展开活动，要求小组成员全部参与，并完成活动记录表。

实施：教师给学生几分钟的时间去分头学习，各小组自由分工，自己决定如何协调配合。准备时间结束后，便可展开活动。活动模拟顺序由各小组组长抽签决定。模拟机场管制人员结束后，教师选出表现最为突出的小组进行表扬，对其他小组的表现也给予肯定与鼓励。

5.评价总结

所有活动任务结束后，教师集合所有学生，然后随机抽取学生并让其分享自己在三次活动任务中的认识及在活动过程中遇到的问题，填写活动总结表。

第九章　引领科技研学之旅

第一节　科技馆文化

一、研学背景

文化建设已越来越受到人们的认可和重视，所以从事公益性科普事业的科技馆工作者，要全面系统地认识科技馆文化建设的内容和作用，建设一套适合科技馆事业发展的科技馆体系。研究科技馆文化，建设科技馆文化，是科技馆工作者要面对的一个新课题。当前，科技馆事业进入了新一轮发展热潮，形成独特的科技馆文化是加强科技馆自身建设、促进科技馆事业不断深化发展的重要因素。

随着人民物质生活水平不断提高，人民的精神文化需求也日益增加。科技馆作为科技文化的传播场所，在丰富人民的精神文化生活方面有着重要的作用。当前，科技馆的现代化改革步伐加快，各种先进的运作理念正在被接纳和运用。

科技馆是以科普教育为主要目的的公益性机构。主要通过观众体验、参与互动的形式，将科技展品以多元化的方式呈现给观众，以激发科学兴趣、启迪科学理念为目的。科技馆面向公众普及科学知识、展现科学家的辉煌科学成就，是提供人们科学文化素养的重要阵地。科技馆是青少年学生进行科学体验、演示科学原理的场所，对青少年创新思维的发展有着极其重要的作用。因此，精心打造好科技馆文化，是科技馆更好服务社会的重要组成部分。

当下我国推进科教兴国战略，尤其注重全民科技文化素质的提升，而强化青少年的科技文化素质也是科技兴国的重要内容。科技馆是普及教育的重要阵地,能够很好地普及科学知识、传播科学思想,使得科学精神可以发扬。科技馆教育对青少年的发展发挥着极其重要的作用。

二、研学目标

让学生亲自到科技馆进行科学实验,感受科学知识的形成,能够对科技理论有更深的认识,从而提高学生的科技文化素质,培养学生对科学技术的兴趣,激发学生在科学技术方面的潜力,让学生更好地认识到科技是第一生产力,引导学生树立科学思想、科学态度,从小学科学、爱科学、用科学。

三、参考活动设计

(一)小学篇:启迪创新思维——滨州市科技馆

适用年段:小学3～6年级　　建议时长:90分钟

1.景点介绍

滨州市科技馆坐落于新立河西路与黄河十二路交叉口以西,地处滨州市奥林匹克公园的核心区域,建筑采用的是框剪与钢结构相结合的结构形式,建筑整体呈现碟形。主体建筑有四层:一层为儿童科技乐园、多功能厅和4D动感影院。滨州市科技馆儿童科技乐园展厅在科技馆一层,面积为450平方米,分为"自然探秘""欢乐城堡"和"戏水乐园"三个主展区,一共有展品25项。儿童科技乐园展厅的服务对象是3～8岁的儿童,集科学性、知识性和趣味性于一体,采用参观体验、游戏互动等形式,可以让儿童在轻松快乐中体验探索科学的奥秘,培养对科学的兴趣。动感影院总建筑面积为200平方米。影片采用4K高清放映技术,引入了震动、坠落、吹风、喷水等特效技术。同时,还根据影片的情景精心设计出烟雾、气泡、光电、雨等气象效果,形成了一种独特的体验。

滨州市科技馆序厅高17.4米,面积为795平方米,坐落在科技馆二楼,拥有6项展品,其中包括科普讲堂、售货机器人、画像机器人、机械墙、机器人大舞台和标示性展项,皆在序厅进行展出。标志性展项实现了极佳的视觉效果与科普功能,以LED屏为主体,实现视频播放、虚拟互动、笑脸采集和关联科技馆微信公众号平台等功能,营造出了极具科技感的环境氛围。

离开序厅,登上科技馆三楼的探索与发现展厅。该厅拥有四个主题展区,分别为生命科学舱、圣光乐园舱、电磁世界舱、力与机械舱和声光世界舱,总面积为1431平方米,共拥有83项展品。探索与发现展厅通过引导游客进行互动体验,探索着基础科学的规律和性质,激发游客对于科技的热情,寻找科学真相的动力。第四层的展厅为科技与生活展厅，以参与性和互动性展项为主，占地807平方米，总共拥有三个主题展区（趣味数学舱、前沿科技舱、虚拟世界舱）、38项展品和数字科技馆。该展厅阐述了当代高科技技术的应用，体现了生活与科技的和谐关系，引起游客关于未来的遐想与思考。

滨州市科技馆的建造，是为了激发科学兴趣、探索科学知识、启迪科学观念，以"认知、创新、发展、未来"为主题，以互动、合作、观察为主要方式，寓教于乐。滨州市科技馆对公众的开放有利于广大社会群众进一步与科技接触，同时它也具备众多功能，如科普产品研制、四维科普影视、青年科技制作、流动科技馆、科技信息交流、科技书刊阅览、网上科技馆和天象观察和科普报告以及学术交流等，为广大青少年甚至全省人民学习科技知识提供了支持基地，传播了社会主义先进文化和科学文明，为群众传播了科学思想和科学方法，促进了科学精神的弘扬和科学知识的普及，拥有着不可替代的社会价值。

图9-1　滨州市科技馆

2.活动目标

通过参观滨州市科技馆，初步了解科技文化，丰富学生的课余生活，加强科学技术普及教育，提升学生的科技素质，了解各个展区的特色，激发学生对科技的兴趣，引导学生热爱科技。

3.材料准备

笔记本、笔、活动记录表、活动总结表、相机等。

4.指导建议

（1）教师提前了解滨州市科技馆的概况，了解相关科技文化，以便更好地为学生讲解。

（2）教师要注意学生的安全，提醒学生有序参观。

（3）出发前学生进行分组，每组4～6人，选出小组长，确定小组名称，在小组长的带领下开展活动。

(4)科技文化对于学生来说陌生且难懂,教师要在活动过程中深入浅出,用简单易懂的语言向学生讲述相关内容。

(5)教师可以提前与科技馆进行接洽,以便更好地带领学生参观相关展区。

5.活动准备

出发前教师向学生讲述活动的规则。

(1)出发前,学生以自愿的方式进行分组,4～6 人为一组,选出小组长,确定小组名称,在规定时间内完成小组分工。

(2)本次活动以小组为单位,在小组长的带领下开展活动。本次活动的任务是参观科技馆的展区,并且了解相关知识,教师可以选取有关关键词让学生一一落实。

(3)活动要进行分组,选出小组长,在规定时间内完成小组分工。

(4)活动过程中学生要有秩序、有礼貌,要服从教师和小组长的领导,注意安全。

(5)活动后要进行总结与反思,各小组根据活动总结表的要求,在小组长的带领下开展总结与反思活动。

6.活动实施

(1)导入:在去科技馆的路上,教师可以利用相关视频资料向同学们介绍滨州市科技馆。黄河之水润创新之苗,用思想勾勒科技的变迁,宏伟壮丽的蓝色画卷向这座城市徐徐展开。滨州市科技馆一个让你触摸科技前沿让你感受梦想的神秘之所。

(2)过程:教师导入活动后向学生布置任务。教师带领学生参观展区,了解每个展区的特色,并且要求学生在记录表上进行打卡。

表 9-1　活动记录表

姓 名		时　间		地　点		
一楼	儿童科技乐园		4D 动感乐园		多功能厅	
二楼	标志性展区		机器人展区			
三楼	电磁世界		声光乐园		力与机械和生命科学展区	
四楼	前沿科技		虚拟世界		趣味数学展区	

(3)交流与分享:学生以小组为单位进行讨论,分享自己的感想,交流哪个展区让自己印象最深刻。

(4)进行一个小游戏,加深学生对科技馆各展区的印象。

(5)活动规则:学生以小组为单位,同组成员组成一队进行游戏。教师在卡片上填写有关科技馆各展区的关键词,每次出示一张卡片,让小组成员抢答,并要求其将卡片上的关键词与相关展区对应。答对加一分,答错不扣分。教师有权让任意小组放弃下一轮抢答。最终分数最高的小组获胜。游戏开始前,教师给学生几分钟的时间进行准备。

(6)活动结束后,教师提醒学生带走相关垃圾,并在科技馆前合影留念。

7.评价总结

活动结束后,教师对各组表现进行表扬,并带领学生进行反思与总结。

(1)小组长带领本组成员根据活动总结表的要求,进行组内总结与汇报,达成一致意见,选一位成员在班级内汇报。

(2)各组汇报结束后,教师肯定学生的成绩,并趁机引导学生产生对科技文化的兴趣。

表 9-2　活动总结表

时　间		地　点	
小组名称		汇报人	
小组在参观展区中的表现			
小组在交流分享活动中的表现			
小组在游戏中的得分			
小组成员在活动中的合作程度			
小组表现突出的地方:			
小组对于科技文化的想法:			

(二)初中篇:科学巨匠——日照市科技馆

适用年段:初中 7～9 年级　　建议时长:120 分钟

1.景点文化介绍

日照市科技馆坐落于日照奥林匹克水上公园西部、城市中央活力区的核心片区,占地 160 亩,建筑面积 2 万平方米,由中国建筑设计研究院崔愷院士领衔设计,造型上体现了丁肇中先生“探索宇宙本源的 α 磁谱仪”概念。日照市科技馆周围有为其服务的科学公园,与相邻的植物园和科技文化中心浑然一体。日照市科技馆从 2017 开始建设,历时一年,于 2018 年结束并且在 2019 年部分开放试运营。

在展示内容上，日照市科技馆以“探索、发现、实验、求真”为理念，以丁肇中先生的成长和科研历程为起点，展示丁先生的研究成果以及学术价值，以其探索物质世界的科学实验、科学研究与发现为主要内容，展现其科学精神，领略其人格魅力，并延伸展示与其研究相关的前沿科技和身边科学。引导人们尤其是青少年亲近科学巨匠、畅游科学海洋，从而启迪科技智慧、启发创新思维、激发创新热情。日照市科技馆的展示内容是独一无二的，展示形式也独具特色。馆内展示了丁肇中教授对世界物理学产生了巨大影响的6个著名实验的模型。丁教授毕生的科学文献、仪器设备及物品资料，将永久在馆内收藏展示。常设展览有物理展厅，物理展厅分为“万物有理可循”“粒子物理学”“丁肇中与他的团队在现代物理学领域的探索和成就”三部分，以时间为轴线，介绍了不同时代的人们对物理学的探究、测量物理电子半径实验——测量高能量光子在原子核的电场中变成一对电子与正电子的产率。根据量子电动力学，这个产率可以被精确计算出来，实验和理论便能互相比较。正负电子对产生时，会与光子的入射方向有一个夹角，大部分所产生的正负电子对都是以小角度射出，但偶尔有些会以较大角度的方向射出。为了测量小尺度时量子电动力学理论的正确性，需要较大的动量；又因为正负电子对的动量与其角度成正比，所以实验必须挑选较大角度的正负电子对来测量。而较大角度的电子对数量较少，于是就有了重光子研究实验，即一系列关于重光子性质的实验。“重光子”是一种除了质量之外，性质都跟光子一样的粒子。当时已知的重光子有三种，即ρ、ω、ϕ。1974年11月，丁教授发现了J粒子，这个发现使他获得了1976年的诺贝尔物理学奖。该发现对粒子物理学的发展有划时代的影响，被称为粒子物理的“十一月革命”。之所以被称为“革命”，就在于这个发现造成多方面的突破，奠定了现代基本粒子理论。同时，还有临时展厅和特色展厅、球幕影院、全息剧场、激光环幕。

日照市科技馆不仅具有常规科技馆的科普教育功能，而且还具有收藏、研究、文博和学术交流等功能。按照中共市委、市政府确立的“世界眼光、国际标准、日照特色”的目标，日照市科技馆将建设成国内独树一帜的科学博物馆。

2.活动目标

通过参观日照市科技馆，了解相关物理知识，提高学生对物理的学习兴趣，扩展学生的视野，激发学生的学习兴趣，引导学生养成善于思考、善于提问的习惯。

3.材料准备

笔记本、笔、活动记录表、活动总结表、相机等。

(1)指导建议

①教师可以提前向学生介绍日照市科技馆的由来以及相关内容,让学生提前熟悉要参观的日照市科技馆。

②活动分组:教师可以选择按照学生意愿自由分组的方式,建议5~7人为一组,以小组为活动单位,实行组长负责制。

③注意提醒学生保护环境,举止文明。

④提前联系科技馆的工作人员,为研学活动提供保障。

⑤按照活动安排时间准备集合,坐车前往日照市科技馆。

4.活动实施

导入:日照市科技馆主要展现了丁肇中先生的科研成就以及他的科学精神。教师可以向学生介绍丁肇中先生,让学生对丁肇中先生有一定了解,以激发学生对物理科学的热爱。

(1)活动任务一:科技知识我知道

规则:教师带领学生参观日照市科技馆,让学生认真听讲解员的讲解,而后进行思考,并将自己的思考或者问题写在活动记录表上。

表9-3 活动记录表

姓　名		时　间		地　点	
问题与思考					

在参观完成后,教师进行总结;同时,选取部分学生让其介绍丁肇中先生,并向科技馆的志愿者询问相关物理知识,解决自己不明白的知识。

(2)活动任务二:畅谈心中感想

规则:同学们通过参观日照市科技馆以及观看相关模型的展示,对物理科技有了一定的了解,以小组为单位讨论自己参观后的感受以及对未来的畅想并完成活动记录表。活动结束后,进行小组交流,分享自己的观点。小组交流结束后,教师随机抽取部分学生并让其进行分享。根据同学们的发言,教师进行总结。

表 9-4　活动记录表

时　间		姓　名		地　点	
感　想					
对未来的感想					

5.评价总结

通过这次活动,同学们深深地感受到了科技的无穷魅力,体会到了科学技术与生活的紧密联系,激发了对科学技术的兴趣,从而更加发奋学习。让学生可以更好地感受并观察社会,认识中国科技的腾飞,激发学生的学习兴趣,促进小组成员的交流与合作。

(三)高中篇:探索创新高度——山东省科技馆

适用年段:高中年级　　建议时长:180 分钟

1.景点文化介绍

山东省科技馆于 1958 年成立,是全国最早成立的省级科技馆之一。自成立以来,在普及科学知识、提高人民群众科技素质等方面发挥了重要作用。随着经济社会的发展,为了满足社会公众对科普教育的需求,中共山东省委、省政府决定在济南市的黄金地带——泉城广场东侧改建山东省科技馆。经过 3 年的建设,山东省科技馆最终改建完成。新建的山东省科技馆建筑物占地 8400 平方米,建筑面积达到 2.1 万平方米,分为科普展览和科技活动两大区域。以“人类、探索、创新”为主题,布置了各学科领域的 400 多件展品,形象地诠释科学道理,帮助参观者感悟科学的力量。科技馆同时具备学术交流、科普报告、天象观察、四维科普影视、网上科技馆、科技信息交流、科普展品研制、青少年科技制作、科技书刊阅览、流动科技馆等功能,是全省人民特别是广大青少年学习科学知识的基地,有利于传播科学文明和社会主义先进文化,有助于促进弘扬科学精神、普及科学知识、传播科学思想和科学方法。

山东省科技馆设有序厅、儿童科技园、探索·发现、创新·发明等四大主展区和天文观测台、4D 影院、临展厅、学术报告厅等配套设施,其建造的目的是引起青少年儿童对科技创新的兴趣,一方面展示了众多科技成果,一方面又引人思考。例如,针对 3～12 儿童设立的儿童科技园集玩与学于一体,完美地融入了趣味性,目的是对儿童进行多元智能教育,在玩乐中给予他们科学启迪。又如创新·发明展区，它展示了人类创新历史上的重大发明，给予来者科学启迪，促使他们思考创新、学会创新，从而真正体验现代科技。创新是一个民族的灵魂，唯有创新才能使得人类不断突破自我，进而有所发明创造、有所进步革新。

临时展厅位于山东省科技馆主体建筑的南区，周边大型商场、金融机构遍布。展厅占地面积约1400平方米。学术报告厅位于南区二层，建筑面积850平方米，配有一台投影机，可提供同声传译语种分配功能。学术报告厅采用全数字技术的无失真、无衰减、无噪音系统，音质清晰、稳定。适合举办科普讲座、大型会议、新闻发布以及国际学术交流等，集展示与参与、科普与教育、制作与收藏、旅游与休闲于一体。

2.活动目标

学生通过参观山东省科技馆，进一步了解科技馆文化，充分认识到科技馆文化在当今社会中发挥的重要作用，发掘自身的科技潜力，提高对科学技术的兴趣。山东省科技馆为学生们提供了广阔的科学探索空间，能增强学生的创新精神和实践能力，培养学生的爱国热情，增强同学们之间的感情，激发对美好生活的向往，感受科技的魅力。

3.准备材料

笔记本、笔、相机、活动记录表、活动总结表等。

4.指导建议

(1)教师需要提前了解山东省科技馆各个展区的情况，以便更好地为学生讲解。

(2)教师需要注意学生安全，督促其遵守公共秩序和公共道德，提醒学生有秩序上下车，举止文明，有礼貌，不乱扔垃圾，保护环境。

(3)活动分组时，教师可以选择按照学生意愿自由分组的方式，建议5～7人为一组，以小组为活动单位，实行组长负责制。

5.活动实施

导入：在去山东省科技馆的路上，教师可以利用车载电视，向学生展示相关且有趣的科技动画，并且对山东省科技馆进行简短的介绍，引发学生对科技馆的兴趣。

(1)活动任务一：领略科技之美

规则：教师带领学生参观山东省科技馆的各个展区，并讲解相关科技文化的知识，引导学生进一步了解科学技术，并且完成记录表。学生完成任务一后，教师进行总结，对学生的表现进行表扬，并且随机选出几名学生让其分享自己感兴趣的展区。教师根据学生的表达,引出任务二。

表 9-5 活动记录表

时间		地点		记录人	
参观的展区					
感兴趣的展区					
感想					

(2)活动任务二:放飞科技的梦想

规则:学生通过参观山东省科技馆,对科学技术有了一定的了解。教师可让学生以小组为单位进行小组讨论,选取展区中的一项科技,想象它在未来的应用。

实施:活动开始前,教师给学生时间准备,让小组成员进行讨论并且把相关内容写在活动记录表上。活动结束后,教师随机选取几名小组代表人让其分享自己组的讨论结果并且进行互动交流。

表 9-6 活动记录表

姓名		时间		地点	
小组成员					
感兴趣的科学技术					
在未来的应用					

第二节 创客教育文化

一、研学背景

国家现阶段大力推进"大众创业、万众创新"的战略理念,创新、创业浪潮随之兴起,大规模的创客不断出现。"创客"这个词来源于英文单词"Maker",本义是指因为兴趣和爱好,努力把各种理想的创意转化成现实的人。在创客精神与教育的碰撞之下,“创客教育”的概念随之产生。创客文化与教育的结合产生了“创客教育”。创客教育是以学生的兴趣为基础,用项目学习的方式,使用数字化工具,提倡造物,鼓励分享,从而培养跨学科解决问题能力、团队协作能力和创新能力的一种素质教育。创客教育融合了创新教育、体验教育、项目学习等思想,符合学生具有好奇心和创造力的天性。“创客教育”也被称为“STEAM 教育”,它的载体主要是课程,STEAM 教育在创客空间的平台下衍生出,融合了科学(Science)、技术(Technology)、工程(Engineering)、艺术(Art)、数学(Maths)等学科知识,学生的想象力、创造力以及动手解决问题的能力得到培养与提高。传统教育忽略兴趣和动手能力的缺陷得到弥补。创客教育要从精英教育走向大众教育,而创客教育则需要鼓励学生自己发明、创造,老师在其中起到引导的作用,鼓励群体协作式学习;同时,创客教育是综合教育,它融合了集体众创、跨界等因素,因此需要融合运用各学科知识,更大可能地照顾到孩子们的天赋和兴趣,由此激发每一个孩子的潜能。创客教育作为一种教学理念,不论在城市还是乡村,它都不失为一种实现素质教育的教学模式,甚至是实现均衡教育的有效形式。创客教育课程应融入现有课程,而不是进入到现有的课程之中。

创客文化根植于有着独特兴趣和执着信念的人群,他们酷爱科技、热衷实践。创客文化是 DIY 文化的延伸,其中融合着科技元素,以一种全新的视角将科技创新文化展现在大众面前。21 世纪,经济与科技发展迅速,而综合实力的增强离不开创新能力的提升。因此,青少年创客教育应运而生,且以一种“迅雷不及掩耳之势”在全国各地发展开来。近年来,创客文化教育不断走进课堂,取得了较为显著的成效。随着创客教育的进入,青少年学生的注意力明显提升。在创客活动中,学生可以将自己的创意转化为现实,可以更好地掌握并应用知识,从而提高对知识的认识和理解。创客文化的互动性、趣味性吸引着学生不断地投入学习中,从而激发起学习兴趣。另一方面,青少年学生的自信心也由此明显增强。学生在自我探索的过程中,可以不断探索、解决问题、获得成功、得到满足、建立自信。成功完成一个作品后的满足感、愉悦感以及老师同学们的赞许、称赞,是青少年学生不断获得自信的源泉。

二、研学目标

一是促进创客文化与优秀传统文化融合;二是变革学习方式,在创造中学习;三是促进多学科内容的整合性和课程材料的时代性,即促进所学内容与时代发展紧密联系;四是促进信息技术的融合性;五是培养学生自己动手的实践性,增强学生的动手操作能力。

三、参考活动设计

(一)小学篇:启迪之星——海尔创客实验室

适用年段:小学 3~6 年级　　建议时长:90 分钟

1.景点文化介绍

创客实验室作为一个创客孵化平台,具有开放、创新、协作、共享等功能,同时也是教育部创新创业实训的实验室。创客实验室集合了各行各业的专业达人。在这里,创客们可以结识到志同道合的朋友,大家一起通过思想上的碰撞让大脑飞转起来,通过不断的交流来完善各自的想法和创意。创客实验室是创客空间与创业孵化器的结合体。

海尔创客实验室于 2014 年成立,它是一个开放、创新、合作、共享的创客平台,为创客提供了实现创意和梦想的机会。目前海尔创客实验室已经遍布全国 28 个省 160 余所高校。创客实验室依托海尔生态产业资源及开放的社会创新资源,结合企业需求与高校课题,创新教育与创业实践,同时把创客、企业、创投机构、供应链及营销渠道等全生态的资源交互服务提供给高校青年创客,助力新生代创客的创意转化、创业实践以及高校双创教育改革。海尔正在由生产型企业转型为孵化创客的平台,不断开放自身资源,把创业服务提供给创客。

海尔创客实验室将产业线的创新需求与高校的科研命题结合起来,并整合研发、技术、生产、营销、物流等内部资源,以及创投机构、创业导师和新闻媒体等外部资源,提高了创新创业项目落地的可能性。海尔创客实验室联合全国高校发起多种创客活动,如项目路演、产业公开课、大咖创业分享等。高校创客可与专家、导师进行面对面交流,从而拓宽视野、提升实操能力。海尔创客实验室一方面推动了高校承接海尔产业线的创新需求,另一方面将高校创新成果应用于海尔产业线,以产学研相结合的形式,促进高校与产业线共同研发产品,或对现有产品进行更新迭代。高校创客通过参与产业项目研发,打造自己的核心竞争力。海尔创客实验室联合海尔生态小微与高校搭建利益共享的合作平台。在此平台上,高校创客可以独立运营创业项目,同时海尔提供资源支持,实现攸关方利益共享。海尔创客实验室面向全国新生代创客,可协助提供知识产权的申请、筛选优质项目并促成其与孵化器对接、推荐优质项目参与大型展览展示等营销活动等服务,促进了新时代创新创业、新理念的落实。

2.活动目标

通过参观海尔创客实验室，让学生进一步了解创客文化，对创客文化有更深的了解，将创新创业的理念深深植入学生的心中，鼓励学生在现实生活中积极投入到创客文化中。

3.准备材料

笔记本、笔、相机、活动记录表、活动总结表等。

(1)指导建议

①教师要提前联系好接送车辆与联系人，确保路途顺利与安全。

②教师可以按照学生意愿，采用自由分组的方式，建议4～6人为一组，以小组为活动单位，实行组长负责制。

③提醒学生注意安全、举止文明、保护环境。

(2)活动准备

①本次活动以小组为单位，在小组长的带领下开展活动。本次活动的任务是寻找和参观创客大街中不同类型的创客活动，并在小卡片上记录下各种创客活动，能大致讲述出所观察的创客活动的大致过程。

②活动要进行分组，选出小组长，在规定时间内完成小组分工。

③活动过程中，学生要有秩序、有礼貌，服从教师和小组长的领导，在规定的范围内活动。

④活动后要进行总结和反思，各小组根据活动总结表的要求，在小组长的带领下开展总结与反思活动。

(3)分组

出发前，学生进行分组，建议4～6人为一组，并选出小组长，确定小组名称，在规定的时间内完成小组分工。

4.活动实施

导入：在从学校出发前往创客实验室的路途中，教师可以通过询问学生做过哪些有趣的实验，引导学生进行分享。学生分享完成后，教师进行总结并引出此次活动。

(1)活动任务一：观创客，体创意

规则：学生参观创客实验室，观察创客创意活动，要求全员参与，并完成活动记录表。

表 9-7　活动记录表

时　间		地　点	
小组名称		记录人	
参观的创客活动			
体验到的创意精神			
对今后自己创客的启发			

待学生陆续回来后，教师集合所有学生，随机抽取几名学生并让其交流分享自己的观察体验与感悟。教师肯定学生的意见，进行总结，同时根据学生的表达引出任务二。

（2）活动任务二：我以我手"写"创意

规则：学生以小组为单位，在任务一的基础上开展活动任务二。要求学生充分发挥自己的创意，通过各种形式，如写文章、亲身实践创客活动或其他任何形式，展现本小组对创客文化的理解，并按要求完成记录表。

实施：活动正式开始前，教师给学生几分钟的准备时间，让学生在小组内自行确定本小组的展现形式及人员分工等。

表 9-8　活动记录表

时　间		记录人	
小组组长		小组成员	
展现形式			
小组分工			

学生完成任务二后，教师随机抽取部分小组代表，让其分享自己小组讨论的展现形式。教师根据学生的分享、讨论进行总结，对学生独立思考问题提出表扬，并鼓励学生在未来进行创客活动。

（二）初中篇：助力新一代创客——青岛创客公园

适用年段：初中 7～9 年级　　建议时长：120 分钟

1.景点文化介绍

青岛创客公园位于山东省青岛市崂山区山东头路 38 号，在崂山的创意产业区内。这里同时也是新晋网红打卡地。青岛创客公园(Maker Park)最初是崂山区政府打造的开放式、全要素的众创空间,以期吸引国内知名创服机构入驻。现在看来,最初目的已经达到了,但令设计者都没有想到的是,青岛创客公园却成拍照的胜地。园区整体呈复古冷调,或者是清新干净的低饱和度 ins 风、炫目的工业风,这里有层叠堆积的不规则蓝白色集装箱、蓝粉色双彩墙以及 MOKITO 咖啡馆、中天美术馆等,每个角落都很有艺术感。

2.活动目标

通过参观创客公园,让学生进一步了解创客文化,感受创客文化氛围,培养学生们的创新精神和实践能力,提高学生的科学文化素质和创新能力,感受创客文化与艺术的结合,了解创客文化中的艺术美,扩展学生的眼界,增加学生的相关知识。

(1)指导建议

①由于青岛创客公园独具一格的装修风格吸引了大量民众前来拍照,青岛创客公园内人员较多,教师需要注意学生安全,防止学生出现意外。

②教师可以提前与青岛创客公园的工作人员联系,为参观青岛创客公园提供更好的服务。

③教师可以按照学生意愿,采用自由分组的方式,建议 5～7 人为一组,以小组为活动单位,实行组长负责制。

④提醒学生举止文明、保护环境,禁止乱扔垃圾。

⑤教师要注意从青岛创客公园中的网红打卡文化延伸到创客文化,引导学生关注创客文化。

3.活动实施

导入:教师可以借助游人拍的照片,询问学生是否知道照片是在哪里拍摄的,从而引出此次的目的地——青岛创客公园,向学生简单介绍青岛创客公园,同时指出青岛创客公园不仅拥有创客文化,而且还拥有艺术的美感,这是青岛创客公园与其他创客公园最大的区别,进而引出此次活动的任务。

(1)活动任务一:记录创客公园中的美

规则:教师带领学生参观青岛创客公园。参观完成后,学生以小组为单位执行任务。青岛创客公园随处可见的艺术造型吸引了许多人前来拍照,学生可以在创客公园内寻找可以拍照的地方,记录人文之美。拍照完成后,小组内进行分享讨论,谈谈自己的感受并且完成活动记录表。

表 9-9 活动记录表

姓　名		时　间		地　点	
小组成员					
拍摄的作品					
对青岛创客公园的感受					

学生拍摄完成后，教师随机选取部分同学的拍摄作品进行展示，并且请相关同学分享自己拍摄照片时的感受与心得。教师根据学生的作品与讲解进行总结，并且对学生的表现进行表扬，鼓励学生说出自己的想法。

(2)活动任务二：我对创客文化的认识

规则：通过参观创客大街、创客实验室、创客公园，同学们对创客教育有了一定的了解，教师让学生根据自己掌握的知识谈谈自己对创客文化及创客发展途径的认识和理解，同时完成活动记录表。

表 9-10 活动记录表

时　间		地　点		姓　名	
对创客文化的认识					
创客在未来的发展					

学生完成任务二后，教师随机抽取部分同学并让其进行分享，鼓励学生积极表达自己的看法，与同学们互动交流。根据学生的分享情况，教师进行补充和总结。

4.评价总结

近年来，科普资源不断丰富，不仅书籍是人们学到科学知识的主要途径，而且大众传媒也发挥着重要的作用。特别是新媒体科技传播能力明显增强，科技教育、传播与普及工作广泛、深入开展，带动了全民科学素质的提高。科普教育既改变了部分生产方式，推动了经济发展进步，实现了物质文明，又可以提高公众的科学文化素养和思想道德素养，加快精神文明建设。

创客教育不仅是一门综合实践课，而且还是高中技术课的重要组成部分。目前，青少年创客活动主要集中在学生的兴趣爱好上，可以让学生自发、独立、自由地开展创客活动，将学生的短期兴趣转化为持续兴趣，然后将兴趣转化为爱好。创客是培养创新精神和实践能力的重要途径，创客教育符合创新人才的培养要求。鼓励学生犯错与创新，是全方位的启蒙教育。

（三）高中篇：追寻创客风向标——青岛创客大街

适用年段：高中年级　　建议时长：180 分钟

1.景点介绍

几百米纵深的街区到底能迸发出多少创新蝶变的可能性？作为全市首家创业街区的青岛创客大街，用一年的时间做出了掷地有声的回应。如今，位于宁夏路 306 号的桔蓝色经典地标，已经成为激活崂山区乃至青岛市创新创业的“活力因子”。

青岛崂山区、青岛大学、清华控股战略功能平台——清控科创控股股份有限公司三方合作建立了青岛创客大街，是继北京中关村创业大街后清控科创打造的全国第二条创业街区，是青岛市众创空间和创新服务集聚区、科技企业发源地、创客文化圣地。建筑面积约 1.5 万平方米。青岛创客大街是集孵化、路演、展示、培训、研发、投融资、生活娱乐等功能于一体的大型综合型创业载体，致力于为大学生、创客和草根创业者构建低成本、便利化、全要素、开放式的综合创业服务生态体系。青岛创客大街紧紧围绕中共青岛市委、市政府提出的“创新之城、创业之都、创客之岛”的发展目标，打造高端创新创业服务平台。现有 Binggo 咖啡、清控海尔创新苗圃、i 创青少年创客空间、邻客创业公社等 7 家专业机构在街区运营，基本形成了低成本、便利化、开放式、全要素的生态体系。秉承“党建引领、政府主导、市场运作、众创共赢”理念，实施“党员双联（固定党员联系流动党员、流动党员联系创客团队）、三团互动（建立党建指导团、导师智囊团、创客互助团）、组织四联（工作联合、组建联手、队伍联盟、资源联动）”的模式，与大学、企业、社区等开展联建共建活动，健全共建共享、互联互动机制，为推动创客大街高点起步、集聚发展、快速突破提供了组织保证。

截至目前，青岛创客大街共与 300 余位创业导师建立了紧密合作关系，累计培育 2 家上市公司在内的项目 140 余个，组织各类创新创业活动 320 余场，服务创客 2 万余人次。青岛创客大街规划建筑面积 1.5 万平方米，是青岛搭建创新创业平台的重要空间布局。青岛创客大街引入了广州创大、黑马会、邻客创业公社、Binggo 咖啡等多家顶级创业服务机构，集聚了众多的天使投资人、投资机构，提供集孵化、路演、展示、培训、研发、投融资、生活娱乐于一体的创业服务生态体系，共同为大学生、科技工作者和草根创业者提供低成本、便利化、全要素和开放式的众创空间,成为全市创客、技术、资本等创新创业资源的集聚区和发源地,打造新常态下经济增长新引擎和青岛市创新创业新名片。青岛创客大街是清控科创继中关村创业大街后全国第二条创业街区,是青岛市市政府着力扶持的创新创业服务平台,也是青岛市乃至山东省的创新创业标杆。青岛创客大街的驱动力,必将成为加速青岛城市创新创业发展的“主推进器”。

2.活动目标

参观创客大街的创客活动,初步了解创客文化;观察一两种创客活动,并且能够大致讲述出来;传播创客文化,激发学生对于创客文化的热爱,鼓励学生根据所观察到的创客文化进行创作,提高学生的实际动手操作能力,培养学生的创客意识。

(1)材料准备

笔记本、笔、活动记录表、活动总结表、相机等。

(2)指导建议

①教师提前熟悉创客大街,以保证活动进行时能给学生提供指导;同时,教师提前联系好车辆。

②教师提醒学生要有秩序地上下车,同时提醒学生注意安全。

③出发前学生进行分组,每组 4～6 人,选出小组长,确定小组名称,在小组长的带领下开展活动。

④本次研学活动对象年龄较小,教师可在本班内选出几名家长志愿者,每个小组至少配备一名家长志愿者,跟随学生一起参与活动,保护学生的安全。

(3)活动准备

①本次活动以小组为单位,在小组长的带领下开展活动。本次活动的任务是寻找和参观创客大街中不同类型的创客活动,并在小卡片上记录下各种创客活动,能大致讲述出所观察的创客活动的大致过程。

②活动要进行分组,选出小组长,在规定时间内完成小组分工。

③活动过程中,学生要有秩序、有礼貌,举止文明,不乱扔垃圾,要服从教师和小组长的领导,在指定的范围内活动。

④活动后要进行总结和反思,各小组根据活动总结表的要求,在小组长的带领下开展总结与反思活动。

⑤在活动开展之前,教师准备研学旅行手册,让学生提前准备,在进行初步了解后,学生可写下遇到的问题,带着问题进行活动。

3.活动实施

导入:青岛创客大街是继北京中关村创业大街之后,由清控科创打造的全国第二条创业街区，是青岛市众创空间和创新服务集聚区、科技企业发源地、创客文化圣地。在去青岛创客大街的路上，教师可以向学生简单介绍什么是创客教育以及创客教育在我国科技教育中的重要作用，让学生认识到创客教育文化的重要性，然后引出此次要去的目的地——青岛创客大街。

(1)活动任务一：寻找青岛创客大街的创客活动

引入活动主题后，教师布置任务。学生以小组为单位，带着小卡片，在小组长的带领下在青岛创客大街中寻找并观察创客文化活动，并且在小卡片上记下观察到的结果。

表 9-11　活动记录表

时　间		地　点	
小组名称		记录人	
创客文化：			
大致过程：			

学生以小组为单位，选出一位同学分享自己小组观察到的创客文化，描述大致过程，看哪个小组说得最生动、具体。

(2)活动任务二：你说我猜

根据同学们的交流分享，教师组织学生进行“你说我猜”游戏活动。

活动规则：此游戏有两个规则，学生自选其一。一是学生以小组为单位，一个小组描述创客活动的大致过程，其他小组抢答这是什么创客活动。二是一个小组学生说出创客文化名称，让其他小组抢答说出此创客活动的大致过程。小组出场顺序由小组长抽签决定。答对一次记 1 分，得分最高的小组获胜。游戏开始前，教师给学生几分钟的准备时间并且进行简单举例以便学生更好地进行游戏。

(3)活动结束后，教师带领学生对家长志愿者表示感谢并且可以进行拍照留念。

4.评价总结

青岛创客大街对青岛创新创业的发展具有重要的推动作用。通过参观青岛创客大街，让同学们初步了解创新创业活动，认识到创新创业并不是遥不可及的，它就在我们身边，我们每一个人都可以是创新创业活动的主体。鼓励学生在未来积极参与创新创业活动，激发学生对科技的热情。

活动结束后，教师肯定各小组的表现，并带领学生一起进行总结与反思。

(1)小组长带领本组成员根据活动总结表的要求,进行组内总结与汇报,达成一致意见,选一位成员进行汇报。

(2)各组汇报结束后,教师肯定学生的成绩,对学生的表现进行表扬并且鼓励学生参观类似的创客大街,根据学生的汇报进行总结,并趁机引导学生对创客文化产生兴趣。

表 9-12 活动总结表

时 间		地 点	
小组名称		汇报人	
小组在寻找观察活动中的表现			
小组在交流分享活动中的表现			
小组在你说我猜游戏中的得分			
小组成员在活动中的合作程度			
小组表现突出的地方:			
小组对于以后探究创客文化的想法:			

第三节 科普教育文化

一、研学背景

近几年来,科普教育的重要性总是被提及,各部门也积极组织各类科普活动,但仍有很多不足,比如,科普教育普及的硬件不足,教育资源分布不均匀,科普教育施行者素质不高。我国人口众多,也进入了社会快速发展的时期,当今社会需要一大批科学技术领军人才,开展科普教育,不单单是为了增加青少年的科学知识，实际上也是为中国培养科技后备人才。科学技术是人类进步和社会发展的巨大动力，而科学普及是科学技术通向人类社会的桥梁。只有多普及，科技才会更发展、更进步。

二、研学目标

增加青少年的科学知识，推动科普教育的发展；通过课程，让学生了解科普教育文化，激励学生在未来从事有关科技的行业；扩展学生的思维，提高学生的科学文化素养，培养学生的独立思考能力。

三、参考活动设计

(一)小学篇：无情的地震，有情的我们——烟台地震教育科普基地

适用年段：小学 3～6 年级　　建议时长：90 分钟

1.景点文化介绍

地震科普知识宣传可以帮助人们认识到地震的危害，学会躲避地震灾害，做到防患于未然，从而达到防震减灾的目的。通过参观地震科普教育基地，让广大人民群众增强抗灾救灾意识，在面对地震灾害时能做到临危不乱，从而加强心理承受能力。一些地方如果发生地震灾害，抗灾自觉性得到提高的人民群众就会把破坏和损失控制到最低程度的可能性，从而为社会的经济发展和安全稳定保驾护航。

地震科普教育在我国发挥着十分重要的作用，我国也成立了许多地震科普教育基地。烟台市地震科普教育基地于 2012 年建立，坐落在烟台市塔山公园内，由烟台市地震局与塔山集团有限公司共同投资近 1000 万元，建筑面积 2000 平方米，占地 4000 平方米。地震科普基地由地震科普教育展览馆、地震逃生救援体验楼、4D 动感影院、地震应急用品超市四部分组成。地震科普教育展览馆主要介绍地震应急知识，展示了汶川地震的惨烈场景，采用现代化的声光电互动演示产品，改变了平面、单一的传统宣教模式，增强了趣味性和互动性。地震逃生救援体验楼建筑面积 450 平方米，由清华大学建筑设计研究院设计，是国内已建的第二个专门用于逃生体验和救援训练的斜楼，是市民模拟地震时自救互救的绝佳场所。4D 动感影院主要播放一些与地震相关的科普教育影片，其模拟场景具有很强的震撼力，观众观看时仿佛亲临地震现场，学会一些防范措施。电影影片通过灯光、声音、投影等手段向人们展示了地震的巨大威力，让人们用视觉感受地震、用体验的方式了解地震的破坏力及其所带来的毁灭性灾难，从

而让观众更好地认识地震，并学会在地震到来时如何正确避震逃生，增强人们应对突发事件的处置能力。地震应急物品超市从国内多个厂家采购了各种家庭及个人所必备的地震应急物品和食品。

烟台地震科普教育基地是国内首家集防震减灾科普培训、地震逃生训练为一体的专业化地震科普教育场馆。该基地被山东省地震局、烟台市地震局、烟台市科协相继授予“山东省防震减灾科普教育基地”“山东省科普教育基地”“烟台市地震科普教育基地”等荣誉称号。烟台地震科普教育基地的开放为烟台市中小学生开展“普及安全知识，提高避险能力”提供了一个良好的科普场所，对提高青少年自救自护能力具有重要意义。

2.活动目标

了解地震的相关知识以及地震来临时如何自救，教会同学们一项逃生技巧；增加同学们的知识，扩展学生的思维；提高学生对地震的重视程度，为以后遇到地震逃生时进行知识储备。

3.材料准备

笔记本、笔、活动记录表、活动总结表、相机等。

4.指导建议

(1)教师可以准备相关事例，通过这些事例加深学生对地震的认识。

(2)不要夸大地震的危害，要正确认识地震，避免学生对地震产生较大的恐惧。

(3)带领学生有序进行参观，避免出现混乱。

(4)教师可进行分组，5～6 人一组，并选出小组长，确定小组名称。

(5)教师提前联系烟台地震科普教育基地的工作人员，准备好相关车辆。

(6)要求学生举止文明，有礼貌，保护环境，不乱扔垃圾。

(7)教师可以让学生浏览“中国地震局”官网，让同学们在线上就可以了解地震的相关知识，促进学生更好地了解地震的原理以及防护措施。

5.活动准备

出发前，教师向学生讲述活动的规则。

(1)本次活动以小组为单位，在小组长的带领下开展活动。本次活动的任务是通过参观烟台地震教育科普基地了解相关的地震知识以及应对措施。

(2)活动要进行分组，选出小组长，在规定时间内完成小组分工。

(3)活动过程中，学生要有秩序、有礼貌，服从教师和小组长的领导，在规定的范围内活动。

(4)活动后要进行总结和反思，各小组根据活动总结表的要求，在小组长的带领下开展总结与反思活动。

6.活动实施

导入：在去烟台地震科普教育基地的路上，教师可以向学生讲述几个真实的地震事例，引发同学们对地震的思考，询问同学们印象中的地震是怎样的，并且询问同学们是否知道地震来临时应该如何做，根据学生的讨论引出此次要去的目的地。

(1)活动任务一：寻找地震的起源

规则：教师带领学生通过参观烟台地震教育科普基地，了解地震产生的原因(地震又称"地动"，分为构造地震、火山地震、塌陷地震、人工地震和诱发地震等。其中，构造地震，由岩断产生的地震即地球内部物质运动的结果；火山地震，与火山活动有关；塌陷地震，地下空洞如天然洞穴或矿井塌陷造成的；人工地震，由核爆、化学爆炸、炸弹攻击等引起的；诱发地震，是人类工程活动引发的地震，比如水库、石油、天然气的开发或固体矿床的开采和地下核爆等)教师注意使用学生易听懂的语言进行解释，并根据自己已经掌握的知识写出地震是如何产生的，小组成员之间进行讨论，完成记录表。

表 9-13　活动记录表

姓　名		时　间		地　点	
地震产生的原因					

学生参观完成后，教师随机找出部分同学分享地震产生的原因，教师再进行深入的总结，并引出任务二。

(2)活动任务二：减震的措施

规则：自然界是强大的，在地震面前，人类很渺小，但我们并不是无能为力，我们可以通过一些措施来减小甚至避免地震对我们的伤害。此次任务需要学生根据了解的地震知识，写出自救以及减小地震伤害的方法和措施，并完成活动记录表。

表 9-14　活动记录表

姓　名		时　间		地　点	
自救措施					
减小地震伤害的措施					
感想					

学生自己完成记录表后，进行小组讨论并完善记录表。教师选取部分小组代表进行发言。地震常常造成严重的人员伤亡，引起火灾、水灾等次生灾害，我们人类在地震面前是如此的渺小，但是我们不能因此退缩，我们可以通过各种措施减少伤亡。在地震面前，团结互助和顽强的精神将激励我们不断前进，砥砺前行。

(二)初中篇：寻觅历史的真谛——滨州市博物馆

适用年段：初中 7～9 年级　　建议时长：120 分钟

1.景点文化介绍

滨州市博物馆建立于 2015 年 4 月，是一家集陈列、收藏、研究于一体的综合性博物馆，建筑面积 11000 平方米，展陈面积 5000 余平方米。自滨州市博物馆开馆以来，多次展览历史文物及优秀文学作品，满足了公民的文化鉴赏需要，受到了社会各界的广泛好评。滨州市博物馆共分为五层。第一层包括贵宾室、导览服务区、特展厅、文化创意产品展示区等；第二层是博物馆的核心展示区——滨州历史文化陈列，重点展示滨州悠久的历史和丰厚的文化。第三层是孙子文化展厅、青少年教育互动区和临展厅等；第四层是反腐倡廉展厅、报告厅、学术沙龙区和办公区；负一层为文物保护区。滨州市博物馆被授予“山东省省级文明单位”等文明称号，是科普相关历史文化的重要基地。

滨州市博物馆里面藏有大量历史文物，具有重要的文学价值和美学价值。博物馆多次开展公益性展览活动，用历史文物讲好历史故事，用文物讲清楚“滨州的特色有什么”“滨州的过去与未来有什么变化”等问题；用文物保存好滨州的历史与文化，保存好滨州记忆；为中华优秀传统文化教育提供历史的、科学的素材；为博物馆积极参与社会文化服务工作提供更多的形式和内容。滨州市博物馆是进行弘扬优秀传统文化的教育基地，同时成为优秀传统文化的守护者、传承者，成为创造性转化、创新性发展的探路者、先行者，成为文明交流互鉴的友好使者，讲好山东故事滨州篇章，为山东智慧贡献滨州力量。

图 9-2 滨州市博物馆

2.活动目标

通过参观滨州市博物馆，了解历史文化，普及历史文化知识，感受深厚的历史文化底蕴，提高学生的传统文化素养；促进传统历史文化的发展，让更多的人了解我国源远流长的历史；扩展学生的思维，激发学生对传统历史文化的兴趣。

(1)材料准备

笔记本、笔、活动记录表、活动总结表、相机等。

(2)指导建议

①教师提前了解相关历史文化知识，以便更好地向同学们讲解。

②教师可与博物馆提前联系，请专业讲解员进行讲解。

③教师注意提醒学生不可大声喧哗，举止文明，爱护环境，部分文物不可触摸。

④教师可以穿戴汉服，引起学生对历史文化的兴趣，向同学们讲解更多传统文化知识。

(2)活动准备

出发前，教师向学生讲述活动的规则。

①本次活动以小组为单位，在小组长的带领下开展活动。本次活动的任务是通过参观滨州市博物馆，了解历史文化，感受深厚的历史文化底蕴，并且选取一件文物进行介绍。

②活动要进行分组。出发前，学生以自愿的方式进行分组，4～6 人为一组，确定小组名称，选出小组长，在规定时间内完成小组分工。

③活动过程中，学生要有秩序、有礼貌，要服从教师和小组长的领导，在指

定的范围内活动。

④活动后要进行总结和反思，各小组根据活动总结表的要求，在小组长的带领下开展总结与反思活动。

3.活动实施

导入：在去博物馆的路上，教师可以向同学们展示相关文物照片并且询问学生是否知道该文物的名称以及该文物的作用，然后向同学们进行简单的介绍，并且向学生说明这些精美的文物收藏于滨州市博物馆，可以在滨州市博物馆中近距离地参观，并引出本次的目的地。

(1)活动任务一：追寻历史的脚步

规则：教师带领学生有序地参观滨州市博物馆，了解相关历史文化知识，并且完成活动记录表。

表 9-15　活动记录表

时 间		地 点		姓 名	
感想					

学生参观完成后，教师总结参观内容，并且再向同学们梳理一遍，加深印象，引出任务二。

(2)活动任务二：文物的前世今生

规则：学生根据参观后了解到的知识，选取自己最感兴趣的一件文物，在小组内部进行轮流交流，讲述文物的起源、作用等相关情况。小组讨论完成后，教师随机选取部分同学并将其分享交流。

表 9-16　活动记录表

姓　名		时　间		地　点	

4.评价总结

社会是由人组成的，人是一种有好奇心、有求知欲的物种。科普教育作为一种社会教育，不仅仅是科学家和老师的事情，而且还是我们每个人的责任。科普工作不是一件简单的一蹴而就的事情，而是需要大家共同努力的事情。科普教育对学生的影响是深远持久的，仅仅依靠学校教育是完不成的，所以需要社会、家庭的力量加入进来，通过实践引导更多的学生认识科学知识，促进科普教育事业的进一步发展。

(三)高中篇：揭开气象的神秘面纱——济南气象科普馆

适用年段：高中年段　　建议时长：180 分钟

1.景点文化介绍

自古以来，人们都觉得天气神秘莫测，变化多端的气象科学作为应用类自然科学中最古老的科学之一，与人民的生活息息相关。俗话说："天上钩钩云，地下雨淋淋。"钩钩云就是云朵钩卷时形成的特殊形状。如果观看天空发现出现钩钩云的时候，说明特殊的天气即将接近某个地方。乌云一旦形成，这个地方就要下雨了。再如，"燕子低飞蛇过道，大雨就来到"，在大雨来临之前，气压都会降低很多，而燕子、蚂蚁、蛇等一些小动物，对气压降低反应很敏感，尤其是看到很多燕子在低处乱飞乱跑的话，这就意味着可能就要下大雨了。作为气象知识的普及基地——山东济南气象科普馆，由国家气象信息中心、山东省气象局主办，济南市气象局承办。气象科普馆主要的职能就是为公众普及一些气象科学知识，让公众对一些特殊的气象有所了解，从而加强公众防灾减灾意识，提高灾害防范能力。

山东济南气象科普馆位于济南市高新区舜华南路 1801 号，建筑面积达 3100 平方米，分室外、室内两部分。整个室外景观可以让观众走近气象，领略万千气象的寒暑春秋，感受气象科学的神奇奥秘。室外景观从宏观角度展示天地万象之理，室外景观部分约有 1500 平方米，主要以济南气象灾害大事记浮雕为载体，观众可以看到"二十四节气"气象知识的介绍，对"节气观象"这一概念有所认识。室内展示部分是具体的小展厅，为观众进一步呈现科技网络上显示的气象信息。室内展示部分分为两层，一层与二层通过时空隧道连接，共约 1600 平方米。室内一层部分分为序厅、气象发展史、气象探测、4D 影院、气象信息网络，强调为观众呈现整体气象的发展脉络性。二层部分可分为气象科普知识、人工影响天气、气象防灾减灾、气象服务与社会管理，突出气象知识的时空性和综合性。济南气象科普馆按照"济南特色，国内一流"的标准设计建设，利用现代化的多媒体技术、声光技术，通过气象文化浮雕、时空隧道、4D 影院以及"曙光""CARRY""IBM"等中国气象历代超级巨型计算机系统场景，多方展示了应对气候变化、气象防灾减灾、人工影响天气等科学知识，形成一个集科普、体验、休闲为一体的气象科普馆。

2.活动目标

通过参观山东济南气象科普馆，了解气象发展史；零距离感受气象科学，向同学们普及气象科学知识，使之体验大自然的奥秘，提高学生防灾减灾意识；开拓学生们的视野，提高学生对气象科学的兴趣，体验学习的乐趣，丰富学习生活；感受现代科技的神奇力量；通过学习相关气象知识，理解生活中有关气象的俗语。

3.材料准备

笔记本、笔、活动记录表、活动总结表、相机等。

4.活动准备

出发前，教师向学生讲述活动的规则。

(1)本次活动以小组为单位，在小组长的带领下开展活动。本次活动的任务是通过参观山东济南气象科普馆了解相关气象知识并且可以解释生活中部分天气出现的原因，完成活动记录表并写下自己的感悟。

(2)出发前，学生进行分组，建议4～6人为一组，并选出小组长，确定小组名称，在规定的时间内完成小组分工。

(3)活动过程中，学生要有秩序、有礼貌，举止文明，爱护环境，服从教师和小组长的领导，在规定的范围内活动。

(4)活动后要进行总结和反思，各小组根据活动总结表的要求，在小组长的带领下开展总结与反思活动。

5.活动实施

导入：“大家知道3月23日是什么日子吗？没错，是世界气象日。大家可以发现我们身边经常会出现风雨雷电的气象现象，那么大家知道这些气象现象是如何产生的吗？接下来我们通过参观山东气象科普馆一起揭开天气变化的神秘面纱。”

教师在山东济南气象科普馆门前清点学生人数，告知学生相关注意事项，并且说明活动规则。

(1)活动任务一：解密风雨雷电

规则：教师带领学生有序参观山东济南气象科普馆，学习相关气象知识，了解日常生活中天气现象出现的原因，并和同学进行讨论交流，完成活动记录表。

参观完成后，以小组为单位进行分享，小组讨论后教师随机抽取部分同学并让其分享为什么会出现雨雪现象，进行互动交流。鼓励学生不断学习，激发学生的好奇心。根据同学们参观的情况引出任务二。

(2)活动任务二：我是小小天气预报解说员

规则：通过参观山东济南气象科普馆，了解相关气象知识，和大家讨论天气预报应该向大家介绍什么以及在遇到恶劣天气时我们该怎么做，完成活动记录表。

表 9-17　活动记录表

时间		地点		记录人	
小组成员					
恶劣天气					
应对措施					

6.评价总结

活动结束后，教师随机抽取部分小组的代表并让其发言；同时，纠正学生可能会出现的错误，总结在遇到恶劣天气时我们该怎么做。从简单的气象观测设备到天地空一体化的观测网络，从经验预报到数据预报等，整个气象发展史就是一部不断走向智能且融入更多指挥的趋利避害史。在气象灾害面前，我们是弱小的，但是我们可以通过了解相关气象知识，正确预防气象灾害，提高灾害防范能力。

第十章　结语

第一节　研学评价原则

一、特色性原则

辽阔的齐鲁大地孕育了深厚的齐鲁文化，形成了独具特色的地区文化。“齐鲁文化”实为齐文化与鲁文化的统称。在历史发展的过程中，齐文化与鲁文化相互交融，共同发展，最终形成了如今的齐鲁文化。齐鲁文化的双源头赋予了它形成多元文化的基础，两国拥有着共同的文化渊源，即周文化基础。早在先秦时期，在中国绝大多数维持着封闭的小农经济时，齐鲁大地已由于各种原因出现了商品经济活动；在后来融合发展的过程中，齐鲁文化又吸纳了诸多文化，不断向多元文化的方向发展，从而形成了多样而深厚的齐鲁文化，儒家、法家、道家等都是在这里孕育形成的。

除此之外，齐鲁地区文化亦为齐鲁近代史的重要组成部分。包括沂蒙山在内的诸多地区的文化都是我国近代红色文明不可或缺的一部分；包括青岛地区在内的许多地区又以近代文化经济作为基础，发展起了独具特色的当地文化，如蓝色海洋文化等。研学旅行计划可以依据地方特色性原则，设计囊括古代与近现代历史文化在内的诸多文化主题，增添学生在研学旅行过程中的亲近感，易于学生更深入体验旅行的乐趣与意义，同时在这一过程中加深对齐鲁文化各个方面的了解，多方面地了解自己家乡的文化特色。

二、发展性原则

基于自身实际情况，避免将研学旅行作为单纯的“旅行”而无“研学”的成分，忽视其育人作用的核心目标，研学旅行的设计要注重师生的共同发展，所以研学活动可以基于发展性原则进行设计实施。

以“核心素养”的提高为目标的研学旅行设计，在正式进入研学旅行前对学生进行理论性辅导，并普及相关知识；而后让学生根据目标，自主设计路线，进行实地探索研究、信息收集等，同时完成筛选与整合信息、整理报告与答辩等任务。以海洋馆为例，在探索这一过程中，不仅使学生学到有关冰雪人文的理论知识，而且还培养了他们的团队合作能力、互助能力、信息整合能力并提高了其社会意识等。

除此之外，研学旅行也为教师的发展提供了契机。研学旅行突破了传统的教育模式，为教师反思自己的教育方法的不足以及填补知识空缺、与时俱进发展自我提供了机会。同时，在研学旅行的过程中，如在进行过程中与学生的互动，将更加考验教师的综合素养，对教师的个人资质提出了更高的要求，为教师的发展方向提供了目标。

三、实践性原则

研学旅行采用多元的方式去组织学生的学习发展，结合课堂外的资源，改变校内学生自主发展机会不足的状况，发挥学生的主观能动性。在研学旅行的设计方案中，大部分决定权将被交付给学生。在目标明确的前提下，学生将会拥有自己组织行程路线的机会，在指定范围内自由探索，在已有知识的辅助下主动吸纳新知识，而教师在这个过程中仅仅是一个提供必要帮助的指导者，让学生切身体会到研学旅行中“学习”与“生活”这两个方面，从而达到自主学习、自我发展的目的。

同时，在课堂之外，利用大自然或人文景观等环境作为上课环境，辅之以各类道具等进行互动，如教学卡片以及各类融入了知识的游戏互动等。这些都增添了研学旅行的乐趣，使学生兴趣盎然的同时也不忘“研究性学习”的根本，真真正正做到寓教于乐，符合实践性的原则。

第二节　研学评价策略

一、目标导向评价

当今很多学生由于家庭经济情况或者时间限制，很少有机会出去旅行，而研学旅行对中小学生来说则是一次宝贵的机会，走出家庭、走出校门，去一些景点参观，可以增长知识和阅历。研学旅行开始前，学校需要制定研学计划，而研学目标则是重要的导向内容。研学目标可以分类，通常需要因地制宜，也需要根据学生的需求进行细化。

教育目标一般确立为培养德智体美劳全面发展的人。研学目标同样可以根据教育目标进行描述。活动结束后，可以对照以下活动目标对研学旅行活动进行评价。第一，要考虑育人目标，即道德品质教育。当今红色文化、历史文化旅游基地可以提升育人效果。红色文化研学基地可以让学生聆听英雄人物的伟大革命事迹，历史文化基地可以让学生感受我国五千年历史文明的博大精深，家风文化基地则可以让学生感受到良好家庭教育的重要性。第二，要考虑美育目标，即艺术教育的作用。美育既包括音乐、美术，也包括体育。民俗文化基地可以让学生学习到陶艺、茶艺、戏曲等活动内容。中小学生需要艺术的熏陶，从而更好地陶冶心灵。第三，要考虑劳动教育目标。近两年，教育领域出台了很多倡导劳动教育的文件。评价和考核中小学生进行的劳动教育主题研学活动效果，就可以看其是否增长了学生的农业知识，是否提升了学生的劳动能力。

二、过程性评价

研学旅行与传统的课堂学习形式不一样，研学活动在户外进行，所以更加注重开放性和体验性。因此，研学旅行开展的形式也多种多样，内容环节可以分多个主题进行。研学旅行期间，除了游览学习之外，还有用餐、住宿等环节，对其生活能力及安全意识也有一定的要求。活动结束后，可以对各个活动环节分别进行评价，比如，可以就研学基地考察、研学活动内容参与度、文明规范、安全有序等具体内容进行评价。

研学活动过程性评价首先要看活动环节是否完整。从整体上来看，活动环节分为行前课程、行中课程和行后课程。就具体过程来看，研学活动可以分为以下几个环节：第一，组织者对参观地点进行考察、宣传发动，争取教师、家长、学生的共同意见。第二，制定详细可行的研学路线计划及活动方案，并取得参观地点的同意。第三，活动开始前的物品准备及人员小组的划分、注意事项等。第四，活动进行时布置多个参观学习任务，不局限于观赏任务，还包括实操任务等。第五，活动结束后的总结交流阶段，届时可以有针对性地对某一环节进行评价，也可以通过量表进行各个环节的总体评价。

三、总结性评价

研学旅行活动结束后需要用一定的评价工具进行效果判断。教育相关部门可以使用一些教育统计方法进行教育活动的价值分析。

对研学旅行活动中学生的收获方面进行评价可以运用以下几种方法：第一，可以使用问卷调查法对学生进行调查研究。在学生进行研学旅行活动前及研学旅行活动结束后，分别发放一次问卷给学生。参与活动前，让学生如实填写对研学旅行地点的认识和期待；活动结束后，对学生的身心收获和体验进行调研。第二，学生参加活动时可以运用观察法进行评价。对学生参加活动时的状态进行观察，对哪些参观活动、实践活动感兴趣，对哪些景点及人物故事有所新的了解，在哪些实践活动项目中能积极完成任务并能进行团体合作等，对于以上方面都可以进行详细记录。第三，可以让学生进行自我评价，对自身参加活动所提升的能力进行评价，如动手能力、协作能力、互助能力等。

教师作为研学旅行的参与者应当对自己的活动表现进行公正、公平、客观的评价，对自己本次研学活动的感悟、收获、能力提升等进行整理记录，不断反思自己在活动中的成败得失。

教师作为研学旅行活动的引导者、组织者和参与者，应起到带领、示范的作用，需要积极主动地参与课程开发与研制。当学生在研学途中遇到不懂的问题时，要对其答疑解惑，进行知识传授，必要时还需要进行演示等。当学生行动或者操作有误时，应给予正确的指导。另外，研学活动过程中，师生应多次互动，以学生活动为主，教师适时指导，帮学生沿着正确的目标进行活动和学习。作为学生活动结束时的总结者，应对学生进行全程性的评价，在使用语言上对不同学生的不同表现应该有所区别，善于对表现好的学生及时肯定，用鼓励的方式激励表现不佳的同学。

第三节　研学结果评价

一、研学评价反思

研学旅行过程中既有成果，也有相对的不足之处。对于问题要进行整理总结，及时进行反思。比如，研学旅行的计划阶段可能全程由学校及教师制定，学生参与机会较少，这就使得学生在研学旅行的过程中会出现自主性降低的情况。此外，一些研学活动形式较为单一，创意性也略显不足，活动性较为传统而缺少新意，难以激发学生参与活动的热情与自主学习的动力等。制定研学旅行计划前可先收集学生意见，派出学生代表聆听同班或小组内同学关于研学旅行计划的想法；整合讨论后，将其纳入策划中，并可以考虑让学生在实际情况允许的范围内自主决定旅行路线、住宿地点等。同理，活动形式以及具体的活动内容亦可以集思广益，让学生充分发挥想象力，在丰富活动的同时又让学生增加了参与感；筛选优秀的活动创意后，再次交由学生投票表决，从而确立最终的活动内容和形式。

师生互动往往拘泥于“类课堂”模式，再加上引导学生发散思维的途径较少，从“寓教于乐”的角度来说，这降低了研学旅行“在研究中快乐学习”这一作用。同时，在以上研学旅行方案设计中，更偏重“游”和“学”而缺少“研”的成分，对于学生的思维扩张的引导性不足，教师需要对学生做出的除学科知识外的具体指导也不明确，评价学生研学旅行成果的方式有待丰富。

研学旅行的组织主体多元化，旅行社等参与设计亦可以增添旅行的灵活性，提高“类课堂”的效果，优化旅游路线，使得学生拥有更大概率去发现值得思考的细节。当然，设计方案时应着重于某一具体主体，切忌“假大空”，留给学生思考余地的同时也需要调查学生所缺少的的内容，从而针对这些缺失，细化研学旅行的方案，使得研学旅行能在更高层面完成其使命。

二、研学成果加工

研学活动结束后，应要求学生及教师尽快将活动过程及内心所想加工成文字版内容。研学成果可以根据学生的年龄特点及学习情况提出不同的成果类型要求。小学阶段可以要求记录成日记、游记、随笔等相对简单自由的形式。初中阶段可以要求做一些相关主题的研究报告。高中阶段可以撰写课题研究报告或者简单的小论文形式。除了文字记录内容之外，还可以收集研学过程中拍摄的图片或者影像并对其进行编辑加工，准备最终的交流成果展示。

鼓励学生在旅游过程中随手写下“纸条”或以其他方式呈现自己在旅行过程中脑海中闪过的灵光，以如此方式了解学生在旅行过程中额外的发现，鼓励学生用日记等形式记录下来。教师应收集好活动评价表并将其作为成果的资料，等到旅行结束后以此为基础给学生打分。研学旅行的主体始终都是学生，观察学生在研学旅行过程中展示出来的个人能力，如团队协作能力、互助精神等，这些也可以作为评价学生的重要依据。这些需要老师亲自观察体会，当然也可以根据收集的同小组成员评价或其他同学的评论等来获得。对比研学旅行过程前后的变化，最终理智、客观、合理地对参与研学旅行的学生做出公平、公正的评价，发现学生的成长之处并进一步提供引导和鼓励支持。

三、研学成果展示

最终的研学成果汇报交流可以运用多种方式进行。小学阶段的研学成果可以让小学生们自由发言，朗读日记作品，畅想内心的感悟，追求其交流内容的趣味性、丰富性；可以将自己制作的绘画作品、小卡片等进行展示。初中阶段的研究报告等主题内容可以让学生进行小组探讨，充分聆听其他组员学生的意见；也可以进一步分享自己在研学活动中采集的标本等，进行展示交流。高中阶段的课题报告及小论文等内容，可以请教师及学校管理人员进行学术性、规范性的点评，也可以将自己在研学活动中制作的手工艺品、纪念品等进行展示交流。

研学旅行成果交流类似于室内课堂的展示情景，将互动的重点放在引导学生自主思考、自由探讨和深入研究上。明确学生所需所想，让学生充分展示文字成果、视频成果、课件成果等，对学生做出更合理的引导。除了最后的答辩以及书面成果展示外，评价成果应再增添旅行过程中的表现等，鼓励学生在提交目标主题的书面成果外再额外写出自己的所思所感。

主要参考文献

一、著作

[1]魏本权、汲广运:《沂蒙红色文化资源研究》,山东人民出版社2014年版。

[2] Brent W. Ritchie, N. Carr & C. Cooper, Schools' *Educational Tourism*, *Managing Educational Tourism*, Clevedon: Channel View Publications, 2003.

二、期刊

[1]毕小双、苏勇军:《国内研学旅行的文献影响力分析:现状与热点》,《生产力研究》2021年第7期。

[2]蔡湘、何延海:《走进红色之乡》,《走向世界》2019年第6期。

[3]曹文娟:《用智慧与艺术化解语文课堂教学中的师生交往"冲突"》,《文教资料》2013年第6期。

[4]陈翠、陈丽军:《大别山红色研学旅行课程设计与开发》,《红色文化资源研究》2019年第2期。

[5]陈林:《浅析科技馆文化建设》,《科技风》2011年第24期。

[6]陈光春:《论研学旅行》,《河北师范大学学报》2017年第3期。

[7]丁运超:《研学旅行:一门新的综合实践活动课程》,《中国德育》2014年第9期。

[8]付娜:《"互联网+"环境下高职院校创客教育与专业教育深度融合研究》,《教育与职业》2020年第20期。

[9]盖萌萌:《孙子故园文化资源开发路径分析》,《人文天下》2018年第15期。

[10]高培新、邢琳琳:《滨州市航空产业发展策略研究》,《学理论》2016年第9期。

[11]高维武:《诸葛亮文化的内涵及其价值意义》,《人文天下》2017 年第 2 期。

[12]顾建鹏:《惠民地区棉花副产品综合利用的经济效益》,《农业技术经济》1983 年第 8 期。

[13]江小娟:《试论中日甲午战争的影响及意义》,《鄂州大学学报》(社科版)2016 年第 1 期。

[14]李姝:《以优秀家风家训引领风气之先》,《人民论坛》2019 年第 7 期。

[15]李小霞:《海洋文化视域下大学生海洋意识教育探索》,《现代商贸工业》2021 年第 10 期。

[16]李军:《近五年来国内研学旅行研究述评》,《北京教育学院学报》2017 年第 6 期。

[17]李小芳:《协同视野下研学旅行管理保障机制的构建策略》,《内蒙古财经大学学报》2021 年第 4 期。

[18]刘家东、张起帅、林永波、李钟芸:《山东荣成:科技创新打造海洋经济名城》,《商场现代化》2013 年第 22 期。

[19]梅红霞:《淄博市加快文化旅游业发展研究》,《北方经贸》2016 年第 10 期。

[20]术国强、李斌、贾淑兰、温明华:《忆乡愁　看滨州》,《中国旅游报》2018 年第 10 期。

[21]宋书其、杨祥林:《孙武故里考析》,《山东社会科学》1998 年第 1 期。

[22]孙艳玉:《丁氏庄园的建筑装饰研究》,《明日风尚》2016 年第 23 期。

[23]汤菲:《绿色农业助力兰陵乡村产业振兴》,《农业知识》2020 年第 18 期。

[24]徐帅:《“打卡”网红拍照地——青岛创客公园》,《青岛画报》2019 年第 6 期。

[25]姚晓菲:《论中古琅琊王氏家族文化之风貌及功绩》,《临沂大学学报》2020 年第 5 期。

[26]尹旭青:《学校武术的教育价值赏析及教学建议》,《当代体育科技》2015 年第 34 期。

[27]于风亮、李莎:《倾国倾城　青岛新十景》,《青岛画报》2009 年第 3 期。

[28]余发碧、杨德军:《基于核心素养的研学旅行课程分类及设计》,《基础教育课程》2021 年第 14 期。

[29]张绳祖:《孟良崮游记》,《人民司法》2017 年第 24 期。

[30]朱宝林、李霖钰:《新时代高校思政课教师核心素养的内涵及培育路径》,《湖北经济学院学报》(人文社会科学版)2020 年第 5 期。

[31]宗和:《如何做一名优秀的村党组织书记》,《党员干部之友》2011 年第 9 期。

[32]钟林凤、谭诤:《研学旅行的价值与体系构建》,《教学与管理》2017 年第 31 期。

[33]David Anderson, Keith B. Lucas & lan S. Ginns, "Theoretical Perspectives on Learning in an Informal Setting", *Journal of Research in Science Teaching*, 40(2), 2003.

[34]Jennifer DeWitt, Jill Hohenstein, "School Trips and Classroom Lessons: An Investigation into Teacher—Student Talk in Two Settings", *Journal of Research in Science Teaching*, 47(4), 2010.

[35]Joseph M. Lane, Joseph P. Stoltman, "Guided Educational Tourism as Informal Physical Geography Education on St. Helena Island, Michigan", *Journal of Geography*, 116(3), 2017.

三、学位论文

[1]崔金涛:《防灾教育体验馆建设体系研究》,北京工业大学硕士学位论文,2016 年。

[2]郭建政:《传统城镇中文庙的形态分析——以山西太原晋源镇文庙建筑为例》,太原理工大学硕士学位论文,2007 年。

[3]郝俊雯:《论汉英翻译中的语言变通——以〈山西非物质文化遗产名录〉山西民间文学部分的翻译为例》,山西大学硕士学位论文,2013 年。

[4]李康:《泰安农业科技园区招商引资问题研究》,山东农业大学硕士学位论文,2015 年。

[5]刘淑琴:《浅谈对外汉语教学中民俗文化的教学》,西北大学硕士学位论文,2013 年。

[6]时慧:《地域文化类校本课程〈泰山文化〉的开发与实践》,曲阜师范大学硕士学位论文,2015 年。

[7]孙硕:《我国世界双重遗产的可持续发展研究》,中国地质大学硕士学位论文,2011 年。

[8]佟桧群:《基于创客教育理念的高中化学教学案例设计与实践》,辽宁师范大学硕士学位论文,2018年。

[9]王俊婷:《景区牌示解说的英译策略——以山西省景区牌示解说英译为例》,山西大学硕士学位论文,2015年。

[10]王燕:《明清时期黄河三角洲名门望族比较研究》,山东大学硕士学位论文,2009年。

[11]杨润溪:《海棠花文化及其在风景园林中的表达研究》,西北农林科技大学硕士学位论文,2017年。

[12]赵成龙:《泰山景区生态旅游资源评价研究》,山东农业大学硕士学位论文,2015年。

四、其他

[1]钱伟:《说说山东的"崮"》,《语言文字周报》2020年10月16日。

后 记

2016～2021年，笔者在滨州学院负责基础教育方面的教学活动。由于工作需要，对基础教育领域的问题和课题进行研究。中小学教育要求实施素质教育，让学生不仅要勤于学习，而且还要乐于学习、善于学习。长期以来，在我国的学校教育中普遍存在着“重知识传授，轻实践养成”“动手能力相对薄弱”“实践教育环节不完善”等现象，这已经成为制约我国中小学实施素质教育、改革人才培养模式的重要因素。中小学生研学旅行课程建设对于贯彻“立德树人”“全面实施素质教育”的指导方针有着重要的意义。

近年来，国家相关部门相继出台了《中小学综合实践活动课程指导纲要》《研学旅行服务规范》等文件。2021年3月，教育部印发了《关于深化教育教学改革　全面提高义务教育质量的意见》及与研学旅行工作密切相关的文件。文件中明确指出，学校改革教育要遵循学生成长规律和教育规律，加快建立以发展素质教育为导向的义务教育质量评价体系，强化评价结果运用，构建德、智、体、美、劳全面培养教育体系。近年来，各地方中小学积极开展课程改革，取得了一定的阶段性成果。其中，研学旅行作为实践活动的一种主要方式，真正将课程迁向户外，与我们的社会接轨。其课程引导学生走向大自然、走近社会、走进文化景区，贴近生活和实际，对于拓展学生的视野、丰富自然和社会知识、提高学生实践能力、锤炼意志等方面都非常有益。

2018年开始，笔者对滨州市部分实践活动基地进行考察，对研学旅行活动开展情况进行了了解。滨州市旅游资源比较丰富，有依托黄河文化打造的西纸坊古村落，有优良家风家训的杜授田故居，有兵圣文化的发源地孙子兵法城，还有棉纺之都惠民县，等等。笔者联系了当地的旅行社和研学公司，收集了研学旅行活动的相关资料，边走边看，边看边想，虽然当地的研学旅游资源条件优越，研学活动也已经开展起来，但在课程实施上，并没有系统、科学、规范的课程框架及内容，这必然也影响了活动效果。于是笔者觉得应该在研学旅行课程体系的编写方面下一点功夫，做一些可供参考的活动形式及活动内容。

后 记

本书主要以当地旅游资源为课程背景，在深入挖掘文化内涵的同时，开设了多种不同主题及形式的活动课程，小到活动的准备环节、注意事项，大到参观的景区及活动的开展流程，都详细地呈现出每个活动的场景及效果。本书既可以成为地方中小学开设研学活动的参考用书，亦可以成为研学旅行机构开展研学活动的指导用书。诚然，由于时间仓促，本书还存在很多不足与遗憾，需要更多同行批评指正，期待后续研究者继续补充，不断创新，续写佳作。在这里，尤其要感谢家人无私的奉献及同行的支持，无法言表，也不能忘记。同行们评阅后，给我提出了很多宝贵的指导建议，让我的思路更加开阔。

最后，期待我们的学生能有所改变，当今的社会需要综合性的人才，我们的知识不仅需要应对考试，而且还需要融入现实生活，学会活学活用，解决实际问题，甚至转化为不可替代的一种能力，让我们更好地立足于社会，创造环境，带给我们更多美好的事物。让我们的中小学生走出学校，走出教室，暂别书本，来一场说走就走的旅行，体验一次与心灵的对话。每个地方都是一次新的旅行，每一个和我们走过的人都值得感激。上路吧，去寻找那个更可爱、更自信、更勇敢的自己。

姜家丽

2021 年 9 月 16 日